社会养老服务体系建设与治理

林　森　张艳妮　著

湘潭大学出版社

图书在版编目（CIP）数据

社会养老服务体系建设与治理 / 林淼，张艳妮著
. -- 湘潭 : 湘潭大学出版社，2022.9
ISBN 978-7-5687-0883-8

Ⅰ. ①社… Ⅱ. ①林… ②张… Ⅲ. ①养老一社会服务一研究一中国 Ⅳ. ① D669.6

中国版本图书馆 CIP 数据核字（2022）第 172970 号

社会养老服务体系建设与治理

SHEHUI YANGLAO FUWU TIXI JIANSHE YU ZHILI

林淼 张艳妮 著

责任编辑：夏 露 王亚兰
封面设计：夏茜旸
出版发行：湘潭大学出版社
社　　址：湖南省湘潭大学工程训练大楼
电　　话：0731-58298960 0731-58298966（传真）
邮　　编：411105
网　　址：http://press.xtu.edu.cn/
印　　刷：长沙创峰印务有限公司
经　　销：湖南省新华书店
开　　本：710 mm×1000 mm 1/16
印　　张：14.25
字　　数：228 千字
版　　次：2022年9月第1版
印　　次：2023年1月第1次印刷
书　　号：ISBN 978-7-5687-0883-8
定　　价：58.00 元

前　言

进入21世纪以来，我国老龄化速度不断加快，老龄化程度不断加深。如何应对老龄化带来的挑战，已经成为我国社会建设和发展的重要问题。随着老年人口数量的不断攀升，养老需求不断膨胀，带来了养老金压力、医疗费用支出增加、家庭照顾人员不足等问题。社会养老服务体系建设是我国应对人口老龄化问题提出的重要举措，建立和完善社会养老服务体系，是维持社会和谐发展的必然要求，是一项事关民生和国家发展的大事，是我国推进老龄工作、实现积极老龄化战略目标的重要一环。但目前社会养老服务体系的建设并不完善，养老服务机制、养老服务方式以及养老服务内容等还存在较多问题，无法满足老年人日益增长的养老服务需求。本书以养老服务机制、养老服务方式以及养老服务内容的发展现状、存在的问题、成因和对策为主线，对社会养老服务体系展开研究。

第一，对与社会养老服务体系有关的概念进行了阐述，分析了当今人口老龄化的现实情况，对相关理论进行梳理，为后续研究提供理论支撑。

第二，对社会养老服务现状展开探究。首先对现阶段各地区在社会养老服务方面的状况从机制、方式、内容这三个方面予以阐述；然后分析了世界发达国家的社会养老服务体系建设经历，并提炼出可借鉴的经验；最后从公共风险和政府责任理论两方面，详细分析目前社会和政府参与养老服务的监督与管理现状。

第三，针对现阶段社会养老服务领域的问题提出相应的措施。主要是从法律建设、高质量供给、科学化管理以及创新发展方面来阐述。其中在创新板块重点阐释了智慧养老的模式与应用前景。

社会养老服务体系建设是一个复杂的系统工程，尤其体现在法律制度建设、供给机制建设、管理体制建设和投融资机制建设方面，本书的探讨还远远不够。尽管中国的社会养老服务体系建设正在逐步步入正轨，但是我们也应清楚地认识到，我国社会养老服务体系的构建起步较晚，并且面临的养老问题较复杂，这加大了中国社会养老服务体系构建与完善的难度。我们只有加深探索、坚持创新、持之以恒，才能推动中国社会养老服务体系有所突破、不断进步，促进中国社会养老事业健康可持续发展。

目 录

第一章　社会养老服务体系概述

第一节　养老服务与养老服务业

养老服务是许多国家应对人口老龄化过程中面临的普遍问题。大力发展养老服务业、建设适合我国国情的社会养老服务体系是关系国计民生的重要问题。为了弄清我国社会养老服务体系建设的现状、问题，明确社会养老服务体系建设的方向、重点、策略和发展路径等，首先必须对养老服务、养老服务业的基本问题有个全面的把握。以养老服务为基础的养老服务业的健康发展，是社会养老服务体系建设的重中之重。要研究社会养老服务体系建设，首先我们需要弄清养老服务、养老服务业的相关问题。

一、养老服务的内涵

2014 年，财政部等四部门下发了《关于做好政府购买养老服务工作的通知》（以下简称《通知》），部署加快推进政府购买养老服务工作。通知明确指出，到 2020 年，我国将基本建立比较完善的政府购买养老服务制度，推动建成功能完善、规模适度、覆盖城乡的养老服务体系。《通知》关于“确定购买内容”的表述是：要根据养老服务的性质、对象、特点和地方实际情况，重点选取生活照料、康复护理等方面开展政府购买服务工作。在购买居家养老服务方面，主要包括为符合政府资助条件的老年人购买助餐、助浴、助洁、助急、助医、护理等上门服务，以及养老服务网络信息建设；在购买社区养老服务方面，主要包括为老年人购买社区日间照料、老年康复文体活动等服务；在购买机构养老服务方面，主要为三无（无劳动能力、无生活来源、无赡养人和扶养人或者其赡养人和扶养人确无赡养和扶养能力）老人、低收入老人、经济困难的失能半失能老人购买机构供养、护理服务……由此可以看出养老服务大体涵盖的种类和服务内容。

一般来说，养老服务指的是为老年人提供必要的生活服务，满足其物质生活和精神生活的基本需求。从狭义上讲，养老服务仅指为老年人提供的生活照顾、康复护理和精神慰藉服务等。从广义上讲，养老服务则是一个大服务的概念，几乎涵盖了老年人衣食住行、生活照料、医疗服务、文化、健身、娱乐等多个行业领域。

二、养老服务业的内涵与特征

（一）养老服务业的内涵

要明确养老服务业的内涵，首先就要弄清楚“养老服务业”与“养老事业”“养老产业”这几个概念的区别与联系。

养老事业是指为老年人基本生活服务的部分。它是由政府主办的、以老年人为对象的公共服务事业，以法律形式保证其公平和公正性，是为老年人提供服务的非营利性事业。养老产业是以老年人为对象，以满足其高层次生活、文化需求为目标，向老年人提供商品和服务的民间营利事业活动的总称，亦称老人福利产业、老龄产业、银色产业等。

老龄产业是随着全球人口老龄化的深化而产生的新概念。在经济发达的国家和地区，如日本和欧盟，早在20世纪70年代就陆续进入人口老龄化社会。为了弥补社会养老保障体系的不足，充分满足广大老年人口的特殊需求，尤其是一批中高收入家庭老人的需求，这些国家和地区在社会养老保障体系和政府公共服务之外，充分利用社会资本的投入，进一步通过发展市场化、商品化的老龄产业来增加供老龄人口使用、消费和享受的特殊产品和服务，逐步形成了较为完整的老龄产业体系。

按照目前世界各国对产业的统计分类，老龄产业属于一种跨行业的综合性产业。老龄产业包括老年特殊产品制造业、老年保健医疗业、老年娱乐休闲旅游业、老年住宅地产业、老年日常照料护理服务业、老年金融保险业。其中，属于第三产业范围的老龄产业又可以统称为老年服务业。在现实的市场经济体制下，它是以老年人为供给对象，以养老服务为主要内容，主要通过市场化运作配置养老资源，以市场交易方式向老年人提供商品和服务，以老年人的需求为导向的综合性产业。老龄产业与公有或私有的产权性质没有必然的联系。

养老事业和养老产业是两个界限分明的概念：前者属政府提供公共物品、公共服务的范畴，体现了保障老年人基本生活需求的政府责任，是普遍性福利概念；后者是满足老年人生活多样化、更高层次生活需求的市场模式的产业概念。养老服务业与政府主导的养老事业和市场主导的养老产业有着紧密的联系。一般而言，养老服务业是养老产业的一个分支，也是养老事业的一个组成部分。它既具备了养老事业的福利性，也具备了养老产业的盈利性和市场需求导向性。一般来说，养老服务业是由企业、社会组织和个人根据市场需求专门针对老年人提供服务统称，但不包括政府和慈善组织举办的公共养老服务。

由于养老服务有广义与狭义之分，养老服务业也有狭义和广义之分。从狭义上讲，养老服务业就是为满足老年人因疾病或身体机能的衰退而产生的特殊生活需求和精神需求而提供相应服务产品的生产部门和企业集合；从广义上讲，养老服务业可以被定义为一切为满足老年人养老需求而提供服务产品的生产部门和企业的集合体。除了生活照料、医疗康复及护理服务外，养老服务业还包括老年金融服务、老年教育服务、老年文化服务，以及老年护理服务链上的护理人员培训、劳务派遣等也可以纳入养老服务业的外延中。养老服务业是一个涉及面广、产业链长的综合产业体系。

本书所探讨的养老服务业，主要是从狭义的角度对其进行定义，指的是老年人生活照料、医疗卫生、康复护理、精神慰藉等方面的服务行业。

(二) 养老服务业的特征

养老服务业作为一个新兴产业，是伴随我国人口老龄化加速、养老社会化程度提高、老年人物质与精神需求不断提升而出现的新兴居民服务业。与传统服务业相比，养老服务业作为现代服务业的重要组成部分，具有如下特征：

1. 特殊性

养老服务业的特殊性是指其服务对象的特殊性，即从年龄阶段上划分，养老服务业的服务对象为60岁及以上的老年人口。尽管养老服务业提供的产品、劳务或就业机会并不排斥非老年人群，但是其经济实体在市场中竞争时，将主要考虑老年人的需求，并根据老年人群的特征进行具体的运作。

2. 综合性

养老服务业的综合性主要表现在两个方面：首先，养老服务业是一个横跨三大产业的综合产业体系，涉及的经济实体一部分属于第一产业，如农业部门中专门为老人提供副食品的企业；一部分属于第二产业，如主要为老人生产日用品的老年服装公司、老人助听器公司等；一部分属于第三产业，如老年旅游、老年教育等。其次，养老服务业是一个综合性的大市场体系，在这个市场体系中，包含众多专门为老人服务的子市场。具体来说，养老服务业的市场体系涵盖老龄日用品市场、老龄服务市场和老龄经济实体等众多领域。

3. 微利性

养老服务业的微利性是指从事养老服务业的企业在老龄市场的单项产品或单项服务中获得的平均利润率与从事其他产业的企业相比相对较低。微利性并不排斥养老服务业的市场性，也并不等于主张养老服务业的福利性，这恰恰表明养老服务业在市场中不同于其他产业的特殊性。老年人群现实消费水平及消费行为的理智性，决定了从事养老服务业的企业应渗透消费价格，战略目标应该瞄准规模效应。

4. 弱质性

在众多行业、部门构成的产业体系中，如果一个产业的经济再生产能力处于相对弱势甚至绝对弱势的地位和状态，该产业就可以称为“弱质产业”(weak industry)。而在现实生活中，一些产业所提供的产品和服务虽然具有广泛、长远的社会需求特征，但也具有先天的弱质特征，并且将继续长时期维持这种特征。由于社会基本需求的存在，这种产业不可能消亡，但相对于一些新兴产业，在整个产业体系中会长期处于弱势地位。弱质产业的一般特征主要表现为：所提供的产品和服务的市场有效需求不足；产品和服务的价格主要由生产的成本决定，产品和服务的市场价格所包含的附加价值微薄；产业从业人员的人力资本素质普遍偏低；产业的技术进步和产品效用变化缓慢；产业的资金利润率低于社会平均利润率；产业资本积累能力和扩大再生产能力不足。弱质产业的维持和发展在许多情况下需要政府的经济支撑和政策扶持。

目前，养老服务业是明显的弱质产业，其表现形式包括以下六个方面：一是养老服务业的服务对象实际购买力较低，在市场上有货币支付能力的有效需求相对不足；二是养老服务业的产品与服务在市场定价方面多数以生产成本为基础，产业投入的资金回收慢，盈利水平普遍偏低；三是养老服务业特殊产品和服务的市场交易信息不对称、供需双方的交易能力不对称、开发与销售的渠道不畅、实现老龄产品和服务专业化经营的困难较多；四是养老服务业的发展对政府社会福利事业的依附性明显，往往需要依托政府老龄福利事业的发展才能够起步与成长；五是养老服务业中的老年护理服务业从业人员素质普遍偏低、年龄偏大、工资报酬低，从业人员队伍不稳定；六是养老服务业中的养老院等机构存在类似“医患纠纷”的经营风险。

5. 福利性与产业性兼顾

养老服务业应该坚持福利性与产业性兼顾的原则，既要从产业经济的角度考虑与养老服务业相关的生产、消费、就业、需求等一系列经济问题，还要从老龄事业的特点出发，坚持养老服务业与社会福利相辅原则，即在坚持产业性的同时，不能忽视养老服务业的福利性。养老服务业具有福利性，不能像其他产业一样按照利润最大化原则运作，其资源也不能完全遵循市场原则，即养老服务业的运营应把“为老服务”的社会效益放在首位。

三、养老服务的相关理论

养老服务作为准公共产品，若全由政府包办，会出现缺乏竞争、效率低下的局面；但若完全以市场机制运行，则会由于市场结构本身的缺陷出现市场失灵的状况，不能满足处于相对弱势的老年群体养老服务需求。从各国发展养老服务业的实践分析，各国均采取了“政府主导和市场配置相结合，多元模式共生并存”“社会公益与市场导向相结合”的方式发展养老服务业。纵观国内外关于养老服务理论的研究，较为完整的主要有以下三种：

（一）社区照顾理论

社区照顾（community care）理论始于20世纪50年代的英国，是在福利危机背景下针对院舍式照顾提出的一种社会政策。当时，机构照顾的高成本、非人性化的负面后果日益显现，英国各界发起了“去机构化”的倡议，有关社区照顾的理论逐步出现在社会福利政策的讨论中。起初英国社区照顾主要针对精神病患者和智障人士。到20世纪70年代后期，英国老龄化形势加剧，老龄人口持续增加，英国政府引入社区照顾，认为老年人养老的最佳场所是自己的家，要通过居家服务来给予他们必要的协助，以避免他们在应对身体衰弱和疾病的时候与社会产生隔离。老年人口获社区照顾服务的比重最大，社区照顾几乎成了英国老人社会服务的代名词。在提倡社区照顾的英语国家，社区照顾通常指通过非制度性的方式对老人进行照料和安置，是指社区中的各方面成员（家人、亲戚、朋友、邻里、志愿者和社区领袖等），协同各种正式的社会服务机构，在社区内对需要照顾的人提供服务的过程。

源于英国的社区照顾分为两种类型：一是在社区内接受照顾（care in the community）。它是指有需要并且依赖外来照顾的人，在社区内设的小型服务机构或家庭住所中接受专业工作人员提供的正式服务。此种照顾模式是从接受照顾的人群的需求出发，国家相关福利部门承担相应的照顾责任。二是由社区负责照顾（care by the community）。它是指对于需要照顾的人，照顾服务的一部分是由家庭、朋友、邻居及社区内的志愿者提供的。这类照顾模式强调的是调动社区内的非专业人员提供非正式服务。以上两种类型的社区照顾形式分别体现了英国政府在20世纪60年代和80年代两个时期社区照顾的不同服务理念。英国社区照顾理念实现由在社区内接受照顾向由社区负责照顾的转变，是英国政府20世纪70年代后为了解决来自财政、经济等方面的危机而实行的一套削减福利的有效方法，可以节省照顾成本，减轻政府的福利责任。

对养老服务而言，社区照顾有助于弥补家庭照顾和机构照顾的不足，构建一种适合现代社会发展、更具人性化的养老服务供给模式。社区照顾不同于机构照顾，机构照顾虽然有其专业优势，但需要大量的财力支持，并且受照顾者不得不离开他最为熟悉的家庭和邻里，从而对生活产生失落感。社区照顾也不同于传统的家庭养老服务供给模式，它不是单单依靠家庭成员提供的服务或者是邻里的帮助，而是整合社区关系网络中的各方资源，包括将专业性机构引进社区提供服务等。

与其他照顾方式相比，社区照顾在以下方面展示出鲜明的特点：

1. 长期照顾

随着全球人口老龄化、高龄化形势发展，需要照顾的老人数量逐年增加，而且他们中患慢性病、致残率的比重不断提升，这些老人临终前一般都需要较长的照顾期，对他们进行照料的强度、难度显而易见。而现代社会呈小型化、核心化趋势的家庭养老功能却日渐式微，与上述长期照顾需求相背离，社区照顾对象正是这些需长期被照顾者。当然，并非每位有此需求者都可以进入社区被照顾者行列。

2. 去机构化

社区照顾中的照顾特色主要是针对家庭照顾而言的去机构化，针对的则是机构式照顾。20世纪60年代，机构照顾日益受到批评，它被指责无人性，人们呼吁老人应当回归属地，在家、社区“家庭式”的情景中接受照顾，从而催生了社区照顾模式。社区照顾强调以非机构照顾取代院舍照顾，即便是机构照顾也应当多提供开放性、灵活的照顾服务。

3. 重视发挥非正式资源的作用

社区照顾支持一切照顾资源和社会支持者参与到照顾者的队伍。然而，与其说社区照顾注重机构等的正式照顾，不如说其更看重非正式照顾。其极力鼓励被照顾者的血缘、地缘和业缘等非正式关系群。有人指出，家庭护理和家庭支持等形式是社区照顾的核心。正式照顾与高昂成本有关，但非正式照顾内在的优势也是不可忽视的维度。在非正式照顾网络中，照顾者与被照顾者固有的感情使二者容易互动，所提供的照顾服务更具人性化和针对性。事实上，上文所说的社区照顾由正式照顾向非正式照顾方向转移，即照顾服务提供者由正式部门向非正式部门转移。西方工业化国家绝大部分照顾服务（约75% ~80%）由非正规照顾者（即家人、朋友、邻居）提供。例如，在意大利，家庭提供了老人所需服务的74%；德国的家庭照顾贡献更是高达80%。当然，强调非正式照顾并非要排斥正式照顾，社区照顾强调二者的配合。

4. 倡导以需求为导向的服务

机构照顾被谴责为非人性的一个主要方面在于它以可用资源量裁需求、削足适履，所提供的照顾服务程式化、千篇一律。社区照顾中重要的一点便是照顾服务富有个性，提倡依据不同老人的不同需求，尽可能从社会网络汲取资源提供多样化的服务，包括为被照顾者量身打造服务，使照顾服务灵活务实且为老人真正所需。

5. 强调被照顾老人的参与性和选择权

社区照顾秉承人文关怀理念非常注重老人的参与和自决。其主张被照顾者有权参与为己服务的全过程，包括服务方案的制订、执行、评估。此外，为提高服务的效率，避免照顾供非所需，社区照顾还应尊重老人的选择权，即老人对所提供的照顾服务有最终决定权，他可以选择自己满意的照顾方式。总之，社区照顾要求照顾者充分尊重被照顾者的意愿，恰当地处理照顾服务与被照顾老人的不兼容性。

6. 成本低廉

社区照顾发起的重要背景之一是福利国家出现的所谓福利危机。人口的老龄化、高龄化要求政府必须支付日益增加的福利开支。为应对危机，西方国家开始倡导福利多元化。作为控制公共支出的主要措施，西方国家普遍推行社区照顾，将资金转移到为老年人特别是残障老年人提供服务的家庭和社区，鼓励非正式组织的参与。

总之，社区照顾模式具有鲜明的特点。从这些特点中，可以清楚地发现社区照顾所包含的人本主义价值诉求，其通过发展非正式照顾，弥补、矫正正式照顾的缺陷与偏差，在合理和重新分配资源的基础上，依靠社区自身的力量，发挥社区网络的作用，以民主和参与的精神发展照顾事业，使受照顾者的权利和尊严得到体现、需要得到满足、价值与人格得到尊重。可见，社会角色的激发、增权、正常化是这一人文主义理念的具体表现。

（二）社会嵌入理论

社会嵌入理论有着自己的思想源头，早在19世纪末期，德国哲学家理查德·阿芬那留斯（Richard Avenarius）就曾提出过关于将某种特定物体镶嵌于另一更大物体之中的学说。在嵌入理论延展的进程中，马克思、韦伯及帕森斯等著名思想家都曾在其经典著作中提及社会关系网络问题，认为制度性建构的有效性必须根植于特定的文化传统之中。新经济社会学家更是直接从嵌入性角度出发，指出人类行为的制度主义传统对任何一种新生事物的落地、生根和发芽无不具有发生学意义。

行动者既不可能脱离社会背景采取行动、做出决策，也不可能是规则的奴隶；相反，行动者会在具体的动态的社会关系制度中追求目标的实现。[①] 一个人的一生是一个不断社会化的过程，老年人亦不例外。他们将面临由劳动者向供养者、决策者向平民、父母向祖父母、工具向情感等一系列角色的转换。而这种转换呈现出一种衰退的态势，容易诱发老年人失落、焦虑、孤寂等心理问题。除此之外，老年人还将面临众多难以预料的“突然失去”，如亲友的辞世、健康的丧失、子女情感支持的突然失去等。这些突发性的问题需要老人能够积极地根据变化了的环境继续社会化，学习新角色、适应新生活。

---

① 杨翠迎．国际社会保障动态：社会养老服务体系建设［M］．上海：上海人民出版社，2014．

而社区居家养老以社区为依托，并未脱离老年人熟悉的生活环境，可以为老年人再社会化提供一个很好的平台。

（三）福利多元理论

近年来，在对福利国家制度此起彼伏的批判声中，西方社会福利理论进入了价值多维的发展时期，福利思想流派纷呈。其中，福利多元理论于20世纪70年代兴起并在社会福利领域中占据了主要地位。在西方社会福利领域，福利多元主义主要是指福利的责任由不同的部门分担，减少政府干预，强化市场、家庭和社会团体的作用。

最早提出福利提供者多元化观念的是蒂特姆斯（R. M. Titmuss），其在《福利的社会分工》一文中提出，社会福利由三种提供体系相互配合、维持运作，即社会福利（social welfare）、财税福利（fiscal welfare）和职业福利（occupational welfare）。福利多元主义（welfare pluralism）一词最早见于1978年英国的《沃尔芬德的志愿组织的未来报告》，社会福利应维持多元体系，志愿组织应改善与扩张。而率先对福利多元主义概念进行系统性讨论的是约翰逊（Johnson N.），在其代表作《转变中的社会福利：福利多元主义的理论与实践》一书中，他指出，不应视政府为提供集体福利的唯一来源，除政府以外，还有三个来源，即非正式部门、志愿部门和商业部门。其具体包括：①公共部门（public sector），即各级政府所提供的间接或直接福利；②非正式部门（informal sector），即由亲属、朋友和邻里所提供的社会和医疗服务，也即社区照顾与家庭照顾；③志愿部门（voluntary sector），主要包括邻里组织（neighborhood organization）、自助或互助团体（self - help or mutual - aid groups）提供服务的非营利机构及压力团体（pressure groups）、医疗或社会研究团体、协调资源的中介组织等；④商业部门（commercial sector），即企业所提供的职业福利和市场上购买的服务。约翰逊认为，对于不同的福利项目，有时会以政府提供为主，有时会以私人市场为主，有时则以其他福利来源为主，这将依据福利项目的特性而决定。

一些学者引用了约翰逊提出的福利多元主义概念，并将志愿部门改称为第三部门或非营利部门，泛指既非营利性的企业，也非政府机构的那些组织，认为第三部门参与社会福利既可以避免追求利润最大化与科层组织的缺失，又可以兼具市场的弹性和效率以及政府公共部门的公平性和可预测性的优点。

福利多元主义的宗旨是福利的分散化和参与，最终目标是希望借由政府、非正式部门、志愿组织和市场组织的合作关系来分散和缓解财政与经济危机。总的来看，福利多元理论强调的是一种福利供给的多元体系，即通过福利多元结构的安排，将由国家全面提供福利的模式转变为由社会多部门综合提供福利的模式，在多部门的参与下，实现由福利国家向福利社会的转型。

为了推动养老事业的发展，我国十分注重借鉴这一理论，早在1986年民政部就提出了“社会福利社会化”的发展目标，主张社会福利来源多元化。近几年，随着我国人口老龄化和家庭保障功能的弱化，高龄老人、失能老人、空巢老人照顾需求不断增加。依据福利多元理论，养老服务供给主体多元化对社区养老服务发展具有积极意义：一是能减轻政府负担。政府的责任在于做好顶层设计、建立制度规范与评估体系、进行必要的财政支持与监管等，而不是“全程”参与。二是能提高社区养老服务质量。社区养老服务以维护社区老年人的基本生活权益为出发点，满足不同层次老年人的需求，将无偿、低偿与有偿相结合，丰富服务项目，提高服务质量。三是能整合养老服务资源。充分利用社区场地、有闲暇时间的人员等，开设社区老年活动中心或老年餐桌，吸引社区社会力量参与到老年服务当中。

（四）公共治理理论

公共治理理论形成于20世纪70年代，其内涵与治理的基本含义有着密切的联系。公共治理是指政府、社会组织、私人部门、国际组织等治理主体，通过协商、谈判、洽谈等互动、民主的方式共同治理公共事务的管理模式。与传统的公共行政相比，公共治理不再是自上而下地依靠政府的政治权威，通过发号施令、制定和实施政策对公共事务进行单一化管理。它强调的是主体多元化、方式民主化、管理协作化的上下互动的新型治理模式（胡正昌，2008）。研究治理理论的权威格里·斯托克（Gerry Stoker）对各种治理概念作了一番梳理后，提出了以下五种主要观点：① 治理意味着一系列来自政府但又不限于政府的社会公共机构和行为者。它对传统的国家和政府权威提出挑战，认为政府并不是国家唯一的权力中心。② 治理意味着在为社会和经济问题寻求解决方案的过程中存在着界限和责任方面的模糊。它表明各种私人部门和公民自愿性团体正在承担越来越多的原先由国家承担的责任。③ 治理明确肯定了在涉及集体行为的各个社会公共机构之间存在着权力依赖。④ 治理意味着参与者最终将形成一个自主的网络。⑤ 治理意味着办好事情的能力并不仅限于政府的权力、不限于政府的发号施令或运用权力。

公共治理意味着政府已经不是唯一的治理主体，治理主体呈现出多样化、多元化趋势，政府与社会组织、市场以及公民个人都可以成为公共治理的主体。而且，治理权力也呈现出多中心化的趋势，政府不再是唯一的权力中心，市场、第三部门等其他主体都参与管理，组成自主的管理网络，形成多中心治理模式。自愿、平等、合作是公共治理的重要手段，是治理过程中资源共享、组织协调、有效沟通、伙伴关系形成的内在道德基础。治理意味着办好事情的能力并不仅限于政府的权力，因此吸纳各种利益相关者进入治理过程是极其重要的，同时也要求政府改变直接发号施令、运用权力等传统的领导方式，更多地起到“掌舵”“领航”的作用。

根据公共治理理论，对养老服务业的发展来说，养老服务的各参与方均可以成为治理主体，包括政府、企业、社会组织、个人等，分别在养老服务中担任不同的角色。

（五）公共物品理论

公共物品是源自经济学的一个概念，中文有多种译法，如“财货”“产品”“公共产品”“公共物品”等。公共物品的定义，在国内外有多种表达方式。在我国，高鸿业、吴易风教授在《现代西方经济学》一书中直接指出：“公共物品是私人不愿意提供或者无法提供而由政府提供的物品和劳务。”公共物品的通俗定义，按照保罗·A·萨缪尔森的说法，是指“那种不论个人是否愿意购买，都能使整个社会每一成员获益的物品”。而与之相对的私人物品，是那些“可以分割、可以供不同人消费，并且对他人没有外部收益或成本的物品”。

萨缪尔森认为，公共物品可分为纯公共物品和准公共物品。纯公共物品是指完全具备非排他性和非竞争性特点的产品，其投入大、非营利性的特点，决定了它只能由政府生产和提供。准公共物品则不同，它介于政府和市场之间，既以商业交易为中心，同时又必须兼顾经济和社会因素，涉及公共交通、高等教育、医疗卫生等多个领域。

作为公共物品的一种，养老服务也涵盖了纯公共养老服务和准公共养老服务两个层次。其中，纯公共养老服务应由政府来提供，准公共养老服务可以由政府和社会、市场共同提供。此外，在养老服务领域还存在私人养老服务，主要由市场和社会来提供。

第二节　社会养老服务体系的内涵与特征

一、社会养老服务体系的源起

有关社会养老服务体系的含义，近几年人们从诸多方面对其进行了探讨。

（一）政府文件中的相关表述

关于社会养老服务体系，目前主流的表述主要是由政府有关文件提出的。2000年2月，国务院办公厅在相关文件中明确了在供养方式上坚持以居家为基础、以社区为依托、以社会福利机构养老为补充的发展方向的社会福利社会化路径。由于养老服务在社会福利中占据重要地位，这一概括逐步演变为专指养老服务体系，并于2006年前后最终确定为“以居家养老为基础、社区服务为依托、机构养老为补充的服务体系”。

2011年，民政部对此又做了进一步的修正，“以居家养老为基础、社区服务为依托、机构养老为支撑，资金保障与服务保障相匹配，基本服务与选择性服务相结合，形成‘政府主导、社会参与、全民关怀’的服务体系”。笔者梳理政府的表述，发现有四个明显变化：一是增加了“社会”二字，表明需要以全社会之力做好这项工作，即充分发挥政府、家庭、机构和社区等的作用；二是改机构的“补充”为“支撑”作用，对养老机构的作用进一步肯定；三是强调了服务的性质和价格问题；四是指出服务保障要和资金保障相配套。

（二）学术界的几种探讨

学术界对养老服务体系也有几种讨论：一是同意或接近政府的提法，这是主流意见。大部分学者在论述养老服务体系时，都采用政府的表述。有的虽有不同，但基本接近。如刘益梅（2011）提出“要建立社会化养老服务体系”，包括以居家养老为基础、机构养老为补充，多主体、多元化、多层次提供服务的含义①。二是宽泛意义上的提法。金双秋、曹述蓉（2011）认为要建立健全养老服务机构体系、老年人服务制度体系、老年人供养服务体系、老年人医疗服务体系、老年人再就业服务体系、老年人继续学习服务体系、养老服务人力资源开发体系，以完善养老服务体系②。这就把有关为老年人服务的内容都包括在内。三是更为广义的提法，即把养老服务体系看成一个大系统，特别是把社会养老保险作为内容之一列入，认为这是重要的经济保障。例如，“建立一个由个人、家庭、社会、企业和政府共同组成的养老服务保障体系，是我国养老服务体系的基本模式”“我们应当提倡一种混合经济模式，整合政府、非政府、社区和企业各机构的资源，提供各种有差异的、不同模式的服务，来构建我国养老服务体系以及实践我国养老服务事业”。有的虽然肯定“我们要构建以居家养老为基础、社区照料服务为依托、机构养老为补充的具有中国特色的养老服务体系”，但在行文中仍然用大量篇幅论述养老保险问题。也有学者分析了家庭、机构等各种照顾系统的不足，提出“需要建构一个多样化、个性化、家庭化的养老服务体系”。

学界的上述提法有的不能反映养老服务体系的本质特征，有的甚至大而无当。资金是养老服务体系中十分重要的因素，但不能全部由社会养老保险制度来解决。社会养老保险制度的主旨是解决人老后的基本生活问题，不能

① 刘益梅．人口老龄化背景下社会化养老服务体系的探讨［J］．广西社会科学，2011（07）：100－104．

② 金双秋，曹述蓉．完善养老服务体系的构想［J］．社会工作（学术版），2011（01）：57－58．

和养老服务混为一谈。老年人作为社会人，在社会生活中需要各种社会服务，不能把各种供养、教育、再就业、医疗等服务都放在体系中谈，否则就很难抓住养老服务体系建设的根本。

（三）政府指导性文件的出台

2021 年 12 月 30 日国务院办公厅印发的《“十四五”国家老龄事业发展和养老服务体系规划》（国办发〔2021〕35 号）为实施积极应对人口老龄化国家战略，推动老龄事业和产业协同发展，构建和完善兜底性、普惠型、多样化的养老服务体系，不断满足老年人日益增长的多层次、高品质健康养老需求，根据《中华人民共和国老年人权益保障法》《中华人民共和国国民经济和社会发展第十四个五年规划和 2035 年远景目标纲要》和《国家积极应对人口老龄化中长期规划》，制定本规划。

“十四五”时期，我国开启全面建设社会主义现代化国家新征程。党中央把积极应对人口老龄化上升为国家战略，在《中华人民共和国国民经济和社会发展第十四个五年规划和 2035 年远景目标纲要》中做了专门部署。人口老龄化是人类社会发展的客观趋势，我国具备坚实的物质基础、充足的人力资本、历史悠久的孝道文化，完全有条件、有能力、有信心解决好这一重大课题。同时也要看到，我国老年人口规模大，老龄化速度快，老年人需求结构正在从生存型向发展型转变，老龄事业和养老服务还存在发展不平衡不充分等问题，主要体现在农村养老服务水平不高、居家社区养老和优质普惠服务供给不足、专业人才特别是护理人员短缺、科技创新和产品支撑有待加强、事业产业协同发展尚需提升等方面，建设与人口老龄化进程相适应的老龄事业和养老服务体系的重要性和紧迫性日益凸显，任务更加艰巨繁重。

社区养老服务是居家养老服务的重要支撑，具有社区日间照料和居家养老支持两项功能，主要面向家庭日间暂时无人或者无力照护的社区老年人提供服务。在城市，结合社区服务设施建设，增加养老设施网点，增强社区养老服务能力，打造居家养老服务平台，倡议、引导多种形式的志愿活动及老年人互助服务，动员各类人群参与社区养老服务；在农村，结合城镇化发展和新农村建设，以乡镇敬老院为基础，建设日间照料和短期托养的养老床位，逐步向区域性养老服务中心转变，向留守老年人及其他有需要的老年人提供日间照料、短期托养、配餐等服务。以建制村和较大自然村为基点，依托村民自治和集体经济，积极探索农村互助养老新模式。机构养老服务以设施建设为重点，通过设施建设，实现其基本养老服务功能。

养老服务设施建设重点包括老年养护机构和其他类型的养老机构建设。老年养护机构主要为失能、半失能的老年人提供专门服务，重点实现以下功能：① 生活照料。设施应符合无障碍建设要求，配置必要的附属功能用房，满足老年人的穿衣、吃饭、如厕、洗澡、室内外活动等日常生活需求。② 康复护理。具备开展康复护理和应急处置工作的设施条件，并配备相应的康复器材，帮助老年人在一定程度上恢复生理功能或减缓部分生理功能的衰退。③ 紧急救援。具备为老年人提供突发性疾病和其他紧急情况的应急处置救援服务能力，使老年人能够得到及时有效的救援。鼓励在老年养护机构中内设医疗机构。符合条件的老年养护机构还应利用自身的资源优势，培训和指导社区养老服务人员，提供居家养老服务，实现示范、辐射、带动作用。其他类型的养老机构可根据自身特点，为不同类型的老年人提供集中照料等服务。

应该说，关于社会养老服务体系的探讨取得了更大的突破。由国务院办公厅关于印发《“十四五”国家老龄事业发展和养老服务体系规划》的通知（国办发〔2021〕35 号）可以看出，我国的社会养老服务体系应该包含如下方面：

1. 目标定位

我国社会养老服务体系的目标是满足老年人养老服务需求、提升老年人生活质量，在层次上既要能够满足失能、半失能老年人和低收入老年人的基本养老需求，也要能为老年人提供高层次的养老服务，提升他们的幸福感。

2. 对象定位

我国社会养老服务体系的保障对象是全体老年人，所以政府在进行相关制度设计和政策制定时，不仅应该照顾到不能照顾自己的老年人，而且应该考虑到正常老年人的养老；不仅要把低收入甚至无收入的老年人纳入进来，而且要兼顾经济条件较好的老年人；不仅需要为城市退休居民提供服务，而且应照顾到农村老年居民丧失劳动力后的生活。

3. 内容定位

社会养老服务体系的内容包括康复护理、生活照料、紧急救援、精神慰藉和社会参与。其涵盖了老年人低、中、高三个层次的需求，全方位说明了当代老年人的养老需求。

4. 配套定位

我国社会养老服务体系的配套措施，包含了人才、技术要素和组织形成的网络、服务标准、监管制度和运行机制等，也就是四个配套，即网络、监管制度、运行机制和服务标准的配套。

5. 结构定位

其基础是居家养老，依托的是社区养老，最后的屏障是机构养老。老年人的养老应该首先依靠自己和家庭，由老人所在社区提供必要的补充服务，政府充当最后支持者的角色。至此，关于社会养老服务体系的概念更加清晰和完善。

二、社会养老服务体系的内涵

在我国，虽然养老事业、老年产业、养老服务业已经成为当前关注的热点，但对社会养老服务体系的概念并没有清晰的界定，这不利于我国社会养老服务体系问题的深入研究。因此，有必要对这一概念做出明确界定。我国多元化社会养老服务体系的内涵主要借鉴《“十四五”国家老龄事业发展和养老服务体系规划》中对社会养老服务体系内涵的界定。以习近平新时代中国特色社会主义思想为指导，全面贯彻党的十九大和十九届历次全会精神，统筹推进“五位一体”总体布局，协调推进“四个全面”战略布局，坚持稳中求进工作总基调，立足新发展阶段，完整、准确、全面贯彻新发展理念，构建新发展格局，坚持党委领导、政府主导、社会参与、全民行动，实施积极应对人口老龄化国家战略，以加快完善社会保障、养老服务、健康支撑体系为重点，把积极老龄观、健康老龄化理念融入经济社会发展全过程，尽力而为、量力而行，深化改革、综合施策，加大制度创新、政策供给、财政投入力度，推动老龄事业和产业协同发展，在老有所养、老有所医、老有所为、老有所学、老有所乐上不断取得新进展，让老年人共享改革发展成果、安享幸福晚年。

其主要体现为投资主体的多元化、服务方式的多样化、服务内容的人性化、服务人员的专兼结合，是指将政府、家庭、社区、机构等多方主体有机结合，根据生活照料、康复护理、精神慰藉、紧急救援和社会参与等需求设置具体的服务内容，形成以政府主导，由居家养老服务、社区养老服务、机构养老服务等多种模式构成的养老服务体系，以满足老年人日益增长的养老需求。

在当前的国情条件下，由于不能同时满足所有老年人的不同服务需求，应对养老服务按照基础性、优先性的原则进行范围限定。据此可以认为，社会养老服务体系是以养老服务的社会化、专业化、标准化建设为方向，以满足孤老救助对象、孤老优抚对象及中低收入老年人基本养老服务需求为重点，并适当引导和支持高端养老服务发展，逐步建立健全与我国人口老龄化进程相适应、与经济社会发展相协调，以居家养老为基础、社区养老为依托、机构养老为补充，基本覆盖城乡、适度普惠的养老服务体系。①

分析社会养老服务体系的内涵应当把握四个要点，即基本服务对象、基本服务内容、基本服务种类、基本服务规范。

（一）基本服务对象

老年服务对象从政府投入和管理的角度需要区别对待：首先，重点要保障政府负担的基本服务对象的基本生活服务，主要包括三无老人、农村五保老人、重点优抚对象中的老人、失能和半失能无家庭成员照料的老人及其他特殊困难的失能、半失能老人等。其次，中、低收入老年人的养老服务，也是基本养老服务体系的服务领域，需要政府主导、社会力量共同参与建设和运营。最后，为有较强消费能力的老年人提供的服务，也需要政府整体规划、政策引导和规范管理。

---

① 张岩松. 社会养老服务体系建设研究［M］. 大连：东北财经大学出版社，2016.

（二）基本服务内容

老年人的服务需求可以分为五个层面：一是基本生存服务，包括吃饭、穿衣、如厕、上下床等基本生活自理能力受损需要别人帮助的服务；二是日常生活服务，包括日常购物、做饭、洗澡、乘坐公交车等独立生活自理能力有困难需要别人帮助的服务；三是应急性服务，包括急病发作、意外发生、心理危机等需要提供紧急帮助的服务；四是临时性服务，包括步行 3 里路或提 20 斤重物等活动强度受限需要提供外出陪同、体力劳动类服务；五是精神文化生活服务，包括老年教育、文艺活动、娱乐健身、社会参与、心理关爱等服务。

（三）基本服务种类

从服务场所上，养老服务可分为机构服务、居家服务、社区服务；从服务特点上，养老服务可分为失能、半失能老年人护理服务，医疗康复保健服务，老年教育、文艺活动、娱乐健身、社会参与、心理关爱服务等；从服务性质上，养老服务可分为福利性、非营利性和营利性三种类型的服务。养老服务体系建设的重点是以居家为基础、社区为依托、机构为补充；同时，不断探索多种类型和模式的养老服务模式。

（四）基本服务规范

基本服务规范是指各类养老机构的建设标准和养老服务规范。诸如，老年福利院、农村敬老院、老年公寓、社区日间照料中心、居家养老服务中心、老年护理院、老年康复中心、军休干部服务中心等机构的基本建设标准、基本服务规范和等级服务规范。

三、社会养老服务体系的特征

这里结合易开刚等所著的《现代化养老服务业的发展战略、模式与对策研究——以浙江省为例》对社会养老服务体系特征进行的阐述，将养老服务体系的主要特征归纳如下：

（一）多样性

首先，社会养老服务体系的多样性是指根据不同标准划分表现出来的多样性。一是从服务和产品的种类上来看，现代养老服务有很多，既包括由私营企业或非营利机构提供的产品或服务，也包括由政府公共部门提供的公共产品或服务，即产品和服务种类多样化；二是从年龄层面上来看，老年期时间跨度大，从 60 岁到百岁以上，因此养老服务业需要涵盖低龄老年期（60 ~ 74 岁）、老年期（75 ~ 89 岁）和长寿期（90 岁及以上）的老人；三是从自理程度上来看，养老服务业的服务对象包括完全自理老人、半自理老人和失能老人。其次，社会养老服务体系的多样性是指同一种养老需求可以有多种多样的服务方式，以便老年人根据自身的意愿、条件选择。现代养老方式很多，老年人完全可以根据自身的需求和喜好进行选择，多样性是社会养老服务体系的特征。

（二）持续性

老年人的生活起居是非常细致的，并且老年人 60 岁以后还有很长一个阶段的生活，所以照顾老年人是一个长期的过程。养老服务不是一两年的事，有的长达十几年甚至几十年，且其收益也不是立竿见影的。这就说明社会养老服务体系具有持续性的特征，完善的社会养老服务体系应当为不同年龄段、不同健康情况、不同经济状况和不同意愿的老年人提供持续性的照料服务。

（三）实效性

社会养老服务体系提供关于老人需求的一系列服务，如餐饮服务、医疗服务、护理服务、保洁服务、安保服务、交通服务及休闲娱乐服务等，主要是为了破解养老照料的难题，减轻家庭、社会和政府的压力，为老年人提供舒适的环境，对他们进行精神上的慰藉，提高其生活品质。这些既可以帮助老年人快乐健康地生活，也可以解除子女的后顾之忧，所以说社会养老服务体系对老年人、子女及社会而言都具有较高的实效性。

四、社会养老服务体系建设的目标与原则

（一）社会养老服务体系建设的目标

社会养老服务体系的建立，应以提供有效服务为核心目标，考虑服务数量、质量和效果、组织效率等各种因素。为了使分析更具操作性，笔者把目标分解为三个方面：充足的养老服务资源、优质的养老服务、理顺组织管理体制。

1．充足的养老服务资源

养老服务资源的多与少，反映了养老服务的数量问题。市场经济体制本身的导向性，使资源更多地流向利润较高的行业和部门。养老服务业的发展在某种程度上，不具备这种优势。如果我们能够将更多的社会资源用于养老服务业，也就意味着拥有了更多的养老服务资源，老年人的养老服务也就有了更多的物质保证。这是社会养老服务体系建立的基础目标，实现这一目标需要发挥好政府的引导作用和市场的调节作用，处理好政府与市场在资源配置中的关系。

2．优质的养老服务

养老服务的质量和效果越好，说明在有限的资源约束下，为老年人提供的服务越有效，老年人对养老服务越满意。优质的养老服务要建立在足够的数量基础上，充足的服务数量是优质的服务质量的必要条件。但是，充足的服务数量有时并不能保证养老服务的质量，设施的人性化程度、人员的敬业态度、服务的水平和标准都是衡量养老服务质量的重要因素。优质的养老服务是社会养老服务体系建立的高层次目标。

3．理顺组织管理体制

这是养老服务提供的组织效率问题。一个有效的组织管理体制要求能够以较低的运行成本动员和组织社会资源。组织管理体制越通畅，动用社会资源提供养老服务的成本越低。实现这一目标，除了需要正确处理好政府与市场之间的关系外，政府职能转变也是重要方面。

（二）社会养老服务体系建设的原则

我国的社会养老服务体系建设要按照城乡一体化、区域统筹发展的要求，建立健全与我国老年人养老服务需求增长相适应的养老服务设施、服务网络、服务内容、服务方式、服务队伍和管理体制，加快建立和完善以居家养老为基础、社区养老为依托、机构养老为补充、各类养老服务机构协调发展，多种养老服务方式相配合的养老服务体系，为老年人提供生活照料、家政服务、康复护理、心理关爱、文化生活、社会参与等多层次、多样化的养老服务，促进老年消费，吸纳社会就业和增进社会和谐，推动基本养老服务体系的整体突破和快速发展。为此，要坚持以下基本原则：

1. 整体规划、统一部署、分步实施原则

各级政府要根据养老服务需求，对护理、康复、自理、托养、居家以及文体等各类养老服务机构的建设和布局统筹考虑、整体规划、统一部署、分步实施。

2. 保基本、增福利、促市场原则

政府要兜底解决基本服务对象的保障问题；通过适度普惠和公共养老设施建设，提高养老服务福利水平，让老年人共享改革发展成果；通过政策扶持，促进养老服务市场成熟和产业发展。

3. 转机制、调结构、扩供给原则

建立政府主导、政策引导、社会主体、市场推动的投入和运行机制，根据实际需要促进城乡和不同地区的各种类型养老服务机构协调发展，努力实现养老服务事业发展与老年人服务需求对接最优化。

4. 整合资源、突出重点、分类指导原则

充分整合现有社会资源，因地制宜地实施规划建设；以长期照料、护理康复、社区居家服务等为重点，加快基础设施建设；对经济薄弱地区的养老设施建设要增加公共财政投入，对民办养老机构要加大政策扶持力度，对福利性和非营利性养老机构要给予运营补贴。

5. 加强管理、规范服务、提高质量原则

完善养老服务管理体制和机制，建立健全并严格执行各类养老服务机构建设标准，探索制定各类养老服务规范，加快专业化服务队伍建设，不断提高服务质量。

五、社会养老服务体系建设的成效与问题

近年来，社会养老服务体系建设在我国受到越来越多的重视，取得了一定成效。但总体来看，相关体系建设还处于起步阶段，面临诸多问题。

（一）社会养老服务体系建设的成效

1. 社会养老服务体系建设被提升为国家发展战略

我国高度重视发展养老服务业。党的十八大提出“积极应对人口老龄化，大力发展老龄服务事业和产业”的战略部署。党的十八届三中全会明确提出“要积极应对人口老龄化，加快建立社会养老服务体系和发展老年服务产业”。2013 年 8 月 16 日召开的国务院常务会议，研究确定深化改革加快发展养老服务业的任务措施。会议提出，到 2020 年全面建成以居家为基础、社区为依托、机构为支撑的覆盖城乡的多样化养老服务体系，把服务亿万老年人的“夕阳红”事业打造成蓬勃发展的朝阳产业，使之成为调结构、惠民生、促升级的重要力量。加快发展养老服务业将为破解养老难题、拓展消费需求、稳定经济增长发挥重要作用。全国各地正按照党中央国务院的战略部署，认真贯彻落实《关于加快发展养老服务业的若干意见》，抓紧完善和落实各项优惠扶持政策，加大养老服务业的投资和政策引导力度，鼓励民间和境外资本投资养老服务业，调整投资结构，拓展消费需求，解决老年人生活中遇到的实际困难和问题，促进家庭关系的和睦稳定，为社会力量发展养老服务业营造公平的环境，推动养老服务业快速健康发展。

2. 社会资本开始大举进军养老服务业

随着多个重要文件的发布，特别是鼓励和引导民间资本投资养老服务业政策信号的释放，房地产、保险、金融等各类资本对进军养老服务业表现出

前所未有的热情。独具特色的新型养老服务企业不断涌现，它们充分利用国家支持养老产业的各项政策，建立起具有中国特色的养老服务运营模式，从而保证了养老服务业的良性发展。在坚持“事业养老”的基础上，通过“产业养老”的市场化运作，大力推进投资主体多元化、服务对象公众化、运行机制市场化、服务方式多样化及服务队伍专业化的养老服务社会化进程，如嵌入式连续照护型养老社区；医养结合型老年公寓；远洋地产集团自持型全龄养老社区；外国优秀养老管理模式与中国本土文化融合的老年连锁公寓，集养老、休闲、医疗于一体的综合性养老机构；一站式高端养生养老公寓；家文化理念下的“新三代同堂”持续性养老社区；医养结合 + 康复养老的专业化集团公司；保险运营的“医疗 + 活力”养老社区等。这些养老服务模式从营利、非营利性主体角度，采取国办国营、公办民营、民办民营、民办公助、保险运营、以房养老、自持等个性化模式运营，取得了良好的社会效益和经济效益，为建立适合我国国情的规范化、多样化、专业化、标准化养老服务产业运营模式，提供了可供借鉴的实践素材。

（二）社会养老服务体系建设存在的问题

我国人口老龄化和家庭结构的转变，促进了社会化养老方式的发展。基于此，国家出台了多项法律、法规，通过制定政策，加大财政投入，我国养老服务事业不断发展，居家养老、社区养老以及机构养老有机结合的基本架构已初步形成，并已取得较为显著的效果；融资渠道逐步顺畅，呈现出多元化的态势；享受社会养老服务的地区与范围逐步扩大，服务对象也逐渐扩大至城乡适龄老年人；专业化建设不断加强。但是，我国的社会养老服务体系建设仍存在诸多亟待解决的问题，仍需在发展中不断完善。

1. 政府职能与市场功能组合不佳

养老服务是一种准公共产品，政府作为社会管理活动的主体，对养老保障这种准公共产品的供给具有相应的责任。一方面，养老服务体系建设是政府职能的重要内容；另一方面，政府的财政支持是养老服务体系持续发展的保证。从政府的角度来说，能够通过市场方式解决的问题要由市场解决，政府要做的是维护市场的公开、公平、公正。然而，政府并不是万能的，面对我国老年人口基数大、发展速度快以及老年人多样化、个性化的需求不断增长的现状，政府的力量是远远不够的，还需要发挥社会化的力量，通过政府主导，市场参与来实现养老服务体系的发展与完善。由于政府职能与市场功能没有细分，从目前我国养老服务体系的发展状况来看，政府在养老服务供给过程中职能“错位”“越位”“缺位”现象的存在，导致政府与市场的功能组合没有形成良好的配置，从而极大地影响了养老服务的质量和效率。

2. 政府管理与服务尚待优化与加强。

(1) 管理机构的分散化运作弱化了养老服务体系建设合力

老年人作为一个特殊群体，有着各种不同的需求，老龄工作也涉及不同的管理机构。从整体上来看，老龄委通过研究、制定老龄事业发展战略及重大政策，协调和推动有关部门实施老龄事业发展规划并引导其他各部门做好老年人的服务工作，民政、残联、社会保障等相关部门针对各自管辖权力范围内的老年人群提供相应的老年服务。然而，从当前各机构有关养老服务工作的状况来看，其管辖权存在交叉和空白的内容，分散化的运作模式导致部门之间责任不明晰，弱化了养老服务管理机构的合力。这直接带来的问题就是部门统筹难度大，部门利益分割直接阻碍了社会养老服务体系的统筹协调。大部分市县养老服务业的发展方案由民政部门负责制定，在与其他部门协调的过程中遇到了比较多的问题，包括医保的直接支付、土地划拨的审批、民营机构补贴的财政支出、福彩基金的使用等。以医保为例，老年人在养老机构得到看护和护理的医疗服务，使用医保进行结算是合情合理的选择。但民政部门与医保基金管理部门难以协调，社保部门出于基金管理安全的考虑不同意打通使用通道。这是目前在我国绝大多数地区都未能解决的问题。

(2) 对民办养老机构的分类管理降低了社会资本的积极性

从我国社会养老服务的性质来看，90% 以上注册登记的企业为民营非企业，即非营利性机构。民营非企业的性质要求投资者不能分红、没有自主定价权，退出时不能收回投资。实际上很多非营利性机构已经是追逐利润的营利性机构，“非营利”成为获取政府财政补贴、享受免交税费、免交土地占用费等优惠政策的帽子，与政府鼓励兴办非营利性机构的初衷已经严重背离。非营利性机构的种种限制，挫伤了社会资本的积极性，给其运营带来了比较多的困难和限制，这就难以形成一个主体多元化、竞争公平化的养老服务供给市场。

（3）政府的监管和服务能力不能适应市场的需求

在养老服务领域发挥好市场机制的作用，离不开政府对市场的监管和服务。目前，在养老服务市场的培育过程中，政府职能不到位主要体现在对社会养老服务机构的事前审批不够重视，事中和事后监管体系还没有建立起来，还不能适应市场主体多元化的要求。

3．社会养老服务体系基本架构有待加强。

（1）养老服务供给不足

养老服务供给的欠缺，依然是制约老年事业发展的主要原因，主要表现在：一是居家养老服务项目欠缺。目前，我国居家养老所能提供的服务还停留在日常生活护理和家政服务等基础层面，对老年人的心理呵护、精神慰藉以及社会参与和支持等方面的项目十分欠缺。另外，养老服务的不同项目资源，如医疗卫生和家政服务等项目，由于管理体制的条块化、分割化，以及协调整合机制的缺失，资源难以实现共享，也是项目供给不足的重要原因。二是养老服务机构尚未健全，管理制度不完善，机构设置编制少、人员少、经费少，高层次的管理人才缺乏，制约了老龄工作的开展。三是社区和机构设施有待优化。目前，我国部分养老机构的居住环境有待改善，适合老年人康复、医疗、娱乐的设施数量不足且种类较为单一，难以有效保证为老年人提供优质的服务。此外，还表现在供老年人活动的公共场所较少，现有场所设施功能不完善，服务整体水平较低，据统计，建有老年人日间照料中心（室）的城市社区比例不足30%。在我国农村，养老服务设施短缺的情况更为严重，农村社会化养老服务匮乏，使得养老基础更显薄弱。

（2）民办养老机构发展缓慢

我国的养老服务业目前处于快速发展时期，然而作为社会养老服务体系重要组成部分的民办养老机构却发展缓慢，一方面因为没有统一的行业标准和服务质量认证体系，以及行业监督和检查机制不健全，得不到法律、法规的保护和制约，导致许多民办养老服务机构的规模小、档次低，难以满足老年人的护理需求；另一方面是因为养老行业属于投资回报率低的微利行业，尽管我国民间资源丰富，地产商、开发商等拥有的闲置性住宅面积很大，但这些资源参与、进入养老服务业的意愿不强，进入渠道不畅通。

此外，民办养老机构的分类管理模式不符合资本本质。从我国社会办养老服务机构的性质来看，90%以上注册登记为非营利性机构。

（3）养老服务发展布局不合理

在我国，养老服务体系建设应坚持居家、社区、机构相结合，但当前各地在推进养老服务体系建设的过程中，不同程度地存在着缺乏统一规划、布局不合理问题。有的地方将发展养老机构作为主要建设任务，而众多老年人需要的社区居家养老护理服务中心、养老医疗保健、养老文化娱乐、社区康复、家政看护等系列服务严重匮乏。有少数地区认为兴建敬老院、托老所、社区老年活动中心就是社会养老服务体系建设的主要内容，较少开展养老服务的其他项目，使得养老机构建设过度集中，养老服务建设布局不够均衡。

（4）养老服务产业化、规模化远未形成

当前，我国养老服务业发展滞后于人口老龄化迅速发展的社会形势、滞后于快速发展的经济形势，成熟度低，远没有形成产业化、规模化。其主要表现在：第一，供需不匹配的矛盾突出。以机构养老为例，一方面是部分大城市公立养老院一床难求，另一方面是养老机构总体空床率依然很高，市场供给与老年人的实际服务需求不匹配。第二，民营养老服务机构盈利情况不容乐观。尽管各地对民办养老机构给予了一定的政策扶持，但它们依然规模小、管理水平低、服务内容和服务对象单一，难以满足老年人不断增长和多样化的养老需求。第三，服务质量和产品设计还比较落后。从挖掘服务需求、开发服务产品、宣传营销渠道到服务产品的销售和输送，中国的养老服务市场还比较滞后，主导链条不明确、产业链条短、产品设计与实际需求相脱节等问题突出。

4. 养老服务人才匮乏，专业化水平有待提高

在养老服务领域发挥市场配置资源的决定性作用必然要求建立与之配套的要素供给机制，其中最重要的要素是人。当前，我国养老服务业从业人员离职率高、专业人才缺乏、人员整体素质不高、专业优秀人才严重不足、社会地位低。养老服务队伍建设十分薄弱，养老服务人员大多未接受过养老护

理专业教育，未经过专业化的技能培训，在专业知识和服务技能方面有所欠缺，仅能满足老年人的基本生活照料需求，难以有效满足医疗护理、精神关照等专业化程度较高的需求。以养老服务机构中的服务队伍为例，相关资料显示，受过专业培训的护理员不超过30%，取得养老护理员资格证书的不足1/3。养老服务人才匮乏，主要体现在以下三个方面。

第一，我国的养老服务人才供给和交流机制尚未建立起来。目前，我国还没有制定专门的养老人才职称评定体系，从业者的个人价值和社会价值不能得到有效承认，客观上造成了专业人才的改行和跳槽。

第二，优质人才流动不畅。我国公立机构的人员管理体制仍然具有比较明显的计划经济特征，优秀的养老服务人才大多在公立机构，优质资源难以共享，公立机构和民营机构之间形成明显的分割。

第三，人才发展模式落后。现有养老服务从业人员大多没有接受过相关的专业教育或有关老年服务知识的培训，主要由下岗、低保人员（一般是中年妇女）组成。相较于发达国家，我国养老服务专业人才培养体系可以说还处于空白阶段。虽然我国在2002年就颁布了养老护理员国家职业标准，但取得“养老护理员职业资格证书”的人员很少。高等教育主体中大多还没有开设专门的老年护理专业，仅在职业学校及专科层次有老年护理、老年服务与管理等专业，缺乏培养高、中、低各层次养老服务专业人才的教育培养体系。

5. 社会养老服务体系政策、法规建设不完善

在政策方面，现有政策还需进一步完善。比如，关于非营利组织的社会地位仍未得到承认，表现为注册登记方面的限制，配套引导政策与实际需求不符，扶持其发展的相关政策也不完善，针对性不足，没能在金融、保险、用地等关键性配套上有所突破。有些地区和部门对支持社会力量兴办养老机构重视不足，加之政策缺乏刚性，所以也难以落实。另有一些已出台的政策规定与社会经济发展情况不相适应，需要对政策制定的时效性有所把握。在法规方面，有关养老服务的法律、法规滞后，相关法律的权威性不足，许多地方执行起来困难重重。

第三节　社会养老服务体系理论基础

思想是行动的先导，理论是实践的指南，只有在科学理论的指导下，才能推动中国社会养老体系建设的完善与发展。马克思主义理论是科学、系统的理论体系，涉及经济、政治、文化、社会等诸多方面。马克思主义经典理论在社会保障思想、人的全面发展思想等方面的讨论仍然对中国社会养老服务体系建设实践具有重要意义。

一、社会保障思想

马克思立足现实，运用历史与现实相结合的方法，从宏观角度对社会保障思想进行了论述。其中包含了对资本主义社会的社会保障的批判和对未来社会保障的发展构想两大层次内容，对当下我国社会发展起着重要的指导意义。

首先，马克思对资本主义社会的社会保障展开了批判性剖析，揭露了资本主义社会保障的剥削本质。第一，资本主义社会建立社会保障的目的是榨取更多的剩余价值。在资本主义条件下，资产阶级唯利是图的本性决定了他们不会真正站在劳动工人的立场看问题，不会真正为解决劳动工人的生存问题做出措施，他们只会为了使资本主义社会生产继续进行下去采取某些迷惑性的措施来缓和社会矛盾、维持社会稳定。马克思指出："需要救济的赤贫形成现役劳动军的残疾院，形成产业后备军的死荷重……它们和相对过剩人口一起，形成财富的资本主义生产和发展的一个存在条件。"[①] "它们只会维持过剩人口的存在，并鼓励他们繁殖，而其余的人的工资由于他们的竞争而降低。"[②] 这些行为打着改善工人生活的旗号，实际并未根本改变工人阶级的受剥削地位，反而加强了剥削力度。第二，资本主义社会的社会保障资金的来

---

① 马克思恩格斯全集（第四十二卷）［M］. 北京：人民出版社，2016：663.

② 马克思恩格斯文集（第一卷）［M］. 北京：人民出版社，2009：484.

源是工人们生产的剩余价值。在马克思看来，资产阶级由于其逐利本性，社会保障资金不可能由自己承担，因此只能将其转移到劳动工人身上，他认为“一部分剩余价值，作为总利润的一部分，必须形成一个生产保险基金。这个保险基金是由一部分剩余劳动创造出来的，剩余劳动直接生产资本，直接生产那种要用在再生产上的基金……这个利润产生的价值组成部分只是证明，工人既为保险基金，也为修理基金提供剩余劳动”。[①] 需要说明的是，马克思在这里所说的保险基金属于用于维护社会稳定的社会保障资金的范围。第三，资本主义社会的社会保障措施带有欺骗性。马克思认为资本主义条件下的社会保障问题的解决首先必须服从政治问题的解决，必须要采取一切办法推翻一切使人被奴役、被遗弃和被蔑视的一切关系。即马克思反对针对现实社会问题而采取的保障措施，因为社会保障制度从本质上来说作为一种经济制度，是为资本主义不合理的经济关系服务的，虽然当资产阶级统治出现危机之时，实施这种经济制度在一定程度上稳定了民众情绪，但它的实质政治意图是维护资产阶级的统治秩序，掩盖资本主义社会中的问题与阶级矛盾，并不能起到真正地长远地改善底层劳动者生活的作用，它仅仅是资产阶级麻痹工人、迷惑工人、利用工人的手段而已，实质上具有很大的欺骗性。

其次，马克思还对未来社会社会保障的发展做出了构想，为社会主义国家社会保障建设发展提供了指导。第一，社会保障的存在具有必要性。马克思从社会生产和再生产角度出发，提出了社会保障具有稳定社会、补偿和修复两项功能，并强调了这部分社会保障资金是“甚至在资本主义生产方式消灭之后，也必须继续存在的唯一部分。”[②] 他还指出“如果我们再把剩余劳动和剩余产品，缩小到社会现有生产条件下一方面为了形成保险基金和准备金，另一方面为了按照社会需要所决定的程度来不断扩大再生产所必要的程度……也就是说，如果我们把工资和剩余价值，必要劳动和剩余劳动的独特的资本主义性质去掉，那么，剩下的就不再是这几种形式，而只是它们的为一切社会生产方式所共有的基础”。[③] 可见马克思确实提出

① 马克思恩格斯文集（第六卷）[M]. 北京：人民出版社，2009：404.

② 马克思恩格斯文集（第七卷）[M]. 北京：人民出版社，2009：960.

③ 马克思恩格斯全集（第二十五卷）[M]. 北京：人民出版社，1974：990.

了未来社会需要社会保障的观点。第二，社会保障的目的是人自由而全面的发展。实现人自由而全面的发展的思想贯穿马克思整个思想体系的始终，自然也成了社会保障理论的核心要义。他从人的生存和发展角度出发，分析了资本主义制度下人的受剥削状态，在批判这一制度的基础上提出了共产主义社会下要实现人的本质化。他指出要“结束牺牲一些人的利益来满足另一些人的需要的状况，……所有人共同享受大家创造出来的福利……使全体社会成员的才能得到全面发展。”① 第三，社会保障的资金来源是对社会总产品的扣除。马克思在《哥达纲领批判》中明确指出，社会产品在分配之前要做出三项扣除：一是用来补偿消费掉的生产资料的部分；二是用来扩大生产的追加的部分；三是用来应付不幸事故、自然灾害等的后备基金或保险基金……剩下的总产品中的其他部分使用来作为消费资料的。在把这部分进行个人分配之前，还得从里面扣除三项：一是和生产没有关系的一般管理费用；二是用来满足共同需要的部分，如学校、保健设施等；三是为丧失劳动能力的人等设立的基金。总之，就是现在属于所谓官办济贫事业的部分。马克思认为社会保障是国民收入初次分配和再分配的内容，是对社会劳动所得即社会总产品的扣除，这明显区别于资本主义社会条件下对剩余价值的剥夺。第四，社会保障应遵循公平正义的原则。马克思一直强调社会保障资金来源于劳动所得，在他看来，“因为有益的劳动只有在社会中和通过社会才是可能的，所以劳动所得应当不折不扣和按照平等的权利属于社会一切成员。”② 可见在马克思眼中，社会保障应该以公平正义为前提，其价值和功能应该在公平正义中得到体现。

二、人的全面发展思想

人的全面发展思想是马克思主义的价值追求和发展目标，是一个内涵丰富的理论体系，以人的需要的全面发展、人的能力的全面发展、人的个性的全面发展和人的社会关系的全面发展为主要内容。

---

① 马克思恩格斯文集（第一卷）[M]. 北京：人民出版社，2009：689.

② 马克思恩格斯文集（第三卷）[M]. 北京：人民出版社，2009：428.

首先是人的需要的全面发展。人的需要是人的行为的内生因素，是人的发展的直接动力，人的发展就是在人的需要的不断产生、人的行为的不断实践的过程中实现的，也就是说，人的需要的满足程度直接影响了人的发展程度。马克思将人的需要分为了生存需要、享受需要和发展需要三种。生存需要是最基础的需要，享受需要和发展需要是更高级的需要，其构成了一个多层级的动态系统。生产力的新进步，都带来人的新需要，人的新需要带来新实践，新实践带来新发展，每一个循环过程的实现，都是人的进一步发展。而要实现真正意义上人的全面发展，就是要摆脱资本主义生产方式下对人的需要的扭曲，实现人对物质上与精神上的真正需要的充分的满足。

其次是人的能力的全面发展。人的能力的全面发展是马克思关于人的全面发展思想的核心。人的能力是满足人的需要的手段与可能性。马克思认为人的能力包括体力、脑力、劳动能力、思维能力等多个方面，并且根据不同种类进行不同划分，其中体力和脑力是最基本的能力，也是其他能力得以发展的基础和前提。马克思认为每个人都有职责、有使命、有任务发展自己的能力，人要成为完整的人，就要全面发展人的一切能力。在资本主义生产方式下，由于社会分工的不合理导致了人的片面发展，而只有消灭阶级、消灭资本主义制度，才能使人有时间从事除了物质生产劳动之外的其他社会活动，消除人的异化，唤醒、开发人的潜在能力，使潜在能力转化为现实能力，拓宽人的发展前景。

再次是人的个性的全面发展。人的个性的全面发展是人的全面发展的必然条件和客观前提，也是人的全面发展的最高目标。人的个性的全面发展就是人的心理和生理的协调发展，是各种个性因素的综合发展，就是一切天赋得到充分发挥。人的全面发展是指使人成为多方面发展而又有独特个性的人，并不是成为全能的人。只有人的个性发展越突出，人的独立自主性、自由自觉性、积极创造性也就越强烈，人的个性发展越充分，人的社会性就越高。而在资本主义社会里，个性的发展受到阶级关系的制约。无产者，为了实现自己的个性，就想消灭他们迄今面临的生存条件，消灭这个同时也是整个迄今为止的社会的生存条件，即消灭劳动。因此，他们也就同社会的各个人迄今借以表现为一个整体的那种形式即同国家处于直接的对立中，他们想推翻国家，使自己的个性得以实现。[①]

最后是人的社会关系的全面发展。人是一切社会关系的总和，因此人的全面发展就是人的社会关系的全面发展、人的社会交往的普遍性，人的社会关系的发展程度决定着一个人的发展程度，一个人的发展程度又取决于和他交往的人的发展程度。社会关系的全面丰富，不仅意味着个人与他人是作为社会群体中某一成员身份而出现，而且还作为个人与他人发生相互关系而存在；也意味着人们摆脱了以往个体、分工、地域和民族的狭隘局限性，形成了各方面、领域和层次的社会联系；同时还意味着人们的经济关系、政治关系、法律部关系、伦理关系、宗教关系、文化关系等的全面生成，由贫乏变得全面丰富、由封闭变得开放、由片面变得全面，并且得以协调和谐的发展。

三、福利国家理论

20 世纪 40 年代以后，福利国家理论成为西方资产阶级社会发展较为迅速的理论。其中，凯恩斯、庇古、贝弗里奇等人都是这一理论形成及发展过程中的重要人物，他们对社会福利提出的有关理论构成了福利国家的理论基础，其影响延续至今。福利国家理论的内涵可简单概括为以合作主义为哲学基础、以普享性、统一性和均等性为基本原则、以发挥国家功能为重要路径、以建立福利国家制度体系为现实目标、以实现社会公平为价值目标五方面。

第一，福利国家理论以合作主义为哲学基础。合作主义是西方发达国家福利理论的核心内容之一，与新保守主义、新自由主义思潮相互对立，成为分析西方福利制度发展的重要理论工具，学者约翰·基恩甚至将福利国家看成是合作主义的一种体系形式。它以建立在法律关系基础上的雇员组织、雇主组织和国家三方合作机制为主要内容，以契约制、协商制等为制度安排，保护各组织的利益、维护公共利益、寻求共识，旨在通过此种形式实现协调各方利益、缓和社会矛盾、维持社会稳定的目的。

第二，福利国家理论以普享性、统一性与均等性为基本原则。这一原则来源于“福利国家之父”贝弗里奇所著的《贝弗里奇报告》，这项报告明确

① 张鑫. 马克思主义视阈下养老保障模式比较研究［M］. 沈阳：白山出版社，2015.

主张社会福利可以被概括为“3U”思想：Universality、Unity、Uniformity，即普享性、统一性、均等性。其中，普享性是从覆盖范围角度出发，强调社会福利应由全民普遍享有，不论民族、职业、财富等，表明了社会福利的一般性、广泛性走向；统一性是从管理角度出发，要求建立统一的社会福利管理机构、制定统一管理规定，表明了社会福利的整体性、规范性走向；均等性是从公平角度出发，意在减小由于人的出身、收入等因素带来的获得社会资源的差异，维护全体成员获得资助或福利的权利，尤其关注某些特殊人群或弱势群体。在遵循这些原则的基础上，福利国家理论更加丰富与成熟。

第三，福利国家理论以发挥国家职能为重要途径。对内，发挥国家公共管理、维护秩序的社会职能，建立国家权威，加强资本主义国家对社会生活的干预，通过社会救济、社会保险等一系列措施推动社会公益事业发展，做好分配与再分配工作，为一群因失业、年老、疾病等原因陷入困境的公民提供基本需要，保障公民的教育、医疗、就业等平等权利，使之不受他人侵害，维护社会正义，并防止社会成员之间的利益冲突。对外，发挥国家保障国家安全的职能。这指的是国家要防御他国侵犯和为了维护本国利益而进行战争的功能。福利国家应努力保障全体社会成员的生命安全与财产安全，在维护本国社会秩序的同时又要增强国家实力，使国家有足够的物力、财力、人力抵抗敌对国家的攻击。

第四，福利国家理论以建立福利国家制度体系为现实目标。《贝弗里奇报告》作为影响整个世界社会福利制度发展的著作，设计了一整套“从摇篮到坟墓”的社会福利制度，勾勒出了社会福利制度体系的基本框架。贝弗里奇将福利国家制度体系分为社会保险、国民补助和自愿保险三部分。他指出社会保险要坚持统一原则、保障基本生活原则、全面性原则、分类原则和权利与义务对等原则，实现对公民所有需求的基本保障；国民补助强调充分发挥国家财政部门的职能，以财政支出保障特殊人群的特殊需求，除此之外要加强监管，对国民补助对象进行统一资格审查；自愿保险又称商业保险，是以自愿为原则，旨在为提供较高水平生活保障需要的服务，也是以上两个部分的补充内容。

第五，福利国家理论以实现社会公平为价值目标。从历史角度看，早期的福利国家实行福利政策的目的是济贫，这主要源于基督教平等、博爱的思想与坚持慈善、救济的信仰。在世俗政权取代教会统治之后，其必然要继续承担起这一社会责任，将解决贫民问题、维护社会稳定作为主要工作之一。英国通过的《济贫法》不仅是对济贫旨归的确定，更为这一项事业提供了立法基础。但到了二战之后，福利政策的价值目标发生了根本性转变，由济贫转向了社会公平，强调公民之间权利平等、机会平等、结果平等。政府通过收入分配与再分配，缓解贫富分化，更加着眼于社会整体利益。

四、福利多元主义理论

福利多元主义理论是研究福利供给模式的重要理论工具，它突破了传统的一元社会福利供给模式，提倡建立包括政府、市场、社会、家庭等多主体参与的社会福利供给模式，以实现社会福利供给效用最大化，对我国社会养老服务供给提供了理论分析框架，对我国社会养老服务实践发展具有重要指导意义。这一理论主要解答了“为什么”“是什么”“怎么样”推动福利供给模式向多元化转变的问题。

首先，“为什么”推动福利供给模式向多元化转变：单一的政府或市场福利供给模式存在缺陷。从理论渊源上看，福利多元主义理论起源于福利国家理论的衰落和自由主义理论的复兴；从实践发展上看，福利多元主义理论产生于以公共财政支出过大为突出特征的福利国家危机。在理论批判与反思实践的基础上，部分学者提出了一元论存在缺陷的观点，如罗斯认为市场、国家、家庭作为单独的社会福利供给者都存在不足，完全依赖市场或完全依赖国家的模式行不通。面对在福利国家制度造成的国家财政负担加重，有学者还直接指出了“国家主导的福利供给方式所构建社会保护系统的方式减少了市场和市民社会在社会保护方面的贡献，”提倡发挥市场和市民社会在福利供给中的作用。

其次，“是什么”推动福利供给模式向多元化转变：通过多元组合更好发挥各主体作用。从描述性讨论的视角看，以罗斯、伊瓦斯、约翰逊等为代表的学者对不同供给者之间建立的供给模式做出了理论研究分析，以期实现多元结构供给框架。罗斯作为系统分析福利多元主义概念的第一人，提出了家庭、市场和国家三部门组合的“福利三角”范式，期望通过三部门联合达到相互补充的效果，形成相对完美的福利供给链。而伊瓦斯在此基础上，将民间社会力量加入供给行列，提出了市场、政府、家庭和民间社会的四元结构，尤其强调了社会志愿组织在社会福利供给中的特殊作用。此后，约翰逊对四元划分又进行了深入研究，将四部分分别对应了商业部门、公共部门、非正式部门和志愿部门，继续对各部门提供的内容、原则、标准等进行了详细阐释。不论是三元划分还是四元划分，他们都旨在明确各个主体在福利供给中的责任分工，并重视了各主体联合带来的整体效能。从规范性研究视角来看，学者们主要关注于福利多元主义的意识形态和价值取向问题，重点探讨了国家与其他几个部分的关系问题。其中，右派学者认为市场才是福利供给的最优选择，而国家只能承担政策制定和监督等责任，而左派学者则相反的认为国家应该是福利供给中的核心，市场应该占据很小空间。

这两派的争论体现着政治右翼与左翼之间的传统分歧。从政策视角来看，这一理论进行了从单维度到双维度又到三维度的探索过程。单维度的研究仅仅关注市场、政府、家庭和民间社会四个部分在福利供给中的责任划分，但由于实践发展导致现实中已经越发难以明确区分供给行为，比如哪些是公共的，哪些是私人的。由此发展了双维度研究范式，即供给与融资。如 Spicker 提出了福利生产（公共、私营、志愿性、非正式的）和融资（公共、私人团体、使用者付费、志愿的）两坐标的分析框架。但这种双维度依然存在不足，如何区分供给与融资这两种不同主导的服务。为弥补这个缺陷，以供给—融资—决策或供给—融资—规制为内容的三维度框架应运而生。两者区别在第三个维度是“决策”还是“规制”，前者认为在服务输送终点上，由公民个体还是公共部门决定服务提供者和服务数量是有价值的区分维度，而后者认为，通过权力等形式改变对象行为具有重要意义。总而言之，不论是从描述性、规范性还是政策角度研究，福利多元主义都将研究焦点放在了联合多个主体、如何更好发挥各主体作用以及公共政策应用的问题上，对如何推动实现福利模式多元化给出了探索性解答。

再次，“怎么样”推动福利供给模式向多元化转变：建立稳定均衡的多元关系。福利多元主义理论的核心思想并非描述简单的主体组合形式，而更注重各主体之间的均衡结构。尽管福利多元主义理论强调多元主体供给和不同国家因国情不同产生了不同的内部供给结构，但政府仍然承担着福利供给的重要责任。在此基础上，该理论提出了分权、参与、独立于竞争的福利供给技术特征。分权即政府权力的分散化，从纵向看，要由中央政府向地方政府转移，从横向看，由公共部门向第三部门转移；参与即指各福利供给的参与者在明确自身责任与分工的基础上共同介入到供给过程中；独立即指私人部门能够在供给过程中一定程度上发挥其自主意识；竞争强调了市场参与福利供给的恶竞争机制，以提高效率和专业性。该理论希望通过以上福利提供原则平衡各主体之间关系，发挥整体合力。

五、积极老龄化理论

积极老龄化理论是在人口老龄化的全球背景下产生的一种具有进步意义的政策理论。1990 年哥本哈根会议上，世界卫生组织提出了健康老龄化的目标，其含义是将老年人个体健康、群体健康、家庭健康、经济健康和社会环境健康作为一个系统问题加以看待，以促进并保持老年人生理、心理、社会的健康状态为初衷，化解老龄化对社会的消极影响。此后在健康老龄化概念的基础上，逐步演进为积极老龄化理论。

1997 年的西方七国丹佛会议上，首次提出了“积极老龄化”这一概念。1999 年欧盟为解决欧洲严重的老龄化问题，召开了以“积极老龄化”为核心议题的国际会议，各国学者深入探讨了积极老龄化问题的理论价值和实现的可能性。2002 年，世界卫生组织在第二次老龄问题大会上正式提出了“积极老龄化”的理念：“提高老年人的生活质量，创造健康、参与、保障的最佳机遇”。相较于传统的“消极老龄化”，积极老龄化理论的进步意义在于将老年人视为一种丰富的潜在资源，主张将老年人的社会参与作为和健康老龄化、有保障的老龄化同等重要的内容，强调老年人与其他年龄群体一样拥有“参与和推动社会发展”的权利。

我国著名人口学者邬沧萍（2018）对积极老龄化的科学内涵进行了诠释。他指出：积极老龄化的三支柱“健康、参与、保障”表明人口老龄化问题实质上是社会问题；“积极”一词不单指老年人积极地获得健康，也包括能持续参与社会、经济和文化生活，此外还应体现为政府、学者和社会大众都为人口老龄化问题有所作为；“积极老龄化”不仅包含“老有所为”，还包含其他五个方面，即“老有所养、老有所医、老有所学、老有所教、老有所乐”；“积极老龄化”中的“健康”是一个动态的、生命过程的概念，不仅指身体健康，还包括心理和精神各方面都要保持积极健康的状态。

积极老龄化理论涵盖了成功老龄化、健康老龄化、生产老龄化等概念，在健康和参与的基础上增加了保障维度，强调赋予老年人更多权利，并且参与维度除了经济活动外，还包括参加政治、社会、文化等活动，在活动中做出贡献，从而提高生活质量。积极老龄化理论还对国家和政府的责任进行了界定，为各项老龄政策法规的制定提供了明确的方针，已成为各国政府和组织应对人口老龄化挑战的政策理论。

积极老龄化理论充分尊重老年人的权利、意愿、需求和能力，强调政府、社区和家庭共同向老年人提供全面的保障。通过对积极老龄化理论的介绍，让人们正确认识人口老龄化和老年人，改变他们的传统观念，使之树立正确的观念，以形成积极、和谐的社会局面，对于完善社会养老服务体系具有深刻的社会意义。

六、新公共管理理论

20 世纪 80 年代，在探究政府与市场的调节关系时，西方国家针对传统政府管理模式中的弊端进行了政府改革，其直接目的是减少预算赤字，提高政府效率。公共管理学界将这种政府改革模式称为新公共管理，并在理论层面进行了深入系统的讨论，逐步形成了新公共管理理论。这一理论从经济学的角度出发探究政府职能，以市场为导向，将竞争机制引入政府管理领域中，以缓解福利国家的消极影响。

新公共管理理论指出公共部门具有效率低下的先天特征，因而需要适当地将部分职能交给私人部门，以将竞争引入公共部门内部的方式改革公共部门，使其更加接近于私人部门。新公共管理理论的核心思想是提高公共部门的资源配置和效率，增强公共服务对公众需求的反应力，使公众更加容易获得公共服务。新公共管理理论还强调建立顾客驱动的制度，引入竞争机制，重视行政结果等主张。此外，新公共管理理论主张政府部门与非政府部门之间的合作。

然而，新公共管理以市场化、私有化和竞争等理念来追求政府财政赤字的减少和公共服务供给效率的提高，也存在着显著的问题和不足。最令人关注的就是市场化和竞争可能会导致对公众公共服务需求的低回应性以及不平等等现象。将公民视作顾客，从而过分强调用企业家精神来提高政府绩效，容易使管理人员偏离其回应公民、教育公民、拓宽沟通渠道以容纳被排除在外的弱势群体的责任。

新公共管理理论对养老服务的多元提供、成本控制和效率提升具有重要的意义。在我国老龄化快速发展的背景下，单纯依靠政府力量已经很难完全满足老年人的服务需求，需要由政府主导，引入市场资金、市场化管理模式等优质资源，以提高养老服务供给的效率。新公共管理理论以结果为导向，主张政府以更加灵活、高效、低成本的方式提供公共产品，可以改变我国重投入、轻结果的传统行政模式，避免人口老龄化所引发的财政问题。同时，社会力量与老年人的实际接触更为广泛，可以更高效地应对老年人服务需求的变化，从而实现养老服务建设的“个性化”“去机构化”和“非正式化”。

第二章　我国人口老龄化及其对社会养老服务的挑战

第一节　我国人口老龄化状况

一、人口老龄化特点

（一）老年人绝对数量大、发展态势迅速

我国是世界上人口最多的国家，随着老龄化水平的不断上升，我国也成为世界上老年人口最多的国家。根据2021年人口普查老龄化最新数据显示，60岁及以上人口为26402万人，占18.70%（其中，65岁及以上人口为19064万人，占13.50%），与2010年相比，60岁及以上人口的比重上升5.44%。

据预测，未来30年，我国老年人口进入持续高增长阶段，自2030年以后，每年新增老年人口数量将超过1 120万人。预计到2050年，我国65岁以上老年人口将超过4亿，约为总人口数量的1/4，大约1/10的家庭至少有一个65岁以上的老年人。面对庞大的老年人口规模以及迅猛的老年人口增长速度，养老服务需求量迅速攀升，如何有效地满足不断上升的养老服务需求，实现老年人的“老有所养”，是我国养老服务体系面临的严峻挑战。

（二）人口高龄化趋势加剧

我国未来老龄化的总体趋势不仅表现为老年人口总体规模的膨胀，还突出地表现为老年人口内部年龄结构的快速老化。根据国家统计数据可以发现：我国从2000年左右开始进入老龄化社会以来，老龄化程度不断加深，2018年末我国60周岁以上人口的数量约为24 949万人，占总人口的比重约为17.9%，2021年末60周岁以上人口比2018年末增加了约439万人，这个增加幅度还是比较大的，未来我国将会无可避免地进入到深度老龄化社会。据预测，2032年我国高龄人口将超过5 000万人，2048年将超过1亿人，2050年将攀升至1.09亿人，高龄人口占老年人口的22.3%。与老年人口整体的增长速度相比，高龄人口的增长速度更加迅猛。到2050年，我国老年人口的总体规模约为2000年的4倍，而高龄人口规模约为2000年的9倍，我国高龄人口规模的膨胀速度远高于全部老年人口规模的增速。由于年龄的不断上升，身体机能的衰退，高龄老人的患病率以及致残率均较其他老人更高，因而会带来除基本生活需求以外的医疗保健和精神慰藉类需求等，养老服务需求结构更复杂，高龄老人是老年人中最为脆弱的群体，解决好高龄老人的养老服务需求问题是目前社会养老服务体系建设的重点和难点。

（三）人口老龄化发展地区间不均衡

我国人口老龄化主要表现在城乡之间和地区之间的发展不均衡。从区域分布上来看，人口密度较高的东南沿海地区比人口密度较低的西北、西南地区老年人口比例要高。从发展趋势上来看，我国东部地区的老龄化速度逐渐放缓、中西部老龄化速度不断加快，由于我国中西部青壮年人口不断向东部流动，中西部老龄化程度加快的态势将进一步加剧。上海市是我国最早进入人口老龄化的城市，西藏是我国最迟进入人口老龄化的省份，两者之间相差40余年。可以看出，我国老龄化地区间的发展不均衡。

目前，我国农村人口老龄化程度高于城市，形成了老龄化城乡倒置的严峻格局。农村老龄化程度提高，一个关键原因在于大量的农村青壮年劳动力从农村流入城市，随着农村青壮年劳动力大量外迁，农村老年人口比重会远超城市，相应地提高了农村的老龄化程度，但在一定程度上也降低了城市的老龄化水平。另一方面，由于早年计划生育政策的影响，城镇生育率较农村生育率低。据2015年全国1%人口抽样调查数据统计，农村老年人口规模是城市的1.74倍，其中城市老年人口比重为14.2%，农村老年人口比重为18.5%，目前的差值为4.3个百分点，农村人口老龄化程度将始终高于城镇，2033年差值将达到最高的13.4个百分点。

（四）独居老人和空巢老人增速加快、比重增高

我国老年人口在数量持续增长的同时，独居老人和空巢老人的比重和数量也在攀升。2000年第五次全国人口普查数据表明，全国有65岁及以上老年人的家庭中，空巢家庭占22.8%，其中单身老人家庭占11.5%，只有一对老夫妇家庭占11.3%。2015年全国1%人口抽样调查数据显示，空巢家庭占33.6%，其中单身老人家庭占15.8%，只有一对老夫妇家庭占17.8%。可以看出，相较2000年，2020年我国独居和空巢老人约有1.18亿人，出现老无所依现象。空巢家庭占比大幅提升，空巢家庭逐渐将成为老人家庭的主要形式。据预测，到2050年，我国家庭平均人数将下降至2.51人，独居老人数量攀升至5 310万。

随着我国城市化进程不断加快，一代户、二代户等小型家庭户逐渐增多，家庭户规模的不断缩小，年轻子女陪伴父母的时间越来越少，靠子女养老便无从谈起，我国传统的家庭养老功能日趋弱化。

（五）人口老龄化水平与经济发展不匹配

与发达国家不同，我国在出现人口老龄化现象时经济发展水平整体不高。2000年我国进入人口老龄化社会时年人均收入仅有800美元，多数发达国家在进入人口老龄化社会时，年人均收入已经达到10 000美元。经济能力是老年人养老的重要保障，在经济水平未达到一定程度就进入老龄化社会也是我国人口老龄化的一个重要特征，即未富先老。从人口抚养比的变化来看，人口结构、家庭结构的变化导致人口抚养比大幅提升，养老负担将超过抚幼负担。预计在2030年前后，我国老年人口的快速上升，老年抚养比超过少儿抚

养比，养老负担的日益加重成为劳动年龄人口的主要压力来源。到 2050 年，我国老年抚养比预计攀升至 49.9%，与 OECD 发达国家平均水平的 43.9% 相比高了 6 个百分点。

随着经济的快速发展，2011 年我国 GDP 达到 58 780 亿美元，比日本多出 4 044亿美元，成为世界第二大经济体。2021 年我国的 GDP 为 17.73 万亿美元，成为世界上第二个经济总量超 10 万亿美元的大国。但由于人口基数大，人均 GDP 仍然处于世界第 70 名之后，我国在进入老龄化社会后又呈现出了边富边老的老龄化特征。①

二、人口老龄化原因

人口老龄化是我国社会发展的必然趋势，其发生并不是单一原因影响产生的，而是多种因素综合作用的结果。通过研究发现，我国老龄化产生的原因主要有以下几方面。

（一）科学技术的进步为老龄化提供物质基础

科学技术的进步提高了劳动生产力，面对日益庞大的老年人群体以及少儿群体，科学技术的进步使得供养这类人群成为可能，并为人口老龄化的发生提供了物质条件。科学技术的进步改善了人类生存环境，大大地降低了死亡率，预期寿命随之延长，年龄结构老化严重。在科学技术不发达时期，人口再生产始终处于高出生率、高死亡率的结构状态。科学技术发展实现了“低死亡率的革命”，能够存活到老年的人口越来越多，从而为人口老龄化的发展提供了前提。科学技术的进步为老年人口的增加开辟了道路，为老龄化的发生创造了物质条件，人类社会呈现出科学昌明、经济繁荣、人们物质和精神文化生活水平提高的良好局面，科学技术也为人口结构转向、老龄化到来和发展起到了助推作用。

---

① 杨琳．多层次社会养老服务体系建设的思路框架和实现路径［J］．卫生软科学，2021，35（11）：45－50．

（二）医疗技术的发展和进步为老龄化提供技术支撑

医疗技术的发展和进步为人类的生存和生命的延续提供了技术支撑，极大地提高了人类生存到老年的可能性。阻碍人类生命延续的最重要的因素便是疾病，随着医疗技术的不断提高，科技支持的医疗设备智能化提升，卫生医疗条件的逐步改善，威胁人类生存的各类疾病被逐一攻克。青霉素和大量抗生素的发明，有效防治了一些急性传染病和疑难杂症，人类生命得以有效地延续，预期寿命不断延长。我国人口的平均预期寿命从 1981 年的 67.77 岁增长至 2021 年的 78.2 岁，40 多年间提高 10 岁多。东京大学动物学教授江上信雄提出，在野生状态下动物的寿命是不会延长的，人类也是一样。只是由于发现抗生素等，人为地创造了长寿的条件时，寿命才开始延长。因此，老龄化时代也可以称作“人造生命的时代”。

（三）经济和社会的进步为老龄化提供保障

医疗技术的进步满足了人们的健康需要，经济社会的进步带来了丰富的物质财富，能够满足人们衣食住行的需要，通过改善饮食和营养、生活条件和医疗水平，健康状况得以显著提高，平均预期寿命不断延长，为人口老龄化的全面到来提供经济保障。物质财富和精神财富的不断充裕，人们得以追求更高水平的物质享受和更高层次的精神享受，在物质和精神的双重支持下，人们可以顺利地进入老年期，并实现老有所乐、老有所为、老有所养。从全球来看，预期寿命从 1820 年的 26 岁提高到 2021 年的 71 岁。新中国成立初期经济不发达，人均预期寿命仅为 35 岁。2021 年，我国经济发展有了质的腾飞，已经成为世界第二大经济体，人均预期寿命提高至 78.2 岁，可以看出，经济的进步对于预期寿命提高的巨大作用。从欧洲看，预期寿命由 18 世纪的 25 岁提高到 2019 年的 81.3 岁。经济社会的发展和进步，带来了社会福利、养老保障制度的日趋健全，为老年人在老龄化社会得以生存提供了保障。

（四）生育观念的转变成为老龄化的加速器

随着经济社会的进步，国家和政府有条件建立起社会福利以及社会保障等缓解社会矛盾的制度，过去“多子多福”“养儿防老”的陈旧观念已不再适应现今社会，青年一代在人生价值观、生育观念等方面有了巨大转变，直接影响了生育意愿。在科技创新、经济进步、社会发展的条件下，妇女地位、受教育水平以及自我价值意识逐渐提高，一定程度上影响了生育率。从技术发展水平来看，避孕技术的迅速提升和普及助推了生育率的降低，加快了人口老龄化的进程。简言之，生育观念的转变配合技术发展，改变了人口出生率和人口结构，成为影响老龄化程度重要因素之一。

（五）人口迁移直接影响了地区间的老龄化程度

人口迁移是影响一个国家或地区老龄化进程的重要因素。人口迁移有国际迁移和国内迁移，无论何种迁移，主要都是以青壮年劳动力移民、技术移民为主，当一个国家或地区有大批青壮年移出，老龄化程度就会相对加重，反言之，有大批外来移民的国家或地区老龄化程度会相对降低。法国是进入老龄化社会较早的国家，但由于其积极的移民政策，放缓了老龄化的整体进程，法国老龄化程度在历经多年后依然维持在一个可以接受的程度。从我国迁移方向来看，多为青壮年从中西部到东部、从农村到城市的迁移，对于迁出地来说，大量劳动力的迁出，一定程度改变了当地人口的年龄结构，导致老龄化水平有所提升。我国现阶段老龄化程度的特点为农村高于城市，中西部地区高于东部地区。上海市是我国最早进入老龄化社会的城市，也是热门迁入地，国内外的迁入人数较多，且以青年劳动力为主，一定程度上改变了上海人口的年龄结构。2000 年，上海 65 岁以上老年人口比例为 11.46%，老龄化水平严重，2010 年反而下降到 10.12%，由于大量人员的迁入，使其老龄化水平得到一定的缓解。与之相反，重庆、四川 2010 年老龄化水平达到全国的前两名，由于大量青年劳动力的迁出，其老龄化水平居高不下。由此可见，人口迁移对迁入地和迁出地的老龄化程度影响颇深。

影响人口老龄化的进程除了上述的各类原因之外，计划生育政策也是我国所特有的一个影响因素。总而言之，人口老龄化并不仅仅是人口年龄结构的变化，而是科技、医疗、社会、经济、生育意愿、人口迁移等多重因素综合作用的结果。究其根本，是科学技术与社会发展相互作用的结果，人口老龄化是社会进步和发展的重要标志。

第二节　我国老年人口状况

一、老年人口的构成

从老年人口的年龄构成来看，现阶段我国老年人口中的低龄老年人比例较高，高龄老年人的增速较快。通过2020年第七次人口普查数据可以看出，0至14岁人口为25 338万人，占17.95%；15至59岁人口为89 438万人，占63.35%；60岁及以上人口为26 402万人，占18.70%（其中，65岁及以上人口为19 064万人，占13.50%）。2019年我国60岁以上人口比重超国际老龄化标准8.1个百分点，65岁以上人口远超国际老龄化标准5.57个百分点。

随着时间的推移，老年人口内部的年龄结构出现变化，一个比较明显的趋势是低龄老年人口的比例在上升，高龄老年人口的比例也在不断上升。高龄老人比例的增多，说明我国高龄化的程度在逐渐加深。随时间推移平均预期寿命的不断延长，老年人口年龄结构也随之发生变化。

从老年人口的性别构成来看，我国女性老年人口数量总体超过男性老年人口。由于男性死亡率高于女性，男性存活率较低，平均预期寿命较短，从60岁及以上老年人口的性别构成来看，2000年的第五次人口普查数据显示，60岁及以上男性老年人口和女性老年人口分别为占老年人口的比例分别为48.76%和51.24%，女性老年人口比男性老年人口高出2.48个百分点；2005年全国1%人口抽样调查数据显示，男性老年人口占老年人口的48.91%，女性老年人口占51.09%，女性老年人口比男性老年人口高出2.18个百分点；2020年第七次全国人口普查数据显示，男性人口为72 334万人，占51.24%；女性人口为68 844万人，占48.76%。总人口性别比（以女性为100，男性对女性的比例）为105.07，与2010年基本持平，略有降低。出生人口性别比为

111.3，较2010年下降6.8。我国人口的性别结构持续改善。

二、老年人家庭规模

老年人家庭规模是反映家庭养老供给能力最直观的依据，通过对老年人家庭成员构成以及居住方式情况的掌握，可以分析出家庭对老年人的支持情况。根据有关数据分析得出，分城乡来看，农村家庭规模除与三人同吃同住的占比小于城市外，其他家庭规模类型占比均高于城市，可以看出我国农村的家庭规模整体大于城市。

在非独居老人中，与配偶同吃同住的比例最高，达36.38%，其次是与儿子同吃同住，比例为17.72%，与孙子女或其配偶同吃同住的比例为17.57%，与儿媳同吃同住的比例为14.86%，老年人与女儿同吃同住的比例非常低，仅为4.54%。通过家庭成员的构成可以看出，老年人夫妻同吃同住比例最高，与子女同吃同住的比例约为22.26%，不足1/4，依靠儿女的家庭支持来源不断减弱。

三、老年人经济收入水平

老年人经济收入水平是衡量老年人生活质量的重要依据，老年人所需的社会养老服务需要资金购买，收入水平的高低决定了可购买养老服务的数量和质量。第四次中国城乡老年人生活状况抽样调查数据显示，2014年全国老年人的人均年收入为34 600元，约2 883元/月；其中，城镇老年人的人均年收入为46 100元，约3 842元/月，农村老年人的人均年收入为22 100元，约1 842元/月，城镇老年人的人均年收入约为农村老年人年收入的2.1倍。从性别看来，男性老年人的人均年收入35 500元，约2 985元/月，略高于女性老年人人均33 700元的年收入。从老年人年龄结构角度来看，60～64岁年龄组的老年人收入水平最高，为36 400元；65～69岁年龄组的老年人收入水平略低，为34 100元；70～74岁年龄组的老年人收入水平最低，仅为32 300元；75～79年龄组的老年人收入有回升，为33 100元；80～84岁年龄组的老年人收入水平持续上升，为35 300元；85岁及以上年龄组老年人的收入水平较高，仅次于60～64岁年龄组老年人收入水平，为35 600元。

根据调查数据来看，老年人的收入并未随子女数量的增加而不断上升。从地区差异来看，西部地区的农村老年人收入最低，中部地区的城市老年人收入最低。王雪飞（2022）研究发现，由于退休金领取的比例和政府社会养老保障支持的差异造成我国老年人收入水平存在较大的城乡差距。①

四、老年人健康状况

老年人健康状况是影响养老服务需求层次的关键因素，在老年人健康状况不佳的情况下，医疗保健需求是首要的，在老年人健康状况良好的情况下，可以追求更高层次的精神需求以及自我实现需求。

分年龄组来看，老年人年龄越高身体状况越差。60~69岁年龄组老年人自评健康状况和生活自理状况都较好，自评健康的老年人比重达到51.16%，自评基本健康的老年人比重达到39.25%，自评不健康但能自理和生活不能自理的老年人比重不足10%；70~79岁年龄组老年人自评健康状况略差于60~69岁年龄组老年人，其中自评健康老年人比重为28.41%，自评基本健康老年人比重为47.33%，自评不健康但生活能自理的老年人比重为21.32%，自评生活不能自理的老年人比重为2.94%；80岁及以上高龄老年人整体健康状况较差，自评健康的老年人比重仅有15.43%，自评基本健康的老年人比重为41.92%，自评不健康但能自理的老年人比重为32.84%，自评生活不能自理的老年人比重为9.81%。通过三个年龄组的老年人自评健康数据可以看出，老年人健康比重随年龄上升逐渐下降，不能自理比重随年龄升高逐渐上升。

分城乡来看，城市老年人健康水平高于农村老年人。城市老年人自评健康的比重最高，为48.79%，自评基本健康的老年人比重为40.77%，自评不健康但能自理的老年人比重为8.18%，自评生活不能自理的老年人比重为2.26%；农村老年人自评健康的比重低于城市老年人，为35.48%，自评基本健康老年人比重与城市老年人比重接近，为42.28%，自评不健康但能自理以及生活不能自理的老年人比重均高于城市老年人，比重分别为19.37%和

① 王雪飞. 新发展阶段人口老龄化对服务业全要素生产率的影响——基于生产性服务业与生活性服务业的比较［J］. 商业经济研究，2022（09）：181-184.

2.87%。与城市老年人对比可以看出，农村老年人在健康自评状况和生活自理能力上均比城市老年人低，说明农村老年人的身体状况略差于城市老年人。

五、老龄人口的疾病负担

中国政府为提高人民健康水平做出了不懈努力，在疾病控制和降低死亡方面取得了显著进展，人均预期寿命由20世纪90年代初的70岁提高到2021年的78.2岁。中国人口的疾病谱继续发生深刻变化。总的趋势为：以急性传染病和感染性疾病为主的疾病谱已经被以慢性病以及与人们不良的生活方式及行为密切相关的疾病为主的疾病谱所替代。

中国人口死因构成基本保持稳定，主要死因为：恶性肿瘤、脑血管、心血管、呼吸系统疾病等。当前，以心、脑血管疾病、肿瘤、糖尿病、心理疾患、慢性呼吸道疾病等为代表的慢性疾病已成为严重威胁老年人口健康的公共卫生问题。由于这些慢性疾病经常在生命的晚期发生，因此随着期望寿命的延长，这种现象将更为普遍。加之许多慢性疾病及其并发症具有致残性，由此造成人们生命余年的痛苦，加重了疾病负担。1997年全国死因顺位统计：恶性肿瘤、脑血管病、心脏病为城镇居民的前三位死因，占总死因的62.11%。全国每天约1.3万人死于慢性病，占全国总死亡的70%以上，城市地区高达85%以上。我国慢性病造成的“早死”，占全国潜在寿命损失的63%，而我国老年人口是慢性疾病的高发人群。慢性病通常病程长、愈后差，并伴有严重的并发症甚至残疾的发生，如糖尿病患者肾功能衰竭发生率比非糖尿病患者高17倍，致盲率高25倍。老年人口伤残问题尤为突出，我国60岁以上人口的现残率高达27.4%，即4个老人中就有1名是残疾，随带病老人、伤残老人增加而导致的医疗问题、卫生问题日益凸显。

据调查，老年人全年人均医疗费为总人口的2.5倍，占总人口10%的老年人口其医疗费用占总数的30%，并有上升趋势，我国城市及县医院中因患慢性病住院病人占全部住院病人的比例呈上升趋势。

第三节　人口老龄化对社会养老服务的挑战

我国社会养老服务体系的建设目标是为满足所有老年人的养老服务需求。伴随着老龄化速度加快、程度加深，老年人口数量日渐庞大，与之相对应而产生的养老服务需求也逐渐增多。面对养老服务需求总量的激增，养老服务需求种类多样化的现实，老年人口在不同年龄段的养老服务需求结构也有所改变，对社会、经济、文化、教育等各个领域都会带来巨大影响，对我国社会养老服务体系中社会养老服务机制（法制、发展理念、政策规划、监管保障）、社会养老服务方式（家庭供给、社会多方参与）以及社会养老服务内容等方面提出新的挑战。

一、对养老服务机制的挑战

社会养老服务机制包括与养老相关的法制建设、政策规划、理念引导以及保障监管等。人口老龄化程度的加剧，要求我国政府建立完备的法制体系，对社会养老服务参与者予以规制，引导符合老龄化形势的养老服务发展理念，以政策规划辅助实施，最后用严密的监管手段保障养老服务供给的公平和效率，使得整个社会养老服务体系运行有序且高效。

老龄化社会的到来要求加强立法和政策制定来规制社会养老服务体系的运行秩序。我国已出台一定数量的规范性法律文件，在一定程度上推动了社会养老服务的有序开展。但立法层级低、可操作性差等现实问题亟待解决。一方面，我国除《老年人权益保障法》以外，还未形成一部专门的养老服务法律，规制养老服务的相关依据多散见于不同层级的规范性法律文件之中。由于我国缺少专门针对养老服务的法律规定，对养老服务主体行为、服务内容等缺少法律的制约，在出现问题和纠纷时难以归责，老年人维权难现象频发。另一方面，就我国目前已发布的政策来看，对养老服务各供给主体的职能边界尚未有清晰的界定，家庭、政府、市场以及社会组织的责任划分较为模糊。

老龄化社会的到来要求转变社会养老服务理念。要树立从生存到尊重的养老服务理念，多方养老服务供给主体协调发展。在新中国成立初期，社会服务的发展没有得到充分的重视。进入老龄化社会后，亟须解决的问题便是养老服务的供给如何与老年人养老服务需求进行对接，充分满足老年人的日益增长和丰富的养老服务需求。如果处理不当，不仅会导致家庭纠纷、亲情疏离，还会影响到经济发展、社会冲突、甚至会导致严重的政治问题。家庭养老的难以为继，政府养老的不堪重负，亟须社会力量的积极参与，共同承担起庞大的老年群体的养老服务需求。政府责任需要从“幕前”转向“幕后”，从养老服务的直接供给者转变为社会养老服务体系的运行规则的制定者、发展的引领者。政策制定要与实际需求对应，政府负责基本公共服务，将高端服务和个性化服务开放给市场和社会主体。①

二、对养老服务方式的挑战

老龄化社会要求我们采取多元主体的养老服务供给方式。目前我国主要有居家养老、社区养老、机构养老三种养老服务方式，其中又以居家养老为主，三者的作用各有侧重，各有利弊。居家养老、社区养老由于其不离家的服务方式，能满足老年人的情感需求，但由于家庭功能的不断弱化，呈现生活照料困难、服务不完整等问题；机构养老能满足生活照料以及医疗保健需求，对于身体健康状况较差的老年人而言，可以较好地满足生存需求，但精神慰藉服务十分欠缺。目前我国三种养老服务方式彼此相对独立、没有形成互补机制，无法同时满足老年人的生活、健康、精神等需求，与医疗服务的结合也并不完善。面对老龄化社会的挑战，为满足老年人养老服务需求，社会养老服务体系应做到两个一体化：即医院和养老院的一体化；机构养老、社区养老与居家养老三种养老服务方式的一体化。要将居家养老服务作为社会养老服务体系建设的重点和重心，受传统观念影响，我国多数老年人更倾向于在家中养老，完善的居家养老服务能够满足大部分老年人的养老服务需

---

① 杜鹏. 中国特色积极应对人口老龄化道路：探索与实践［J］. 行政管理改革，2022（03）：13－18.

求；社区养老服务设施和服务功能的完备，对居家养老服务形成有力的支撑，对于无法在家享受养老服务的老年人，养老机构为其提供所需的养老服务。三种方式共同承担养老责任，互相弥补不足，协调供给养老服务。我国社会养老服务体系对三种方式间的关系界定为：以居家养老为基础、社区养老为依托、机构养老为补充。随着老龄化程度加深，亟须完善居家养老服务，不断加强社区养老服务设施，丰富社区养老服务供给内容，加快养老机构与医疗机构融合进程。

三、对养老服务内容的挑战

目前，老年人受家庭、身体、收入等因素影响，对社会养老服务内容的需求不断增加和丰富。根据本文对我国人口老龄化发展特点的分析可以看出，高龄老年人数增多的同时伴随身体健康状况不断下降，由此引发的医疗保健需求不断攀升。项凯标等对广东、四川、江苏以及湖北四个省份的老年人医疗服务使用情况研究表明，老年人患病率为75.44%，其中慢性病患病率为64.24%，老年人的疾病患病率整体较高，对医疗服务需求较高①。根据人口抽样调查数据显示，城乡失能、半失能老年人占老年人口的18.3%。面对如此高的医疗需求，我国医疗卫生事业发展并不理想，尤其看病难、看病贵的问题异常突出。

家庭规模缩小，空巢老人和失独老人数量的增长，老年人日常照料需求不断增加。老人日常生活照料需求通常不是某一个方面的，而是多方面的，比如一个老人通常既有身体照料需求，又会有心理照料需求，还可能会有家务照料需求。家庭自身提供的照料服务难以为继，应当鼓励社会组织和民间资本兴办居家养老服务专业机构为基础，积极引导养老服务企业实行规模化、网络化、品牌化经营。以居家为基础、社区为依托、机构为支撑，把居家养老、“抱团”养老等纳入服务网点，为老年人提供紧急呼叫、家政预约、远程医疗等服务项目。精神慰藉需求的增加是对我国社会养老服务内容的一项新

① 项凯标，江克花，张大林．社会保障支出、地区差异与积极老龄化［J］．华东经济管理，2022，36（01）：9－20.

的挑战。我国精神慰藉服务严重不足，随着老龄化加剧，空巢老人、独居老人逐渐增多，原本由子女提供的精神慰藉类照料已经无法满足老年人需求，与子女同住或子女在身边的老年人由于代际差异使得双方沟通存在一定障碍，老年人通过家庭获得的精神慰藉效果逐渐降低，需要借助社会力量。空巢老人、独居老人由于缺少沟通和交流的对象，容易产生孤独感，进而引发“遗弃感”，对自我价值产生怀疑，长此以往，情绪低沉和烦躁不安容易引发精神疾病。老年人在刚退休、与子女分离、逐渐失能这几个时间点是心灵较为脆弱的时期，也最容易产生孤独感。精神慰藉十分需要通过社会力量建立多渠道的服务供给路径，以此促进老年人心灵健康以及代际和谐。

第三章 我国社会养老服务体系的发展现状

第一节 社会养老服务机制的发展现状

社会养老服务体系是在相关法制、政策、理念、监管措施等养老服务机制保障下，通过居家养老、社区养老和机构养老等多元方式，向全体老年人提供生活照料、经济援助、医疗保健、精神慰藉等养老服务内容的有机整体和综合系统。为满足老年人日益增长的养老服务需求，由政府、市场以及社会力量等养老服务供给主体为全体老年人提供的各种服务资源以及支持社会养老服务体系运行的各类机制所构成的有机整体。

一、社会养老服务机制的发展现状

机制在社会学中的内涵表述为“在正视事物各个部分存在的前提下，协调各个部分之间关系以更好地发挥作用的具体运行方式”。就社会养老服务体系而言，机制能够协调养老服务对象、养老服务供给主体以及养老服务内容之间的关系，运用多种手段保障养老服务从生产到供给全过程的公平高效，进而提高整个体系的运行效率，最终实现满足全体老年人养老服务需求的目标。本文的社会养老服务机制主要围绕国家的法制建设、政策规划、理念转变以及监管变革四个方面进行论述。

（一）法制建设

法制是一个多层次的概念，不仅包括法律制度，而且包括法律实施和法律监督等一系列活动过程。社会养老服务体系法制建设要通过法律和制度引导社会养老服务供给，规制体系健康发展。从立法方面来看，我国已制定了老年人的专门法律《老年人权益保障法》，在《宪法》《民法典》《婚姻法》等多项法律中，有保障老年人权益的相关法条。从制度方面来看，已建立起基本养老保险、企业补充养老保险和商业养老保险相结合的多层次的养老保险制度。

1. 老年人的相关立法

养老是每个人都拥有的权利，在我国1954年颁布的《宪法》中就明确了公民的养老权利，如“国家依照法律规定实行企业事业组织的职工和国家机关工作人员的退休制度，退休人员的生活受到国家和社会的保障”“中华人民共和国公民在年老、疾病或者丧失劳动能力的情况下，有从国家和社会获得物质帮助的权利”“父母有抚养教育未成年子女的义务，成年子女有赡养扶助父母的义务”，等等。这些法条明确了我国老年人依法享有赡养权，国家和社会提供的养老社会保障权，确认了公民养老权利的宪法地位。

《老年人权益保障法》是为保障老年人合法权益，在我国经济快速发展以及老龄化程度持续加深的现实条件下制定的法律。1996年《老年人权益保障法》从立法宗旨、家庭养老、社会保障、积极养老、法律援助五个部分对老年人相关的各种权益作出法律规范。

2000年我国进入老龄化社会，老年人口数量迅速增加，老龄化程度不断加深，养老问题呈现多样化、复杂化，为了更好地为老年人养老提供立法支持，《老年人权益保障法》进行了多次修正和修订。2013年，新修订的《老年人权益保障法》开始实施，新法内容较老法从50条扩展到85条，更加重视老年人家庭赡养与精神慰藉，新增社会优待、社会服务和宜居环境三大部分内容，更贴合老年人的养老服务需求，法律规定涉及范围更加广泛。2018年着重在养老服务方面对《老年人权益保障法》进行了修订，深化养老服务“放管服”改革，推进养老服务发展。

除《老年人权益保障法》，在我国其他的法律中也有针对保护老年人权益而设立的法条，为社会养老服务体系建设提供了立法支持。如《婚姻法》《民法典》《刑法》《社会保险法》《诉讼法》等。

2. 养老保障的相关制度

随着经济不断发展，我国社会养老保险制度经历了多次变革，从无到有、从国家机关单位与企业的“双轨制”待遇到农村和城镇居民以及企业保险制度的统一，从单一结构的养老保险制度到基本养老保险制度、企业年金制度与商业保险制度多层次发展的变化，逐步加强了对老年人的经济保障。新中国成立初期，我国颁布了《中华人民共和国劳动保险条例》，标志着我国养老保险事业的诞生。最初的养老保障制度具有明显的计划经济特征，参与社会保险的对象为国家机关、事业单位人员、国有企业、公私合营以及私营企业的员工，社会保险的费用由企业承担，职工在退休之后，满足工作年限要求的，可以每月按工龄领取养老补助金。

改革开放后，伴随我国经济体制转变，确定了由国家、企业、个人三方共同筹集养老保险资金制度。逐步建立起基本养老保险、企业补充养老保险和职工个人储蓄性养老保险相结合的制度，改变养老保险完全由国家、企业承包的办法，实行国家、企业、个人三方共同负担。我国由计划经济向市场经济体制转变，养老保障制度也随之进行改革，进一步放宽退休标准，提高退休待遇，但此时国家机关、事业单位与企业重新实行了双轨制的待遇。①

改革发展彻底转变了养老保险制度的多样格局，完成了制度的统一化。1998 年开始，我国建立全国统一的企业职工基本养老保险制度，以“社会统筹和个人账户相结合”为养老金制度模式，实现了全国养老保险制度及标准统一。2008 年，建设新型农村社会养老保险制度，弥补了农村养老保障制度的缺失；2011 年，建设城镇居民养老保险制度，2014 年将两项制度合并实施，农村和城市居民的社会养老保障从无到有，在较短时间内彻底解决了农村和城市居民一直处于养老无保障的制度困境，其后建立了统一的城乡居民社会养老保障制度，完成了养老保障制度统一化。2015 年国务院发布《关于

① 朱树彦. 人口老龄化背景下中国养老模式研究［D］. 北京：外交学院，2021.

机关事业单位工作人员养老保险制度改革的决定》，该决定以 2014 年 10 月为时间节点，机关事业单位实行基本养老保险制度，结束了企事业单位“双轨制”运行局面。

我国养老保障制度不断完善，养老保险覆盖范围逐步扩大，参保人数逐年增长，养老金也持续增加。截至 2021 年末，全国基本养老保险基金累计结余 63 970 亿元，2016 年至 2021 年七年间年均复合增速达 5.5%。2021 年我国基本养老保险覆盖人数 10.29 亿人，其中城镇职工养老保险参保人数 4.81 亿人，城乡居民基本养老保险参保人数 5.48 亿人。

（二）政策规划

政府作为公共利益的代表，在公共物品供给中具有责无旁贷的作用。养老服务由于其准公共物品的属性特征，政府在供给过程中的责任无可替代。国家发布的各项养老服务政策对于化解养老服务供需矛盾、引导和规范养老服务提供了有力支撑，是保障社会养老服务体系有序发展的关键。自我国进入老龄化社会以来，社会养老服务政策便随即进入了快速发展期，国家各部委陆续出台多项政策支持和引导养老服务的发展。通过对多项政策研究分析可以看出，养老服务政策多由政府多部门合力制定，同时政策内容趋于全面，保障性政策增多，不断加强对老年人的保障。

1. 社会养老服务政策的快速发展期

2000 年我国正式进入老龄化社会，老年人的养老服务需求愈发受到重视，国家各部委开始陆续出台政策以应对老龄化的现实，社会养老服务的政策进入快速发展期。

2000 年国务院下发的《关于加强老龄工作的决定》，首次提出社会养老服务体系的建设机制，明确建立以家庭养老为基础、社区服务为依托、社会养老为补充的养老机制，对于养老服务体系的发展路径给出了较为明确的指引，提出要以社会化和产业化方式来发展养老服务业，养老服务的供给需要社会各方面的力量共同参与。2005 年，为引导鼓励社会力量参与养老服务，在全国开展养老服务社会化示范活动，出台了《关于支持社会力量兴办社会福利机构的意见》《关于加快发展养老服务业的若干意见》等政策。2011 年国务院出台了《关于印发社会养老服务体系建设规划（2011—2015）的通知》（国办发〔2011〕60号），提出养老机构重点要推进供养型、养护型、医护型养老设施建设。

2013~2018年是我国社会养老服务政策出台较为密集的时期。多项重要引领社会养老服务体系发展方向的政策陆续出台。2013年国务院出台《关于加快发展养老服务业的若干意见》（国发〔2013〕35号），提出“要全面建成以居家为基础、社区为依托、机构为支撑的，功能完善、规模适度、覆盖城乡的养老服务体系的发展目标”。2015年，卫生计生委、民政部等9部委联合出台《关于推进医疗卫生与养老服务相结合指导意见的通知》（国办发〔2015〕84号），提出医养结合的养老服务模式，要求建成一批兼具医疗卫生和养老服务资质和能力的医疗卫生机构或养老机构，提高居家养老的医疗服务水平。2016年《民政事业发展第十三个五年规划》提出要实现护理型床位比例不低于30%。这一时期民政部门开创性地开展了社区养老服务、农村养老保险制度和老龄工作发展纲要的制定工作。在政策制定数量不断增多的同时，规定内容和针对方向也愈加广泛，对老年人的全方位生活以及社会养老服务体系建设的各个方向进行了规定和引导。2021年国务院发布了《关于加强新时代老龄工作的意见》。

2. 养老服务政策的特点

在我国社会养老服务体系快速发展期，政府、各部门各个层面制定下发的养老服务相关政策数量颇多，针对方向与内容不尽相同。通过对中央政府及所属的各部委公开的文件资料进行搜索，筛选出面向全国，与养老服务直接相关，包含规划、通知、意见、办法等形式的政策文件，分析出我国现行社会养老服务政策存在多部门合力出台政策套餐、政策内容趋于全面以及保障性政策不断增多等特点。

一是政府部门协同联动，合力出台政策套餐。国务院、民政部、财政部、卫健委等27个部门参与养老服务相关政策的制定。其中，民政部单独行文与联合行文的政策数量最多，国家发改委均以联合发文的形式出台政策，多项政策文件由七部门、九部门、甚至十一部门等联发。总的来说，养老服务联合行文接近半数，由于养老服务政策涉及社会福利、财政税收、体制改革等多方面的内容，依靠一己之力，很难制定出有效的政策，需要多角度、多方位科学合理制定养老服务相关政策。政府部门协同发力，有利于形成政策合力，充分发挥应有效用。

二是政策内容趋于全面。我国现行的养老服务政策已涉及居家和社区养老、机构养老以及医养结合等多方面。有关机构养老相关的政策数量最多，《养老机构管理办法》更是以行政法规的形式对养老机构设立和管理进行规范，具有更强的法律效力，养老机构的远程医疗政策以及公办养老机构的试点改革工作已经开展，推进养老机构服务更加全面完善。民政部和财政部颁布的《关于中央财政支持开展居家和社区养老服务改革试点工作的通知》，以实际行动支持居家和社区养老服务发展。由于医养结合尚处于探索阶段，卫健委等部门下发的《关于推进医疗卫生与养老服务相结合指导意见》，引领规划医养结合发展路线。

三是保障性政策增多，老年人保障不断增强。《关于建立健全经济困难的高龄失能等老年人补贴制度的通知》《关于 2018 年提高全国城乡居民基本养老保险基础养老金最低标准的通知》《关于 2018 年调整退休人员基本养老金的通知》《关于建立企业职工基本养老保险基金中央调剂制度的通知》等政策，以补贴、提高养老金的方式为老年人提供资金支持，切实增强老年人的养老经济实力，对丰富老年人精神文化生活、加强老年人关爱方面也通过政策文件提出指导性意见。

（三）理念转变

我国社会养老服务体系在建设和发展的过程中，发展理念依据国家客观发展状况也产生了相应的转变。养老服务对象范围由“救济”到“普惠”，社会养老服务体系发展地位由“配角”到“主角”，养老服务供给主体由“一元”到“多元”。

1. 养老服务对象由“救济”到“普惠”

随着经济发展，社会养老服务体系发展理念的不断更新，我国养老服务对象范围经历了由“救济”到“普惠”的转变。在计划经济体制的背景下，从养老服务的对象上主要分为两类：一是为企业员工建立国家、企业统筹统包的劳动保险条例；二是开展针对鳏寡孤独等困难老人的救济型养老服务。在城市建立福利院或者敬老院收养孤寡“三无”老人，在农村希望通过集体合作社或者人民公社收养或者兴建敬老院来解决孤寡“五保”老人的养老问题。以后多年内，我国养老服务供给一直以“救济”“补缺”以及“配套”为主。

2011 年我国老龄事业规划明确提出，要发展“适度普惠型”的老年社会福利事业。2015 年 10 月党的十八届五中全会提出“共享”发展理念，该理念包含了“坚持发展为了人民、发展依靠人民、发展成果由人民共享，使全体人民在共建共享发展中有更多获得感”的思想，要建成一个可感知、可享受、可念可及的全面建成小康社会。共享即是均等地满足所有老年人的养老服务需求，我国的养老服务对象已经从重点老年人群逐步延伸到所有老年人群。

2. 养老服务发展地位由“配角”到“主角”

养老服务是中华人民共和国成立以来便存在的，但起初并不是国家发展的重心，进入老龄化社会后，养老服务事业地位逐渐提高，在老龄事业管理机构设置、养老服务重要性、社会建设纳入我国特色社会主义事业总体布局等方面完成了养老服务发展地位由“配角”到“主角”的转变。

中华人民共和国 1949 年成立“中央人民政府内务部”，1954 年改称“中华人民共和国内务部”，1969 年撤销，1978 年设立“中华人民共和国民政部”。1983 年，国务院批准“中国老龄问题全国委员会”为常设机构，至此老龄工作有了正式的管理组织机构。1994 年我国政府颁布了《中国老龄工作七年发展纲要 1994—2000 年》，明确把老龄事业纳入经济社会发展的总体规划和可持续发展战略之中。1995 年“中国老龄问题全国委员会”改名为“中国老龄协会”，为国务院副部级事业单位，由民政部代管。2005 年，全国老龄工作委员会办公室与中国老龄协会实行合署办公，以全国老龄工作委员会办公室的名义开展工作，老龄委下设办公室在民政部。至此，我国养老服务体系发展有了明确的政府管理部门，老龄工作以及养老服务的发展被纳入国家统一规划的系统，将包含老龄事业的社会建设工作纳入中国特色社会主义事业总体布局。

现阶段我国从社会建设的整体出发规划布局我国养老服务体系的发展，从“配角”逐步变为“主角”之一。

3. 养老服务供给主体由“一元”到“多元”

我国养老服务经历了由家庭为供给主体，政府兜底鳏寡孤独、“三无”老人的供给模式，转变为由国家、市场、社会力量等多元化供给格局，实现了供给主体的“一元”到“多元”转变。尊老爱老是我国自古以来的传统美德，孝道伦理亦是深入人心。新中国成立初期，我国经济低迷、百废待兴，国家整体发展方向集中以经济建设为中心，老年人的养老责任便主要由家庭承担。国家兴办的各类福利机构只承担无劳动能力、无依无靠、无法维持生活的残、老、孤、幼人员。

1983 年全国第八次民政工作会议明确提出“社会福利事业国家可以办，社会、团体可以办，工厂、机关可以办，家庭也可以办”。政府已经开始探索福利事业多元供给的道路。1994 年民政部门出台的《中国老龄工作七年发展纲要（1994—2000 年）》，迈出了国家支持多元主体参与社会福利的第一步。纲要明确提出“坚持家庭养老与社会养老相结合的原则”，是我国最早提出养老服务体系社会化发展的文件。

2000 年我国整体步入老龄化社会，为了应对人口老龄化带来的压力，我国养老服务进入快速发展时期。这一时期基本形成了社会养老服务体系的发展框架。2010 年第十一届全国人民代表大会第三次会议的政府工作报告提出“加强应对人口老龄化战略研究，加快建立健全养老社会服务体系，让老年人安享晚年生活”。随着社会养老服务体系概念的提出，我国养老服务需要社会化的理念和体系发展框架基本形成。此时我国的养老服务已经逐渐从国家的“一元”包保逐步转型为“多元”社会化发展，实现了从“养老服务”到“养老服务体系”，再到“社会养老服务体系”的发展跨越。

二、社会养老服务的监管变革

社会养老服务体系的良性运行，需要政府运用权威力量进行监督和管理。有效的监管是养老服务得以实现的必要保证，衔接养老服务的各个环节，资源合理分配与利用，才能更好地保证老年人养老需求的高效满足。政府职能部门间的协作、行业等级以及标准的制定是社会养老服务体系有序发展的根本保证。社会养老服务的监管变革主要体现在：养老机构准入机制的转变、养老机构标准化评定日趋规范以及公办养老机构监管严格等方面。

（一）养老机构准入机制的转变

《养老机构设立许可办法》对养老机构的准入设立了诸多限制，提高了准入门槛。2018 年国务院常务会议决定取消养老机构设立许可，改变了养老机构的准入机制，降低了投资的准入门槛，一定程度上调动了民间资本参与投资的积极性。

一直以来我国政府极为重视养老机构的监督管理。多年来我国政府已经出台了《民办非企业单位登记管理暂行条例》《养老机构设立许可办法》《老年人社会福利机构基本规范》《养老护理员国家职业技能标准（2019 年）》《老年人建筑设计规范》等多项规范和标准作为准入审核的依据。对民间养老机构的准入设置了较高的门槛，政府提高准入门槛是为了从设施条件上保证养老机构的规模，但是规模的大小并不能作为适合的衡量养老机构服务能力的绝对指标，养老机构服务质量的高低亦不能简单地用规模大小作为衡量的标准。过高的准入门槛对于很多民办养老机构而言，无异于设立了难以逾越的屏障，导致许多民间资本望而却步，无法调动其参与提供养老服务的积极性，不利于养老服务社会化发展。

在我国养老机构建设的过程中，公立与民办养老机构一直存在发展不均衡的问题，养老机构设立许可是其阻碍之一。公立与民办养老机构之间的设立标准存在差异性，过高的准入门槛，用地和补贴的诸多受限，经营的高成本致使民办养老机构必然无法在养老服务市场中与公办养老机构展开竞争。取消设立许可，将公办与民办养老机构放在同一平台，通过公平的市场竞争优胜劣汰。取消养老机构设立许可，一方面也是政府简政放权的重要方式，为企业和个人提供了极大的便利；另一方面，对于政府内部行政机关来说，有效地激发社会的活力，舍弃部分政府的权力，赋予市场多一份责任，多方主体进行共同治理。最后，能够促进各类养老机构的公平竞争和公平发展。

（二）养老机构质量评定日趋规范

目前国家和地方已配套相关专业标准规范养老机构的服务。2017 年发布的《养老机构服务质量基本规范》以及2019年发布的《养老机构等级划分与评定》填补了多项养老机构规范指标的空白，促进了养老机构质量的提升。自2000年开始，我国就设立了《社会福利机构基本规范》《老年人建筑设计规范》《养老护理员国家职业技能标准2019年版》等专业性的标准和规范。以上这些“规范”“标准”在养老机构的建筑、膳食、护理、卫生、财务等许多方面做出了一定的规范性要求。2017年，国家质量监督检验检疫总局、国家标准委发布了《养老机构服务质量基本规范》，填补了国家标准空白，为进一步规范养老机构服务质量提供了指引。2019年，国家市场监督管理总局、国家标准化管理委员会联合出台的《养老机构等级划分与评定》，填补了养老机构等级划分与评定的空白，有效地缓解了老年人及其家人养老机构选择难的局面。通过对养老机构的收费、环境、设施、人员以及服务等方面进行全方位的评价和等级评分，更加直观地引导民众选择适合自身情况的养老机构，有效地避免了由于信息不对称而引起的选择困难障碍，增强老年人的幸福感和获得感。标准化为养老机构实现分类分级管理提供了评估工具，并为构建养老服务机构的信用体系奠定了坚实基础。将养老机构进行科学分类评估、细分等级，帮助养老机构对照标准，查找不足，填平补齐，推动全国养老机构迈入高质量的发展阶段。

（三）公办养老机构的严格监管

目前我国公办养老机构的数量一直占据整体养老机构的半数以上，对其进行监管尤为必要。公办养老机构的性质为体制内，面向社会的收费由物价部门进行定价和监督，作为福利性的养老服务机构，低廉的定价以及较小的物价浮动，有效地保证了公办养老机构的福利性。虽然公办养老机构也进行了社会化的改革，但是本身性质仍然是国家体制内的单位，要接受国家多个相关部门的管理和监督，例如民政、消防以及卫生等部门。监管频次较高，能够有力地保障机构的服务质量以及规范运作。现有的监管部门针对公办机构的安全、服务、物价等各方面的监管都较为严格。在针对民办机构规制中，相关部门对涉及安全性的消防与环评考量比较重视，政府作为特殊的服务供给主体为公办养老机构的建设和发展提供了较为优质的土地、建筑、人员队伍、管理制度等资源，形成了较为雄厚的支撑力量，并在严格规制下保证公办机构收费的低廉，有效地提升其养老服务供给实力和竞争实力。

第二节　社会养老服务方式的发展现状

养老服务是具有非排他性、部分竞争性和外部性的准公共物品。提供公共产品或公共服务是政府职责。在我国老龄化快速发展的背景下，依靠政府的力量很难全面满足养老服务需求。在政府主导的前提下，引入市场资金、市场化管理模式等优质资源，以市场化的模式促进竞争，提高养老服务供给的效率。

我国社会养老服务体系建设的重心是以居家为基础、社区为依托、机构为补充，同时不断探索多种类型和模式的养老服务模式。在地方实践过程中形成了“9073”社会养老服务格局，即“90%的老年人依靠居家养老服务，7%的老年人依靠社区养老服务，剩余3%的老年人依靠于机构养老服务”。与此类似，上海的“9073”、北京的“9064”、武汉的“9055”、温州的“9028”等模式不断衍生。三种社会养老服务方式的不同配比，使社会力量与老年人的实际接触更为广泛，可以更高效地应对养老服务需求的变化，从而实现养老服务建设的“个性化”“去机构化”和“非正式化”。

一、居家养老服务

（一）居家养老服务的内涵

所谓居家养老，是指老年人不需要离开住所，以社区为依托，在自己的家中可以享受社会所提供的养老服务的一种社会养老模式。2008年发布的《关于全面推进居家养老服务工作的意见》中对居家养老服务给出了政策表述：居家养老服务是指政府和社会力量依托社区，为居家的老年人提供生活照料、家政服务、康复护理和精神慰藉等方面服务的一种服务形式。从这一表述中可以看出居家养老服务是政府和社会通过社区为居住在家中的老人提供服务。与家庭养老不同，居家养老的老年人可以在家享受社会所提供的各类养老服务；与机构养老相比，居家养老可以满足老年人不离家的心理需求，更符合老年人的传统观念。

近些年，上海的“9073”、北京的“9064”、武汉的“9055”以及温州的“9028”等养老模式不断出现，虽然居家养老、社区养老以及机构养老的比例分配不尽相同，但是居家养老服务占比90%是稳定不变的，说明居家养老模式由于其具有的独特优势广受社会认可和政府重视，也是我国老年人养老服务获取的主要方式。

居家养老符合中国传统文化，满足老年人不离家的养老需求。居家养老没有改变老年人多年生活环境、生活习惯以及人际交往的生活圈等，老年人在熟悉的环境养老，精神上就不会感到孤独和寂寞。此外，居家养老也符合中国传统文化中尊老孝亲的思想和尊老为本、敬老为先的观念，老年人在家庭中颐养天年，能够满足老人情感上的需求。

居家养老分解了人口结构变化带来的家庭养老压力。受人口结构变化影响，传统家庭养老功能弱化。社区是居家养老服务的直接提供者，老年人在家中便可享受到生活照料以及医疗保健等服务，居家养老很大程度上减轻了负担，节约社会的养老成本。目前我国社会养老服务体系的建设还不够完善，养老机构的数量以及服务能力远远不能满足庞大的养老服务需求。从“9073”养老模式来看，90%的老年人选择以居家养老的方式来满足自己的养老需求，由于老年人在自己的家里养老，可以利用老年人自己家中的一切有效资源，一定程度上减轻了部分社会养老的负担，从而节约社会成本。相较养老机构而言，社区提供的养老服务价格较为低廉，老年人即便经济状况不佳也可以享受服务。

（二）居家养老服务的新发展模式

近些年，随着我国互联网技术蓬勃发展，“互联网＋”已经影响及改造多个行业，对养老服务的发展也带来了机遇。将科技运用到居家养老服务的供给过程中，提高了老年人获取服务的效率，解决并弥补了居家养老服务存在的供给滞后缺陷，二者之间的结合大大提高了居家养老服务的便捷性。传统的居家养老服务存在供需双方信息交流不畅的问题，老年人的需求无法及时有效地传递出去，社区服务中心不能对老年人的需求立即作出反应，造成居家养老服务供给滞后。目前我国多家科技公司都设立了居家养老服务平台，只需要以智能可穿戴设备和手机软件为载体，便可将老年人需求与社会供给的养老服务进行有效对接。在老年客户端，平台录入社区范围内可以享受服务的老年人基本信息，主要是体检信息，将信息上传系统后，便可以实时掌握老年人的身体状况，老年人及其子女可以在客户端进行服务预订。对于发生危险的老年人，可以通过智能设备和手机软件等进行定位，及时准确地提供救助服务。在养老服务供应端，将为老年人提供服务的社区服务中心、项目运营商、呼叫求助中心、生活服务商、医疗服务中心、当地政府、老年人家属、志愿者等多个供应主体连接起来。智能服务供应端根据老年人的需求，与生活服务商合作，在需求订单产生时，提供家政服务、理发、订餐、购物等上门服务。通过居家养老服务智能平台，提高了老年人服务需求表达的便捷性和时效性，提升整体管理效率，对服务资源进行有效整合，从而降低了服务成本。最重要的一点，在老年人遇到紧急危险时可以缩短救援时间，极大地保障了老年人的人身安全。互联网技术的应用，可以说是未来居家养老服务发展的一个趋势。

智能居家养老服务在我国各地区的发展形势也比较乐观，多省市已形成“互联网+养老服务”的服务供给模式。2013年济南市成立了智能居家养老服务中心，在原先社区日间照料中心的基础上新增了实时健康监测、家政上门服务和心理健康辅导等内容。在健康监测方面，该中心不仅为社区内的老年人免费提供体检，还通过互联网技术将老年人的健康数据保存在云端，方便医护人员及老年人的子女随时查看，这对于老年人，尤其是独居、空巢老人以及高龄、患病老年人来说无疑是一个福音。2016年南京市秦淮区设立虚拟养老院，由当地政府外包给三槐居家养老服务中心运营。以社区为单位，为60岁及以上老年人提供服务，吸收各类加盟商，通过社区向老年人提供养老服务。服务内容种类多样，涵盖了生活照料、医疗护理以及精神慰藉类等15项服务。全区服务对象已覆盖2万余人，服务人员200多人，日平均工单量达680单，虚拟养老服务发展势头良好。[①]

二、社区养老服务

社区养老服务是指老年人住在家里或长期生活的社区里，在得到家人照顾的同时，由社区的相关组织承担养老工作或托老服务的养老方式。其由正规服务、社区志愿者及社会支持网络共同支撑，为有需要的老人提供帮助，使他们能在熟悉的社区环境中维持自己的生活。社区养老是居家养老的重要依托，具有社区日间照料和居家养老两大功能。我国社区养老服务从20世纪80年代后期开始发展至今有40多年，虽然与西方发达国家相比发展仍算缓慢，但整体建设已初具规模。

在中国老年社会追踪调查（CLASS）中，区分社区和个人两个层面收集了被访者生活场所附近的养老设施，根据反映情况来看，城乡养老设施的覆盖率已经达到一定程度，尤其是老年活动室和社区基层医疗卫生机构的覆盖率在城市已经超过了80%，在农村老年活动室也有约40%的社区设置了老年活动场所。我国社区养老服务设施的建设数量逐年提高，社区设施的建设多依靠政府支持，数量的提升也意味着政府投入的加大。我国城乡社区养老机构设施的覆盖率也得到了一定提升，说明我国社区养老在国家政策的大力支持下正在稳步向前发展。由于地理、经济、资源、政策等方面的优势，我国城市社区养老比农村社区养老发展更快速和全面。

三、机构养老服务

（一）机构养老服务数量提升与种类丰富

吴玉韶（2015）对养老机构的概念进行了界定，即为老年人提供集中居住、生活照料、康复护理、精神慰藉、文化娱乐等服务的老年人服务组织，其主要服务对象是失能、半失能老年人。从概念界定可看出，养老机构对老

---

① 桑珍珍，胡盈盈．我国社会养老保险制度建立条件及制约因素［J］．就业与保障，2021（08）：36－37．

年人的服务是全方位的，提供从最基本的生活照料服务到需求层级较高的文化娱乐服务，能够满足不同老年人的多层次需求。养老机构能够弥补居家和社区养老的不足，多数失能半失能老年人无法在家养老，养老机构可以满足此类老年人照料和护理需求。

2006 年政府发布养老服务业发展的指导意见后，政府及社会资本对养老服务业基础设施建设的投资开始升温。养老服务机构和设施根据服务对象的不同分为城市养老服务机构、农村养老服务机构、社会福利院、光荣院、荣誉军人康复医院、复员军人疗养院、军休所等七类。截至 2020 年年末，我国共有养老机构 3.8 万个，养老服务床位 823.8 万张，其中，特困人员救助供养机构 1.7 万个，占养老机构数的 44.74%；社会福利院 0.15 万个，占养老机构数的 3.95%；其他各类养老机构 1.95 万个，占养老机构数的 51.31%。

（二）机构养老服务发展的特点

机构养老服务以设施建设为重点，通过设施建设，实现基本养老服务功能。经过多年的大力发展，机构养老服务数量及质量都得到了提升，具体表现在以下三方面。

第一，投资主体多元化格局基本形成。养老机构兴办主体已不再是局限于政府、企业、个人以及民间组织等多元主体，其纷纷投入到养老机构建设中来。养老机构的兴办，资金是关键，政府在社会服务中的投资类型也日益广泛，不仅限于固定的财政支出，各类专项经费、彩票公益金投入到养老机构的资金不断增加。目前我国养老机构兴办的资金来源已不局限于政府资金、国内资金，较多的合资企业以及外资企业已陆续进入国内养老机构投资领域。国外许多养老服务机构、养老服务培训机构也都纷纷开始进入中国市场。

第二，数量规模发展迅速。国家统计局发布的《2020 年国民经济和社会发展统计公报》显示，截至 2020 年末，全国养老机构数量为 3.8 万个，养老服务床位 823.8 万张。相比 2019 年，养老机构数量增加 4000 个，养老服务床位增加 62.4 万张，增长速度远高于 2019 年，床位总数比 2012 年增长了 97%。2015—2020 年我国养老床位供给能力不断提升，每千名老年人拥有养老床位数量增长明显。根据国家统计局发布的《2020 年国民经济和社会发展统计公报》显示，2020 年我国每千人拥有养老床位 33 张。

第三，服务项目和服务设施日渐丰富。从服务项目来看，养老机构涵盖了老年人所需要的生活照料、膳食服务、医疗保健、康复护理以及文化娱乐活动等各类服务。从服务设施来看，养老机构目前多数都配有医疗设施、文化娱乐设施、室外活动场地等。

第三节　社会养老服务内容的发展现状

在马斯洛需求层次理论中，将人的需求按照从低到高分为五个层次：生理需要、安全需要、社交情感需要、尊重需要以及自我实现需要。在我国 2021 年 12 月 30 日发布的《“十四五”国家老龄事业发展和养老服务体系规划》中提出，要实施积极应对人口老龄化国家战略，推动老龄事业和产业协同发展，构建和完善兜底性、普惠型、多样化的养老服务体系，不断满足老年人日益增长的多层次、高品质健康养老需求。本文的养老服务内容按照生活照料、经济援助、医疗保健以及精神慰藉四个方面，论述其发展现状。

一、生活照料

已有研究表明，老年人日常照料需求是主观性需求和客观性需求的统一。本节重点分析老年人所需的身体照料以及家务照料发展状况。从老年人生活照料需求看，我国老年人照料需求模式仍然以家庭照料模式为主，但社会化的照料模式已被渐渐接纳，老年人选择社会化照料模式的发生比自西向东逐渐增大，说明社会化照料模式比重逐步增加。影响老年人照料需求最主要的因素是家庭代际支持的强弱，我国第二次婴儿潮出生的人口即将进入老年，伴随计划生育政策以及全面二孩政策开放的综合作用，家庭代际支持弱化严重，家庭提供的生活照料已经无法满足老年人日益增长的照料需求，社会化的生活照料需求呼声强烈。

二、经济援助

资金是老年人养老的关键要素，也是社会养老服务体系持续运转的主要驱动力。对于生活可以自理的老年人来说，养老服务可以通过退休金、子女支持以及其他家庭收入购买获得。对于无退休金或无子女的老年人来说，就面临养老资金短缺的问题。此时，政府在老年人经济援助方面的作用就体现出来，政府需要承担起老年人经济支持的主要供给责任。本节的经济援助主要从政府供给角度讨论，重点分析老年人福利、养老保险和医疗保险三方面现状。

1. 老年人福利

针对老年人日常生活、护理和养老服务的需求，政府对老年弱势群体提供适当的老年人福利。最低生活保障制度中规定，企业离退休人员在领取基本生活费、失业保险金、养老金、职工工资期间，家庭人均收入低于当地最低生活保障标准的，可以申请城市居民最低生活保障金；五保制度为农村无劳动能力、无生活保障的老年人提供五保供养。截至 2020 年底，全国共有 805 万人享受城市最低生活保障，3 621 万人享受农村最低生活保障，447 万人享受农村特困人员救助供养，全年临时救助 1 341 万人次。

老年人福利是我国对老年人实行资金补贴的重要手段，其中包括高龄津贴、护理补贴以及养老服务补贴等。高龄津贴是为解决高龄老人基本生活问题而实行的一种社会保障制度。鉴于我国高龄化的发展特点，高龄老人比重持续上升，高龄津贴对于保障老年人晚年生活尤其重要。2009 年民政部呼吁全国制定高龄津贴政策，在此之前全国仅有 8 个省（自治区、直辖市）颁布了省级层面的政策，目前，全国 31 个省（自治区、直辖市）都建立了不同程度和范围的高龄津贴政策。2010 年，我国享受高龄津贴的老年人仅有 576. 4 万人，截至 2020 年底，全国共有 3 853. 7 万老年人享受老年人补贴，较上年增加 274. 6 万，同比增长 7. 7%，其中，享受高龄补贴的老年人 3 104. 4 万人，占比 80. 56%，已经基本实现老年人高龄津贴、服务补贴和护理补贴制度的全国覆盖。我国护理补贴以及养老服务补贴的提供主要是以现金、服务券、实物三种形式为主，全国大部分地方多采取服务券的形式。在人数方面，享受护理补贴以及养老服务补贴人数范围不断增长。2013 年以来，享受两项补贴的老年人数量持续增长，2020 年享受养老服务补贴的老年人 535.0 万人，在老年人补贴中占比 13.88%；享受护理补贴的老年人 81.3 万人，在老年人补贴中占比 2.11%；享受综合老龄补贴的老年人 132.9 万人，在老年人补贴中占比 3.45%。

在老年人福利资金投入方面，我国政府财政支出呈现逐年增加的趋势，说明国家对老年人三项补贴的投入力度逐渐增大，力求更好地保障老年人的晚年生活。2010 年我国老年人福利支出仅有 16.6 亿元，2020 年，我国老年人福利经费已达 517 亿元，增幅巨大。从补贴水平来看，由于各地财政实力不同，地方实行护理补贴以及养老服务补贴的时间各不相同，补贴水平也略有差别。

2. 养老保险

经过多年的改革，我国养老保障制度不断完善，养老保险覆盖范围逐步扩大，参保人数逐年增长，养老金也持续增加。截至 2020 年 8 月，全中国 31 个省份均已落地实施养老金调整工作。2020 年养老金平均涨幅为 5%，各地都对一些特殊群体落实了倾斜政策；2021 年 4 月，人社部、财政部印发《关于 2021 年调整退休人员基本养老金的通知》，总体调增水平为 2020 年退休人员月人均基本养老金的 4.5%。2022 年 4 月 21 日，个人养老金制度落地，每年缴纳个人养老金上限为 12 000 元。

截至 2020 年底，全国参加城镇职工基本养老保险人数 45 638 万人，比上年末增加 2 150 万人。参加城乡居民基本养老保险人数 54 244 万人，增加 978 万人。

3. 医疗保险

鉴于老年人身体机能随年龄增长不断衰退的生理特征，老年人的医疗需求变得尤为突出，医疗保险从老年人医疗资金保障角度出发至关重要，我国在医疗保险方面也不断加大力度，保障老年人健康需求。截至 2020 年底，参加基本医疗保险人数已达 136 101 万人，增加 693 万人。其中，参加职工基本医疗保险人数 34 423 万人，增加 1 498 万人；参加城乡居民基本医疗保险人数 101 678 万人。

三、医疗保健

1. 整体医疗保健资源的供给现状

相比其他年龄段的人群，老年人的健康更需要医疗护理，随着医疗护理需求的不断膨胀，我国社会养老服务体系的建设增加了医养结合的新发展理念。医养结合实现了医疗服务与养老服务的有机融合，同时满足了老年人的医疗和养护需求，提高养老服务质量。从政策引导来看，2015 年卫生计生委、民政部等 9 个部委联合出台《关于推进医疗卫生与养老服务相结合指导意见的通知》（国办发〔2015〕84 号），提出建成一批兼具医疗卫生和养老服务资质和能力的医疗卫生机构或养老机构，为居家养老的老人提供医疗服务。2015 年民政部等 10 个部委联合出台《关于鼓励民间资本参与养老服务业发展的实施意见》（民发〔2015〕33 号），提出推进医养融合发展，扶持和发展护理型养老机构建设。对民间资本投资举办的护理型养老机构，在财政补贴等政策上要予以倾斜。①

从医院类型来看，老年人的医疗护理主要由老年医院、医院老年科、医养结合机构、临终关怀医院等专业机构提供，也包括对居家养老的老年人提供服务的社区卫生机构。截至 2020 年底，全国设有国家老年疾病临床医学研究中心 6 个；设有老年医学科的二级及以上综合性医院 2 642 个，设有临终关怀（安宁疗护）科的医院 510 个。全国医疗卫生机构与养老服务机构建立签约合作关系的共有 7.2 万对；两证齐全（指具备医疗机构执业许可或备案，并进行养老机构备案）的医养结合机构共有 5 857 家。随着老年人年龄逐渐增大，各种疾病的产生，对于康复和护理的需求日益增加，为满足老年人的护理需求，康复医院、护理医院与护理站自 2009 年呈现逐年增加的趋势。2020 年我国康复医院数量已达 739 家，同比增长 4.7%；其中公立康复医院数量为 166 家，比 2019 年增加 5 家；非公立康复医院数量为 573 家，比 2019 年增加

① 曲绍旭，郑英龙．服务资源整合视角下城市居家养老服务供需平衡路径的优化［J］．河海大学学报（哲学社会科学版），2020，22（01）：74－81，107－108．

28 家。

2. 地区医疗保健服务的供给现状

由于老年人对于医疗的需求各异，上海市的医疗服务采取不同类型机构分工不同的方式。截至 2020 年底，上海市养老机构已达到 729 家，居家社区服务机构则有 1 200 多家；社区日间托养服务机构与就近的卫生服务中心签约率达到 100%；在居家医疗护理服务方面，家庭病床与职业护理站共同补充；临终关怀服务持续推进，为各类临终患者提供居家和机构相结合的舒缓疗护（临终关怀）服务。

青岛市是我国首创并且实施长期医疗护理制度的城市，2012 年就颁布了《关于建立长期医疗护理保险制度的意见（试行）》。长期医疗护理保险费不需要个人缴纳，由政府补贴、医疗保险基金和福彩公益金共同承担，参保人可以根据自身需求申请院护、专护等多种护理。对于院护、家护和巡护的医疗护理费用，护理保险费用几乎全部承担，参保人仅需支付 4%；专护费用需承担比例较高，也仅为 10%，其余 90% 由护理保险承担。青岛通过实施长期护理保险制度，有效地整合了医养各方资源，使医养结合渗透到了机构、社区和居家等各种养老方式中，实现了医、养、康、护一体化服务。

苏州市 2015 年出台了《关于加快发展医养融合养老服务的实施意见》，形成了“3 + X”医养结合模式，即从居家、社区和机构三个层面实现医养结合的实践模式。2016 年苏州“智慧健康”一期工程正式上线，将互联网信息化与健康相结合，建立了区域远程病理诊断平台、区域远程心电诊断平台等多个医疗信息化平台，通过“互联网 +”推动了全市医疗资源的加速共享。

2018 年，杭州市民政局等三部门《关于进一步推进示范型居家养老服务设施建设的通知》出台，武林街道以此为抓手，以增进民生福祉为终极目标，开启三槐里 18 号重装升级改造之路。武林街道养老服务中心华丽转身。经过四个多月的设计、验证、施工等环节，克服了工程量大工期紧等困难，改造工程提前竣工，开始试运营。在这个占地面积约 1 500 余平方米的三层楼服务中心内，不仅具备完善的适用于老年群体的设备设施以及活动场所，还将为辖区老人提供按摩理疗，血压、血糖监测等便捷的服务。武林街道结合街道实际，多部门联动，整合辖区卫生院、专业社会组织的资源，积极探索融

“医疗保健、养老照顾、助餐配送、康复服务”为一体的示范性医养结合居家养老服务照料中心建设。

2021 年，西安市实行“15 分钟养老圈”拟覆盖城市所有社区，近年来西安市先后出台了《西安市人民政府关于加快发展养老服务业的实施意见》《西安市养老服务设施布局规划（2018—2030 年）》等文件，对社区养老服务发展目标、规划布局、服务标准、运营模式等予以明确。为了更好地为市民办实事，我市先后制定印发了“15 分钟养老圈”实施方案和实施细则，采取“新建一批、提升改造一批、优化整合一批”的措施，加强社区养老服务设施建设，计划到 2021 年，覆盖 100% 城市社区和 80% 以上农村社区。积极探索智慧养老发展，搭建“西安市智慧养老服务平台”，目前，平台已完成数据录入，正在系统调试探索创新的“嵌入式养老”和“虚拟养老院”服务模式在全省推广。

四、精神慰藉

我国老年人精神慰藉服务供给与政府政策引导有着重要联系，在 2006 年《关于加快发展养老服务业的意见》和 2017 年发布的《国务院办公厅关于制定和实施老年人照顾服务项目的意见》中都提出了注重老年人“精神慰藉”，其中只有《关于加快发展养老服务业的意见》对如何进行“精神慰藉”业务开展进行了说明，我国老年人精神慰藉服务供给一直处于自然调节状态。近年来物质财富的不断丰富，老年人养老服务需求层次也在提升，各地政府纷纷开始了对老年人精神慰藉服务供给的相应探索，地方的多种实践模式的探索对我国全面供给精神慰藉服务有着重要的借鉴意义。

青岛市通过政府与民间社会组织合作的方式向老年人提供精神慰藉服务，由社区街道提供用地，由政府购买服务的方式提供活动经费，由社会组织走进社区为老年人提供心理咨询服务。由政府购买服务引导社会专业组织走进社区供给服务的方式，是一种有效实现“服务型政府”的途径，同时能够充分促进社会组织发挥效用。

上海市的社区开展了很多老年精神慰藉项目，例如“心悦夕阳红”等，主要通过政府购买私人心理咨询或者社会组织开展的公益形式的心理咨询服务，还通过培养志愿者的方式，为老年人提供相对专业的心理服务。

苏州市依托上门服务的医护人员对老人进行精神慰藉，开设社区老年娱乐室和各种文娱活动，既能加强老年人的社交能力、充实老年人的晚年生活，又能使老年人在社交网络中相互慰藉得到自我认同感。还有些社区与社工组织共同举办老人心理慰藉的公益行动。

第四章　国际上社会养老服务体系建设经验借鉴

第一节　欧美国家社会养老服务体系建设经验借鉴

人口老龄化是一个全球性问题，发达国家也曾经历过其对国家经济、政治、社会等多方面带来的挑战，并都在社会养老服务上探索出了一套适合国情的体系。本章通过搜集查阅美国、日本和英国三个国家社会养老服务体系的文献与资料，研究分析出以下经验，以期对我国社会养老服务体系的完善与发展提供有益借鉴。

一、美国社会养老服务体系建设的经验借鉴

美国从 20 世纪 40 年代就步入了老龄化社会，至今已经建立了相对成熟的社会养老服务体系，具有十分重要的参考价值，主要体现在以下四个方面：健全的老龄法制建设、以需求为导向的供给机制、较为完善的公开管理机制和相对成熟的市场化融资机制。

（一）健全的老龄法制建设

尽管美国尚未对社会养老服务进行专门立法，但长达几十年的老龄法制建设已经对其涉足深入。美国的老龄法制建设的起始时间较早，可追溯至

1935 年，美国国会通过了《社会保障法》，该法明确规定要对因年老失去工资收入的群体提供保障，其中包括了老年、残障保险和医疗护理等针对老年人的保障项目，之后经过 1950 年、1983 年、1994 年和 2000 年四次修正，美国社会老年保障体系已经日趋完善。

1965 年美国出台了第一部专门针对老年人的法律——《美国老年法》，该法分为六章，整体上对战略目标、发展计划、机构设立等多方面做出了规定，使美国逐步形成了联邦政府下的老龄署、州政府下的老龄单位和州以下不同地区的区域性老龄机构组成的三级老龄工作行政网络，细节上不仅关注了老年人物质生活需求，更重视了精神慰藉需要，此外还涉及了老龄专业研究、养老服务专业人员培训等方面，内容涵盖较为全面。总体来看，《美国老年法》在美国老龄法制建设过程中具有里程碑意义，约翰逊总统对其评价说："《美国老年法》明确保证了我们所有老年居民的幸福，这项立法提供了一项有序和建设性的计划，这项计划帮助我们在这个世纪剩下来的时间里应对新的挑战"。

除此之外，美国还颁布了《老年公民宪章》《反老年人就业歧视法》《老年人社区服务就业法》《老年医疗法》《护理之家标准指南》《老年人营养方案》《多目标老人中心方案》和《老年人个人健康教育与培训方案》等一系列法律法规，内容包含了机构住养、健康生活、再就业等，使老年人得到了全方位的保障，也使美国老年人相关工作有法可依。

（二）以需求为导向的供给机制

为了更好地实现养老服务供需良好匹配，美国实行了以需求为导向的供给机制，通过制定养老服务需求评估工具、明确养老服务需求评估内容、规范养老服务需求评估程序等，广泛开展社会养老服务需求评估工作，为老年人是否存在项目需求、存在什么项目需求、项目需求程度提供依据，取得了显著成效。美国成立了专业评估团队，将最小数据集（Minimum Data Set，MDS）作为评估工具（Resident Assessment Instrument，RAI）的核心内容，主要功能是跨学科团队对老年人进行需求评估，制定护理计划，提高护理质量。MDS 1.0 评价内容涵盖了认知功能、沟通和听力状态、视功能、身体功能、排泄、社会心理健康、情绪和行为问题、活动疾病诊断、健康状况、营养状态、口腔和牙齿护理、皮肤护理、药物使用和特殊护理14个方面，之后为了适应老年人需求变化，在1995年和2008年又相继发布了MDS 2.0和MDS 3.0，评估内容也进行了部分修订，MDS 3.0更加注重老年人生活质量的提高和用药安全问题。由此生成国家数据库，方便政府了解老年人养老服务需求总体情况，并以此为依据提供养老服务。除此之外，有些长者服务机构也涵盖评估和个案管理服务工作内容，通过“社工确定长者案主的资源、能力和需求，然后根据情况将他们转介到能满足其需要的合适的机构和项目”，在一定程度上避免了养老服务供需不对等的情况发生。

（三）较为完善的公开管理机制

美国在社会养老服务方面非常重视监管，对养老机构和养老服务工作人员相应实行了严格的准入、培训等制度，促进了社会养老服务业有序发展。其中值得注意的一点，就是其形成了较为完善的公开管理机制，监督养老机构的同时保障了公民知情权，为公民选择养老机构提供了便利。

首先，美国形成了公开合理的养老机构项目审批和资助机制。美国的养老机构原则上可以得到政府发放给所收养老人的医疗保险和医疗补助，但需要进行一系列程序，只有审核标准符合、质量评估达标的养老机构才能获得，有效避免了不良机构隐瞒营运和质量情况得到政府资金的现象发生。其次，美国形成信息公开机制。美国卫生部为了加强对养老机构的管理，规定养老机构要提交标准化信息报告，并将其基本信息公布于众，美国老龄工作局开设了免费网站（www.eldercare.gov）和免长途话费的电话（180－67－1116），以方便有需要的长者自行查找本地机构，同时也保障了所在机构老年人的知情权。最后，美国形成公开的评论与投诉机制。政府保障了老年人的评论与投诉的权利，为此专门设置了监察员一职位，倾听老年人对养老机构不满的意见，接受并解决对养老机构的投诉。老年人作为养老机构服务的直接接受者成了机构信息的直接了解者，关注这一群体的诉求是获得并公开养老机构信息的重要措施。

（四）相对成熟的市场化融资机制

由于美国经历了长期的自由主义市场经济的发展历史，所以在养老产业也形成了高度市场化的融资机制。在国家支持和市场实力雄厚的强大背景下，其塑造了多元融资的社会氛围，建立了相对成熟的养老产业金融融资保障体系，拥有了诸如美国银行、纳斯达克证券交易所等发达的金融机构，涌现了 Del Webb 公司、NCP 和 Elderhostel 公司等一批有实力的养老企业，并不断探索融资新渠道，创新金融工具，拓宽养老项目。例如：美国形成了成熟的住房反向抵押贷款制，即一种老年人将自己房产抵押给金融机构分期或一次性获得一笔固定养老金，去世后由金融机构获得房屋处置权或销售或出租收回贷款本息的模式，既满足了老年人的居住和现金需求，又拓宽了金融机构的业务。①

二、英国社会养老服务体系建设的经验借鉴

英国是欧洲典型的高福利国家之一，形成了一套从摇篮到坟墓的社会福利制度，其中包括了社会养老服务体系建设以规范社会养老服务业，更好地为全民提供福利。主要体现在以下四个方面：完善的社会养老服务法律制度、以社区照顾为主的供给模式、较为健全的监督管理机制和不断深入的养老服务财政投入改革。

（一）完善的社会养老服务法律制度

英国是世界上较早的以立法形式规范老龄事业的欧洲高福利国家之一，至今虽然并未对社会养老服务进行专门立法，但颁布了一系列有关社会养老服务的法律法规，对养老服务标准、养老机构管理等方面均进行了详细的规定，如《国家黄金标准框架》《国民健康服务法》《国民保健法》《全民健康与社区照顾法案》《国家老年服务框架》等。尤其在 1948 年《国民健康服务

① 刘庆斌．国外养老服务体系建设的经验借鉴及对我国的改革建议［J］．社会福利（理论版），2021（03）：26－33.

法》的正式执行后，包括初级卫生保健、医院服务、临终照护、社区照护等内容的国民健康服务体系由此建立，在社会养老服务领域，形成了统一的管理部门，制定了政策目标，规范了行业标准，并建立了基于数据、分析工具的管理体系，这对英国社会养老服务法制建设具有重要意义。

（二）以社区照顾为主的供给模式

为了响应英国国内“去机构化”的号召，重视对老年人在社区接受照顾，1990 年，英国政府颁布了《国民健康服务和社区照顾法》，由此建立了以社区照顾为主的社会养老服务供给模式，其主要特点是公办民助，即发挥政府的主导作用的同时，要求社区承担相应责任。政府的主导作用主要体现在制定政策、监督管理、给予财力支持等方面。如英国政府于 1989 年发表了《社区照顾白皮书》，规定了社区照顾的对象为年长的、有精神疾病的、智力残障的、有身体或感官障碍的人们，老人服务的形式采取居家式服务、老人院、老人公寓等，老人服务的内容包括生活照料服务、定期保健服务、社会发展性服务等，其间尤其强调服务提供的专业性，对服务队伍的素质提出明确要求，并建立评估机制。此外，政府在社区服务领域建立了“契约制”，即政府将一部分服务移交给社会工作机构，在具体实施中，政府实行项目管理制，施行了“申报—执行—监督年度报告”的管理体系，违反合同则要承担相应法律责任。除此之外，政府还要承担社区照顾的设施建设、工作人员工资等费用支付责任。社区的主要责任即在政府指导下提供以上所规定的养老服务，健全各项人性化的养老服务项目，营造温馨的社区氛围，逐步实现“在社区照顾”向“由社区照顾”的转变。

（三）较为健全的监督管理机制

英国在社会养老服务领域已经形成了严格的监督管理机制。

在监督机构方面，英国建立了专门负责监督的组织机构，其大部分为地方监督部门的质量管理委员会，由下派的健康监督人员专职开展监督工作，如英格兰的照顾质量委员会、苏格兰的社会服务监察会，他们的工作职责一般包括：制定政策、护理院的注册与管理、监督服务质量、接收和处理投诉、公布养老服务机构信息、监察服务机构、公布监察结果、发布年报信息等。

在监督形式方面，英国采取定期检查与突击检查相结合的方式，为加强对各机构或社区的监督、了解各机构或社区的运营情况、质量达标情况等，英国政府不但制定了检查规划以便随时掌握各项信息，还不定期地进行抽查，以防个别机构或社区做面子工程。

在监督手段方面，英国实行了内部监督与外部监督相结合的措施，内部监督一方面指以上所提到的政府部门监督，另一方面指机构或社区内部监督，其中包括老人监督，老人可对将对机构或社区不满的地方向相关部门反映或投诉，相关部门受理并及时调查、核实有关情况。外部监督指机构或社区将随时接受义工监督。

在监督处理工作方面，英国建立了责任追究制，监督机构会定时将结果进行网上公示，评估结果过关的机构或社区将接到相应处理或改进意见，评估不达标或违反规定的机构或社区将暂停或关闭。由于英国建立了针对机构和社区的相对成熟的监督机制，有效地管理了社会养老服务质量，确保了社会养老服务的标准化、专业化发展。

（四）不断深入的养老服务财政投入改革

英国作为欧洲高福利国家之一，在人口老龄化初期，政府积极投资建设养老设施和养老机构，但随着人口老龄化不断加剧，社会福利性支出持续加大，英国政府不得不进行改革——减少社会养老服务领域的财政投入，但需要注意的是，这存在一个量与质两层面的含义，从量的层面看，虽然政府财政投入相比人口老龄化初期在减少，但仍占据一定比例，如从英国 1998 年公共支出结构上看，社会保障支出占比最高，达到了为 35. 4%，均高于行政管理及国防支出 14. 9% 的占比、社会文教支出 21. 3% 的占比、经济建设支出 4. 6% 的占比等，1999 ~2000 年，用于老年人照顾的社会服务开支占全英国地方财政相应开支总额的近乎一半，另外从政府投入与民间资本投入的比较看，如英国的居家养老服务支出大部分由政府承担，来自企业、慈善机构的资金只起到补充作用。从质的层面上看，政府财政投入依然保持福利性特征，承担了社会孤寡老人等特殊群体老人的养老服务费用，在财政支出结构上，政府减少了对营利性养老机构、企业的投入，但加大了对家庭、志愿组织、慈善机构、社区、社会福利型单位的财政支持。

从20世纪80年代开始，英国逐步打破国家包揽养老福利的局面，减少政府在社会养老服务领域的财政投入，但根据英国这项改革的特点得出，即使政府削减养老业的开支，但由于社会养老服务业具有特有的公益性和福利性特点，政府依然在财政投入上居于主导地位。

三、美国“线上社区”养老模式

市场导向的“线上社区”养老是西方国家智慧养老的主要模式，其代表性国家是美国。作为世界上较早迈入老龄化的国家之一，美国为了应对老龄化问题，美国基于其特有的养老制度基础，针对人口老龄化的发展态势和现实需求，从养老制度设计、服务创新、市场供给等方面融入了具有独创性的智慧化工具，形成了典型的以市场为导向的养老服务体系，对中国发展智慧养老并借之实现养老服务体系优化具有重要的借鉴意义。

（一）“线上社区”养老的制度基础

1. 养老保险制度

1935年，美国国会通过了社会保障法案（Social Security Act），法案要求符合条件的成年公民必须缴纳工薪税以建立老年人储备基金。这一制度的根本目的是向65岁以上的退休人员支付退休金。该法案几乎囊括了养老项目的主要内容，包括失能保险（Disability Insurance）、幸存儿童保险（Child Survivor）以及配偶保险（Spouse Coverage）等，还设立了社会保障委员会（后改为社会保障局）。1939年，美国政府对该法案进行修订，将老年人配偶和未成年子女作为养老金继承人，建立了“老年人和遗嘱信托基金”。1957年，美国政府建立了残障保险信托基金，与前者合称为“老年人、遗嘱和残障保险信托基金”，简称社保基金，形成了以现收现付为主要形式的基本养老保险制度。由于美国始终坚持市场配置资源的原则，并不鼓励政府提供高福利待遇，因此尽管已经形成了基本养老保险制度，但养老保障水平却并不高。在这种情况下，美国通过税收优惠等方式促进私人养老保险的快速发展，从以下几个方面形成了市场化运作的养老保险体系，较好地保障了老年人的养老需求。

其一，基本养老保险。作为国家性质的社会保障制度，美国基本养老保险金以工薪税形式征缴，雇主和雇员分别缴纳 6.2%，自雇人士要合并缴纳两项。工薪税税率按照以支定收、略有结余的原则确定，并根据人口年龄结构、经济发展形势、目标需求状况等因素进行适时调整。其二，雇主养老保险。具体分为政府雇主养老保险和企业雇主养老保险，既有企业雇主根据雇员的工作年限和退休前工资水平，按照预定的计算公式确定并支付个人养老金，也有雇主和雇员共同出资设立的企业养老保险计划，筹资模式为完全基金积累制，当劳动者工作变动时，可以转移账户养老基金。其三，个人储蓄性保险，由个人自愿参加。

2. 医疗照顾保险制度

随着人均寿命不断提高，老年人心脏病、糖尿病、痴呆症等慢性病发病率逐年上升，家庭医疗费用支出逐渐扩大，迫使美国政府开始重视老年人医疗服务问题。1965 年，美国开始设立医疗照顾保险制度（Medicare），主要包括住院保险、补充医疗保险、医疗保险优惠计划和处方药计划，通过社会保障税来筹资，其申请者必须是美国公民或永久居民，且要求申请人或配偶已向国家缴纳医疗保险税（Medicare Tax）10 年或 40 季度以上。然而，由于老年人居住较为分散，集中供给医疗服务十分困难。为此，从 1999 年起，美国许多城市开始建立专为老年人提供服务的医疗服务车队。经过二十几年的发展，医疗服务车队已经实现了美国 50 个州的全覆盖，涉及 1000 多个城市，为居家老年人提供了包括送医送药、上门看病、日常生活护理、专业护理等在内的多项医疗服务。同时，其还实现了与专业医疗机构的有效对接，融合了包括 RFID 技术和传感网等在内的物联网技术，大大提高了服务效率，弥补急救医疗服务的不足。

3. 长期护理保险制度（LTC）

该制度建立于 20 世纪 80 年代。LTC 旨在帮助和支持人们应对残疾或日常活动能力的丧失。LTC 包括个人投保和团体投保两种形式。其本质是一种按照商业保险机制筹资，以提供长期照料服务的制度安排。在费率方面，个人投保费率一般要高于团体投保费率。LTC 根据被保险人的特殊需要和财务状况提供多种备选方案，承保范围是被保险人在特定场所（疾病治疗除外）因接受时间至少超过一年以上的各种个人护理服务而发生的护理费用，承保期限按照被保险人在投保时的年龄及其实际需要进行划分。

（二）“线上社区”养老的运作机制

以上述养老制度为基础，美国的智慧养老实践主要以市场化运营的“线上社区”为特色。美国养老模式同样主要分为居家养老、社区养老和机构养老，其中，社区、居家养老以实现“安养、乐活、善终”的目标为己任，为社区老年人提供强有力的助老服务。美国养老社区具体包括三种类型：其一，生活自理型，社区为低龄老年群体提供独特和专用的服务，社区内设有自理老年人需要的文娱、体育、综合活动设施以及相关的生活、看护和护理等基本服务。其二，生活协助型，社区为有生活协助需求，但为无重大疾病的老人提供简单的生活辅助及护理服务。其三，持续护理型，社区则是面向刚退休的老年群体、解决不愿变更居所，当前自理能力强，但考虑未来健康度下降的老人问题。“线上社区”设有生活自理单元、生活协助单元和特殊护理单元，基本涵盖了老人从生活完全自理到需要生活协助再到需要特殊护理的晚年全阶段。老年人根据自身需求和经济条件，可选择退休后入住不同的居住状态，有独立生活住宅、辅助生活住宅和护理之家 3 种，每月支付一定的服务费用，便能享受“一站式”终生退休养老服务。

整体上，上述三种类型的美国社区养老皆以市场化运营的“线上社区”模式为主要特征。美国是一个注重以市场配置养老资源、供给养老服务的国家，习惯将老龄产业称为银色产业（Silver Industry）。从美国老龄化的浪潮来看，老龄人口的增多，代表着将增加许多强大消费能力的银发群体。为此，着眼于开发银色产业链，美国在商业模式、社区科技助老和智能养老上作出了许多创新，对我国养老产业发展有着重要的启发作用。

譬如创立于 1986 年的“长者网络公司”（Senior Net），聚焦提高老人的计算机使用技能，扩展老年人知识面，从而丰富和改善老年人生活，具体包括教授老年学员了解计算机基础、使用互联网和收发电子邮件、掌握数码摄影的技巧、在易趣（eBay）上购买和销售产品等。该公司的学习中心有成千上万的志愿者讲师和导师，同时与其他公司广泛合作，依靠包括 AT&T、IBM、Verizon、Microsoft、Adobe 以及 IEED 等在内的公司支持，现已服务超过 100 万位老年人。此外，公司经营自己的教育网站、网络社区，每月拥有超过 100 万的点击量，可以为学员提供充足的在线课程服务，以供学员们在线学习，并且提供终身教育服务。再如以互联网为载体的线上养老平台 Honor，是由美国 Honor Technology 公司开发的 App 类应用平台，主要提供陪伴、配餐、用药提醒、陪同锻炼等养老服务。Honor 平台本身不提供线下场所和服务人员的支持，而是通过匹配养老服务提供人员和老人或其子女线上提出的订单，完成养老服务需求的满足。从服务人员方面来看，满足有服务资质、年满 21 岁、提供过至少 6 个月服务的人员均可在平台提出服务申请，审核通过后便在 Honor 上注册成为一名养老服务的提供人员。服务人员的广泛性一定程度上解决了养老资源的匮乏与紧张。Honor 平台主要服务包括养老顾问、专业养老人员、Honor 专家等，为不同需求的老人量身定制服务类型。作为第三方公司开发运营的平台，Honor 通过线上的方式，为美国养老产业的供需双方提供了对接的平台，使养老产业更加精细化，更能切实满足老年消费者的需求，缓解了供需双方的匹配问题以及资源不平衡问题。

四、德国“智能居家”养老模式

社会化的“智能居家”养老是西方国家将智慧养老与居家养老结合的又一主要模式，其代表国家是德国。在人口预期寿命延长以及生育率下降的双重影响下，德国于 20 世纪 50 年代就开始步入老龄化社会，成为欧洲人口老龄化最为严重的国家之一。为应对老龄问题，德国以“智能居家”为特色，在制度设计和智慧养老方面进行了充分的实践探索，取得了应对人口老龄化问题的宝贵经验。

（一）“智能居家”养老的制度基础

德国是世界上最早探索包括养老保险在内的社会保障制度的国家之一。1891 年德国颁布了《伤残和养老金保险法》，规定年满 60 岁并缴纳 20 年以上养老保险费的老年人可以获得养老金。其宝贵经验是实现养老金费用由政府、企业和个人共同承担，构建起多支柱的养老金制度体系。德国养老保险分别由法定养老保险、企业养老保险和私人养老保险组成，其中企业养老保险和私人养老保险为补充型保险。法定养老保险的本质是国家规定必须执行的强制险，其资金来源主要有两个渠道：一是由雇主和雇员缴纳的养老保险费，二是国家的财政补贴；企业养老保险，一般相当于净工资的4%左右；私人养老保险由个人支付，老年人65岁退休后可到保险公司领取一次性或按月付的保险金，主要面向医生、药剂师、律师等高收入群体。总体来看，德国养老保险体系主要具有养老保险水平较高、政策衔接性较好、通货膨胀控制机制较为完善等优势。

在医疗保险制度方面，德国主要有法定医疗保险（Statutory health insurance，SHI）和私人医疗保险（Private health insurance，PHI）两部分，参保人可根据收入情况确定参加医疗保险的种类。除此之外，有两类群体不需要参加法定医疗保险，一类是国家公务员，一类是自我雇佣人员（包括企业家），后者可以选择购买私人保险或者完全自理。从2009年开始，德国实行强制性的全民医疗保险政策，规定全体居民必须参加社会医疗保险或私人医疗保险中的一种，其中，月收入低于一定水平的雇员作为义务参保人必须强制加入法定的社会医疗保险制度，其抚养人（直系亲属）作为连带参保人，无需额外缴纳保险费而纳入家庭联保。德国的医疗保险参保率为100%，其中86%的居民参加社会医疗保险制度，11%的居民选择参加替代性的私人医疗保险制度，另有约3%的群体为享受特殊项目的军人和警察。医疗保险基金主要来源于雇主和雇员的缴费，他们各自负担医疗保险费用的一半。

与我国医疗保险不同的是，德国社会医疗保险具有“社会共济的精神”，收费秉承高收入多缴费、低收入少缴费的原则，标准根据经济收入高低而定，不受健康情况影响，但不同缴费标准的人享受同等的医疗保险待遇。德国的医疗保险基金没有设立个人账户，对于退休人员和失业人员的缴费完全由养老金和失业保险金承担。在支付方式方面，德国社会医疗保险基金在医疗服务过程中扮演着“第三方购买者”的角色，可以减少不合理的医疗服务供给与需求。而支付水平直接决定着参保者在获得医疗费用补偿的同时，自己需要承担医疗费用的数额，一般支付水平都是按照起付线、报销比例及封顶额来调整，这种“以收定支、收支平衡”的原则不仅可以保障医疗服务的需求与供给，而且更能有效地抑制不合理的医疗费用增长。

此外，德国于1994年颁布了护理保险法，规定所有医疗保险的投保人都要参加护理保险。其对象是除国家官员、法官和职业军人以外的所有公民，护理分为在宅护理和住院护理两大类。

（二）“智能居家”养老的运作机制

与大多数国家的养老服务情况相似，德国养老服务分为居家养老、社区养老、机构养老三种养老模式，其中居家养老是其最主要的养老模式，也是其智慧养老实践的主要场域。由于大多数老年人认为家庭更为舒适、家庭成员了解他们的喜好和厌恶，且在社区中有更多的社交关系，许多德国人步入老年后会继续选择在家中接受家人或专业护理机构提供的流动性护理服务。

德国家庭照料者一般具有以下特点：第一，平均年龄为55岁，超过2/3的人为女性；第二，60%的人为老年人的子女或子女的配偶，22%的人为配偶或伴侣；第三，40%的人提供的是有偿服务；第四，平均持续照料的时间为60个月；第五，18%的人觉得家庭照料工作量很大。其中，一部分老年人会选择居住在老年公寓（一些经济条件优越的老年人选择入住高级养老公寓）、养老社区之类的生活住宅区或接受社区提供的日托服务；少部分老年人由于健康状况较差，生活无法自理，选择入住养老机构接受护理服务。

针对上述老年人的居家养老选择特征，德国推行了多代屋建设。多代屋是一种长期居住安排，也是一种生活方式，常常是属于不同年龄层没有亲戚关系的人们经过协商一致，选择组成“大家庭”共同生活，其居住空间既有独立房子也有面积较大的公寓，住户之间构成了一种居住共同体合作关系，老年人既排解了孤独，也能在生活中诸如买菜、购物之类的小事上相互帮忙。

随着老龄化的深度发展，智能技术越来越多地在德国居家养老过程中得以应用。伴随着手机价格及话费大幅下降，50～60岁的德国人已经习惯使用智能手机。现代智能手机对身体状况欠佳的老年人帮助极大，有的老年人手机安装了健康状况监护应用，可记录老年人跌倒情况并发出求助信号的传感器。智能家居系统的出现为许多选择居家养老服务的德国老年人提供了方便，极大地降低了老年人独自居家养老的风险。

除了智能设备外，近年来，专门的智能居家养老系统在德国逐渐发展起来。德国智慧养老实践在智能技术的助力下获得极大发展。以德国弗里德里希哈芬市（Friedrichshafen）为例，为解决老年人慢性病护理资源不足问题，该市在智慧城市建设的背景下成立了专门的负责机构——FN - Dienste 有限公司。该公司提供老年人远程医疗、肿瘤会诊、独立生活项目，帮助老年人实现更好的养老。老年人借助特殊的自动化装置可以获得一系列便捷的服务，比如医药物资和生活用品的配送和相关专业人员的看护。

第二节　亚洲国家社会养老服务体系建设经验借鉴

一、日本社会养老服务体系建设的经验借鉴

从 1970 年开始，日本就逐渐步入了人口老龄化社会。在几十年的国家治理历程中，社会养老服务体系的建立与完善是其重要工作之一，并取得了丰富的成功经验，值得我国借鉴学习，主要体现在专门颁布的养老服务法律法规、多元主体参与的供给模式、相对完善的激励管理机制和多样化的融资渠道建设四个方面。

（一）专门颁布的养老服务法律法规

日本在经历了多年老龄事业探索与发展过程中，形成了一套较为完备的养老法律体系，其中包括了社会养老服务相关领域专门立法，颇具借鉴价值。日本在社会养老服务方面的立法起源于 1963 年颁布的《老人福利法》，是世界上最早设立的有关老年人的法律，也是日本各项老龄法律法规制定和政策实施的基本依据，其涵盖了福利措施、福利设施、福利计划等内容，提出了实行居家养老服务和机构服务以实现老年人福利最大化，并提出了加强养老服务专业人员培训制度建设等要求。在养老护理员方面，日本于 1987 年颁发

了《社会福利士及看护福利士法》，将对养老护理员的规范要求上升到法律高度，更具权威性和强制性，该法十分重视护理员的工作专业性，比如要求看护福利士应具备相关工作能力和专业技术知识和能力，必须经历“资格考试实习——技能鉴定”的严格考核程序，取得资格证书才能从事相关工作，并规定参考人员须具大学以上学历并选修过相关的专业课程，如无选修过专业课程则需在培训中心接受一年以上的培训，或大专以上学历并有 2 ~3 年以上的实践经验，而且在培训中心接受过 6 个月至 1 年的培训。在养老服务业人才方面，日本于 1992 年颁发了《福利人才确保法》，从法律上认可了养老服务业人才的经济与社会地位，使养老服务业人才拥有了职业认同感和归属感，该法的制定也成了大学“社会福利”“福利工学”等学科广受欢迎的重要原因，促进了日本老龄专业研究。在养老机构方面，日本颁布了《民营机构的活用与规范》《老人院的机能及服务评价》《社会福利机构运营指南》《特殊养护老人院、老人保健设施服务评价基准》等法律法规，通过制定评估标准、设立评估标准委员会、严格评估程序、公布评估结果等措施，加强对养老机构评价与监督管理工作。这些针对社会养老服务专门领域法律的制定，符合社会养老服务业的特殊要求，将行业标准与业务规范等上升为法律高度，不仅增强了养老服务业的严肃性，更保证了老龄法律的完整性。

（二）多元主体参与的供给模式

日本的社会养老供给模式既区别于美国以机构为主的供给模式，又区别于英国以社区照顾为主的供给模式，采取了多元主体供给模式，目前已经形成了居家、社区和机构三种形式和营利与非营利性质并存的供给格局，这与我国社会养老服务供给模式十分相似，具有重要的借鉴意义。

日本的社会养老服务供给制度具有两个重要特征：从纵向政府权力下放和纵横向多种形式兼容。首先，日本由于受“福利多元主义”等西方思想的影响和社会福利导致财政支出过大的现实因素影响，采取了权力下放的措施，在 1989 年日本制定的养老“黄金计划”中就规定了“将一部分过于由都、道、府、县掌管的权限下放给市、町、村（区、街道），把责任下放给社区和家庭”。市、町、村的主要职责包括掌握老人信息以及提供咨询、指导、调查和业务等。在2000年正式实施的《介乎保险法》中，又将政府、养老服务相关部门、老年人等主体的权责重新划分，继续强调了基层的主体地位。但值得注意的一点是，权力下放并不代表政府不承担责任，政府仍然在制定政策、提供公共资金、建立公办养老机构等方面起主导作用，如：政府设立长寿福利社会基金，推出“银色住宅计划”，开发一批低价位的“三代同堂”式住宅，对愿意入住的家庭，提供优惠贷款，等等。此外，日本鼓励支持多主体参与社会养老服务供给，日本颁布的《社会福利事业法》《老人保健法》等都明确规定了社会福利事业由国家、家庭、社区等多主体共同参与，并界定了各主体的职责，1997年制定的《介乎保险法》又允许民间营利组织提供护理服务，此后私人投资大幅增长，民间机构大量涌现。从实际成效来看，在日本，目前80%左右的老年福利设施是由民间社会福利法人经营，另外20%由政府直接管理，这就意味着以非营利组织为代表的社会力量以及以营利性企业为代表的市场力量是养老服务传送体系的支柱。总体上看，弱化政府包揽，实行多方协作是日本养老服务供给模式的主要特征，这既减轻了政府压力，又带动了社会力量，在人口老龄化不断恶化的情况下推动养老服务供需平衡。①

（三）相对完善的激励管理机制

从主体来看，日本对养老机构和养老服务工作人员两大方面实施了较为完善的激励措施。

从养老机构方面看，日本的养老机构除了收费老人院之外，大多数养老机构的性质都是社会福利法人或非营利机构。政府为了鼓励支持这些养老机构的建立放宽了准入标准，如对社会福利法人的认可虽然要求其必须具有一定规模的资产和资本金，但如果申请者的资产、资本金未达到作为社会福利法人所需要的规模时，只要其现有的资产、资金规模不妨碍其从事规定的社会福利领域的公益事业时，虽然作为社会福利法人得不到认可，但可以从事

---

① 杨帆. 日本社会养老服务体系对镇江养老医疗服务体系建设的启示［J］. 统计科学与实践，2022（02）：55－58.

相应的活动，但建立后须接受严格监管，这一政策降低了社会福利法人的基准线，促使大量机构纷纷成立。除此之外，日本政府还采取了减免税费、资金资助等方法，如日本政府规定了民间的养老机构可享受低息或免息贷款等税收优惠政策，非营利养老护理机构可获得当地政府给予的营运资助。从实践上看，日本养老机构资助成果显著，其中作为社会福祉法人登记的养老护理机构，90%以上的建设费用由政府资助，另外由地方政府提供全部日常运作费用。

从养老服务工作人员方面看，政府十分重视职业认可、职业发展工作，不但颁布《社会福利士及看护福利士法》将这两个职业认定为国家认可的资格与职称，并且政府还出资举办培训班，支持他们对理论与技术知识进修。在薪酬方面，日本积极出台政策提高养老护理员的报酬，如在第169次日本国会会议中通过了《为确保护理从业人员关于改善护理从业人员待遇的法律》（2008年法律第44号）这一法案，2009年在关于护理服务人员报酬的修订中，将护理报酬提高了3%。同时该年度的第一次财政预算案明确指出，在2011年以前，将通过护理人员待遇改善金的方式将护理从业人员的人均工资上调1.5万日元。在2012年度护理报酬修订中，将护理报酬进一步提高1.2%，另外，国家还提供“养老护理员待遇改善补助金”给予护理员补助。在职业发展与升迁规定方面，日本已经形成了比较科学系统的职业生涯发展规划，如其设立了由“访问介护员”“介护员”“介护福祉士”和“介护支援专员”构成的养老服务介护员职务体系，不同职业规定了不同资格要求、不同工作责任，在此基础上建立了公平合理的升迁程序，如“访问介护员”和“介护员”经过规定课时的研修可以经过社会福祉士、现场主管、中层干部等升迁到中心或养老机构院长或成为养老服务业教育专业的行业专家，此规定为大批介护员提供了职业前景，刺激了他们的工作积极性。除此之外，日本政府注重吸引国外介护人才，其颁布了《外国人技能学习制度规范法案》《技能实习恰当化法》等法律法规，包括了增加介护员的留日资格、将介护职业纳入技能实习制度等内容，如：介护技能实习生去日本后，如果能在一年之内通过N3（即日语能力3级考试），即可获得五年的工作签证。这些措施的实行，不仅保证了养老服务工作人员的上岗率、减少了人员流动，还培养了一大批专业人才，对日本国家的养老服务业发展奠定了人力资源基础。

（四）多样化的融资渠道建设

当前的日本已经形成了政府财政积极引导、社会资本广泛参与、海外资本不断开拓的融资模式。

首先，政府财政是日本社会养老服务持续发展的物质基础。日本政府十分重视养老服务财政投入，早在1989年日本政府公布了第一个针对高龄老人的国家计划——“高龄者保健福祉推进10年战略”，计划在十年内投入6万亿日元开展养老机构建设、养老服务人才培养、养老服务项目扩增等工作，并要求各地方政府必须在居民2万人左右的区域建立一所“居家养老支援中心”，并要求创设70亿日元的“长寿社会福祉基金”，用于新建养老设施等。同时，政府对民办养老机构、介护士等提供一定的财政补贴支持，如为企业提供“照顾看护能力开发补助金”和“介护服务人才雇佣管理辅助金”等。税收减免政策也是其中的一项重要措施，通过对养老机构的所得税、法人税、固定资产税、不动产取得税等实行减免，鼓励支持社会养老服务供给。日本政府还积极探索使用了政府采购政策工具，从补供方的角色转变为补需方，大大促进了营利性养老机构的发展。由此可见，即使日本的人口老龄化加剧发展，政府财政压力加大，但日本政府仍保持着在社会养老服务中的主导地位。

其次，社会资本是日本养老服务持续发展的必要来源。日本建立的大和证券、富士银行等金融服务机构为养老业融资提供了极大支持。养老金融产品丰富多样，如“以房养老”，日本是住房反向抵押贷款发展较为成熟的国家之一，起初的实行主体只有地方信托银行和部分其他市场主体，进入21世纪后其主体扩展到私有银行和房地产企业，在此模式下，老年人得到年金和医疗资金，银行或企业可使用抵押房产进行资金运作，使双方都获得投资回报。而日本能如此稳定地发展市场化融资的重要基础之一是开展了专业咨询工作，其成立了专业咨询机构为企业或个人提供开发规划、投入意见等，在一定程度上避免了错投、误投等现象的发生。

再次，海外资本是日本社会养老服务持续发展的重要补充。日本的养老服务业由于起步早、经验足、竞争力强，在推进养老服务业国际化发展的过程中具有独特优势，积极吸引资金输入。如美国的国家斯特里特信托银行与日本的三井信托银行合作为日本的养老基金提供保管服务，不仅在一定程度上解决了三井信托银行业务不佳的问题，还为外资进入日本养老市场开通了渠道。

二、日本合作型科技助老模式

合作型科技助老模式在东方国家的智慧养老实践中并不十分普遍，但同样具有诸多可借鉴之处，其代表性国家是日本。日本是世界上老龄化程度最高、进入重度老龄社会的国家。为有效应对老龄化问题，满足老年人的养老需求，日本在制度设计、服务模式、科技支持等方面进行了充分的实践和积极的探索，取得了一系列宝贵经验。

（一）合作型科技助老的制度基础

1. 全民养老金制度和医疗保险制度

日本的养老金制度由公共养老金制度和企业养老金制度构成，旨在为被保险人、退休职工和残疾人、贫困群体等提供福利和社会保障。养老金的管理单位是日本厚生劳动省下的养老金局（Japan Pension Service），主要负责养老金制度的规划与设计。

首先，公共养老金制度是指所有居住在日本的公民（20～60 周岁）都必须缴纳保险费，并将所缴纳费用作为养老金支付给老年人的制度。与我国养老金制度相似，日本养老金制度也是一种“少养老”制度。公共养老金主要包括国民养老金和福利养老金两部分，国民养老金覆盖全体国民，要求凡 20 岁以上 60 岁以下，在日本拥有居住权的公民都必须参加，这部分群体被称为“第一被保险人”（自雇人士）。福利养老金指在参加国民养老金的基础上，企业雇员和公务员等依据不同身份分别加入的保险，这部分群体被称为“第二被保险人”，他们需要缴纳费用为工资的 17.828%，其中个人缴纳 50%，其余部分由公司支付。全职家庭主妇等为“第三被保险人”，其保险费用由福利年金承担，无需个人缴纳保险费。由此，日本通过公共养老金制度，实现了养老金的全覆盖。

其次，企业养老金制度是为保障和改善公民退休后的生活质量，由企业和个人选择性缴纳的养老金制度。企业养老金主要由企业年金和个人年金组成，企业年金分为固定收益年金和固定缴费年金两类，固定收益年金是企业职工年老后获得收入的金额，根据这一金额，可计算当前每月须向保险单位缴纳的保费，这项保费也由企业和劳动者分担。固定缴费年金分为企业型和个人型两类，规定每月缴费金额，但收益主要根据投资的效益决定。全民养老金制度关联的是全民医疗保险制度。面向所有公民（不论贫富）提供医疗保健服务，其费用来源为：50%来自保险费，剩下50%除公民负担一部分外，其他全部由中央与地方政府均摊。而公民负担的比例由政府决定：70岁以下的公民负担30%；70至74岁的老年人负担10%至20%；75岁及以上“高龄老人”负担10%；收入较高的老年人最多支付30%。除此之外，如果公民用新疗法花费超过8 000万日元，也能得到政府大部分补贴。为进一步提高医疗供给，日本地方市政局在每个中学或小学都建立了社区中心，住在附近的老年人可以轻松获取服务。

2. 保障基本养老需求的介护保险制度

在日本，介护保险制度是老年人长期介护必不可少的一项重要的福利性保障制度。介护保险制度的诞生是日本长期应对老龄化问题的重要实践成果。

为保障老年人基本生活需求，日本开始了一系列的实践探索。1963年，日本制定了《老人福祉法》，对设立养老院及老年人就诊护理做了详细的规范。到了20世纪70年代，日本老龄化人口比重达到了7%以上，老年人医疗费用总体支出迅速增大，很多老年人无力承担费用，导致生活水平急剧下降。为解决医疗费用不足问题，改善老年人生活水平，1973年，日本政府推出老年人医疗免费化服务，之后开始为老年人推行短期护理业务，使部分失能老人生活得到保障。到了20世纪80年代，国际国内形势发生变化。国际上中东石油危机使日本经济严重受挫，财政赤字加大。国内日本老龄化水平突破9%，日本普遍遇到了养老和医疗设备供应不足、医护人员紧张、财政不足等问题。为此，日本国会于1982年紧急出台了《老人保健法》。该法在推动日本医疗体制法制化、健全成人病预防机制、形成老年人医疗费共担机制等方面发挥着重要作用。1989 年，日本政府出台了著名的“以居家养老、居家看护为主”的《促进老年人健康十年战略》（也被称为《黄金计划》），该计划指明了日本老年人福利方向和政策实施目标，着力为老年人、残疾人提供健康、和谐的社会和经济环境。到了 20 世纪 90 年代，日本政府继续推广《黄金计划》，并着手引进护理保险制度。1990 年，日本对《老人福祉法》内容进行了修改和补充，将老年人相关福利支持纳入市政和老年人健康计划。1992 年，日本国会修改《老人保健法》的部分内容，增添了老人访问看护制度。1994 年，厚生省设置了老人介护对策本部，开始研讨介护保险制度，并开始制定《新黄金计划》。1997 年，日本通过《介护保险法》，并在 2000 年开始实施介护保险制度。

日本通过介护保险制度，旨在建立长期稳定的介护保障体系，确保老年人能够享受高质量的医疗保健和介护服务，使那些即使失能、半失能的老年人也可以在熟悉的地方或家中过有尊严的、独立的生活。另外，介护保险制度一定程度上也缓解了日本福利性财政支出紧张的矛盾。在介护保险制度中，“介护”一词一方面指在老人衣食住行等方面的长期帮助，另一方面也指医疗、看护、康复训练等方面的援助。介护保险制度要求日本年满 40 岁以上公民必须参保，主要分为两类群体：一类是 65 岁及以上的老年人，被称为第一被保险者；另一类是 40 到 64 岁的公民，被称为第二被保险者。在介护保险享受上，第一被保险者没有限制，均可享受到介护服务，第二被保险者只有患早期痴呆、脑血管疾患、肌肉萎缩性侧索硬化症等规定的 15 种疾病才能享受到介护服务。

在保费来源上，主要由国家税收支付（50%）和个人缴纳（50%）两部分组成。国家税收支付包括中央政府支付 25%、省政府支付 12. 5%、督道府县政府支付 12. 5%。个人缴纳的 50% 中，第一被保险者支付被保险费的 23%，第二类被保险者支付保险费的 27%（其中第一、第二被保险者支付保费按照人口比每三年进行一次调整）。介护保险制度对介护等级有详细的划分，主要从移动、进食、排泄、洗浴、脱穿衣、视听力、修饰、记忆力、情绪行为、工具使用等 10 项（85 小项）标准。

3. 延迟退休和再就业制度

为应对老龄化问题，日本进行了生产性老龄化的充分实践。日本有近610万65岁及以上的老年人继续工作，约占该年龄段总人口的20%。据内务省一项调查数据显示，60岁以上的受访者中有66%表示愿意继续工作到65岁以上。而在实践中，日本《老年人就业稳定法》引入延迟退休制度，规定所有申请人均可工作至65岁。日本还通过一系列政策向没有实施《老年人就业稳定法》的公司施压，推动实现日本公民终生工作。

在政策保障方面，日本政府向企业提供65岁以上老人的就业促进补贴，减少延迟退休和再就业的阻力。除此之外，日本政府在退休员工再就业方面进行了充分的实践探索。一方面为高级退休员工开展职业、人事、银行等业务，通过对高级退休员工信息进行系统整合和分析，将其与相关企业进行有效对接，提高退休员工再就业的机会。另一方面，为了支持一批退休员工重新回到工作岗位或再就业，日本 Hello Work（公共职业介绍所）特别针对65岁以上的年长求职者，设立了“终身有效支持平台”和“继续雇佣奖金”，将重点放在老年人群体就业支持上。与此同时，为鼓励老年人再就业，日本政府将对通过 Hello Work 平台雇用60岁以上员工的雇主，提供特殊求职者就业发展补贴。

在机构设置上，日本保障老年人就业的一个机构是老龄人力资源中心。由于资源和区位优势，老龄人力资源中心能够充分根据当地人力资源需求情况，为老年人提供合适、恰当和老年人能够胜任的工作，特别是一些社区工作岗位，满足老年人对工作距离的要求。未来老龄人力资源中心将积极与各地区合作，充分挖掘日本老年人的工作能力和工作潜力，使更多老年人实现生产性老龄化和积极老龄化。

在老年人教育培训方面，日本政府还通过设立相关机构，为老年人提供技能培训，使老年人即使没有相关技能也能获得求职机会，顺利就业。此外，日本政府关注老年人就业后的培训教育，保障老年人能够胜任所在职位。在就业宣传和舆论引导方面，日本政府号召企业家精神，希望社会，特别是中老年人（40岁以上）敢于大胆创业。政府还为中年人设立“终身积极创业支持补助金”，以补贴创业过程中部分招募员工、教育和培训费用。

（二）合作型科技助老的运作机制

与中国文化传统相似，日本老年人习惯与子女合住，因此传统的家庭养老模式曾经较为普遍。随着社会发展和智能技术的应用，日本家庭在规模、结构、功能、观念等方面发生变化，依靠家庭养老的传统模式逐渐向合作型的科技助老模式转变。

1. 基于综合护理系统的资源整合

在日本，受传统文化影响以及介护保险制度的推行，许多老年人足不出户就能享受到养老服务，因此居家养老是日本主要的养老模式。然而，随着老龄化程度不断加深，现有养老护理队伍已经无法为庞大的老龄群体提供及时的介护服务。而介护保险制度采用“准市场机制”作为服务模式，就会有服务提供者增加过多服务的风险。这使得社区养老优势逐渐显现出来。小规模、多功能的社区养老兼具日托服务、居家上门服务和24小时入住功能，同时还有福利和公益性质，颇受日本老年人欢迎。2012年，日本政府开始正式实施基于社区的综合护理系统。该系统为患有慢性疾病和残疾的居家老年人提供无缝衔接的社区医疗资源（30分钟服务圈），弥补了居家养老模式的不足。从功能来看，基于社区的综合护理系统不仅能够促进医院门诊和住院科的协调，还能整合福利机构、家庭上门护理服务以及邻里互助服务资源。

从结构来看，由于传统的养老机构护理费用昂贵，而且长期护理机构严重短缺，政策制定者仍将以居家养老为核心。因此，基于社区的综合照料系统鼓励家庭、邻里和志愿者为轻度残疾的老年人提供照料，鼓励患有严重疾病或残障的人在家中接受医疗和福利专业人员的护理。而医院和福利机构只有在必要条件下才使用。

2. 基于科技助老系统的多元合作

随着老龄化程度不断加深，日本养老护理队伍日渐紧缺，为弥补人才缺口，日本大力深化科技研究，实施科技养老，逐步探索智能设备、助老机器人在护理服务实践中的应用，利用大数据技术改善护理方案，开发临床支持软件，使日本养老服务逐渐趋于智能化和智慧化。日本依托智能技术优势，打造“30 分钟养老护理社区”，逐步推广小型机器人开展居家养老服务，并探索远程医疗，实施健康管理服务，帮助社区居家老人更好地生活。为推动技术发展，日本经济产业省扩大财政预算，将普及物联网和开发人工智能作为关键目标。除此之外，日本政府还派遣 AI 专家帮助中小企业发展。机器人在日本助老实践中发挥了重要作用。65%的老年人想用机器人提供护理服务。从家庭到社区，从养老机构到各大医院遍布各类助老机器人。广播体操机器人可以带领老人活动身体；运动助理机器人通过摆动机械臂带动老年人活动四肢；喂饭机器人定时帮助失能老年人就餐；用药机器人通过监视居家老年人及时提醒他们吃药；机器宠物 Paro 可以识别温度、姿势和光线，能对动作和声音刺激做出回应，大大减少了老年人的孤独感。

近年来，日本高端智能助老设备研发取得诸多新的成果。譬如松下开发了使用 AI 算法的智能助步器，帮助用户长时间保持站立或移动。Sohgo Security Services 创建了微电子设备 ALSOK，可放在口袋、钱包或鞋子中，跟踪可能从家中或护理机构出走的阿尔茨海默病患者。东京 Shintomi 疗养院设置了 20 多种机器人帮助护理员减轻工作负担，提高老年人护理质量，包括软银的 Pepper、索尼的 Aibo 和 Intelligent System 的 Paro。Triple W Japan 专为失禁者设计了一款名为 DFree 的设备，主要安装于失禁者的下腹部，通过超声波传感器预测患者排尿时间，并通知智能手机系统提醒患者及时排尿等。

在技术研发上，日本政府投入大量资金支持产学研部门合作研发与应用智能技术。东京大学 Koba 实验室 Shenan 机器人护理中心已经能够测试 HAL 结合性能。HAL 可以极大提高老年人自理能力，减少护理人员的工作量。日本财险控股集团（Sompo Holdings Group）未来护理实验室正在开发社会 5.0 系统，使用传感器实现老年人护理的自动化，提高护理安全性。未来实验室开发出许多老年人护理解决方案，如：护理过程中电子健康记录的自动化，包括自动输入体重、温度、电压和饮食数据；智能系统能够帮助老年人了解智能护理床的使用方法，检测老年人睡眠质量；智能护理床可以依照老年人的需求变成椅子或者轮椅，达到多种用途的效果，极大整合了护理空间，节省了老年人的护理费用。

在数据研究、应用与平台构建上，日本取得了宝贵的实践经验。在数据研究上，全民医疗制度和介护保险制度使日本拥有世界领先的医疗保健系统，系统中海量医疗数据经分析后用于疾病、药物开发和副作用研究。海量护理数据将被用于改善护理方案、开发临床支持软件。在数据应用中，东京护理设计研究所与爱知县丰桥市的医疗保健提供者合作，利用 AI 驱动护理管理平台（CDI Platform MAIA）。除此之外，东京护理设计研究院还与斯坦福大学 AI 分公司合作开发优化患者护理计划的算法，帮助老年人长时间保持自理能力。例如：当 AI 认为患者需要体育锻炼或理疗时，会及时提醒患者做出反应。

在平台构建上，病历电子化可以把相关检查结果、用药情况同步存储于云端，去医院看病，医生可以根据云端各种信息，为患者开药治疗疾病，避免重复检查。护士站通过电子屏幕的图像，可观察各个房间中老人睡眠、脉搏、排泄等数据，发生异常情况机器会及时提醒。在上述多元主体合作的智慧养老服务实践中，日本政府始终是最重要的推动力量。日本政府不仅是 AI 和机器人开发的主要支援者，还提供着对与新产业创造有关的创业支持。为支持相关机构研发和使用新技术，日本政府还在逐步放松对涉及长期护理服务的社会福利公司的法律管制，对老年人购买养老科技产品进行大力补贴等。

第五章　我国社会养老服务体系中公共风险和政府责任分析

第一节　公共风险和政府责任理论

一、公共风险理论

（一）公共风险的概念和形成

1. 公共风险的概念

从字面意义上来理解，“公共”指的是大众的、群体的，区别于个别的、少数的；“风险”指的是利益遭受损失的一种可能性。私人风险是指产生私人影响、可以由个人和企业承担的风险；公共风险是指产生群体（或社会）影响、个人和企业无法承担的风险，由政府承担的风险。例如，一个企业面临各种各样的风险，如经营风险、财务风险等，但是如果风险变成现实，遭受损失的只是该企业以及员工，损失范围较小，这种风险是私人风险。但是，当经济危机发生时，成千上万家企业都遭受破产危机，影响到几乎整个国家的经济运行，这就是典型的公共风险。

公共风险具有非常鲜明的特点：关联性、不可分割性和隐蔽性。关联性是指由于主体之间千丝万缕的联系，个体发生风险就可能传导至其他主体，最终可能导致系统性风险的发生，一般具有该特点的风险就可以认定为公共风险。不可分割性是指影响范围的广泛性，对于某个群体中的个人和企业来说，公共风险是不可逃避的，一旦风险变成危机，每个人或企业都会受影响。隐蔽性是指公共风险难以被识别，公共风险的形成过程类似“灰犀牛”这种大概率危机的形式，一开始总是容易忽视量变，最后转化为质变，造成大的灾难。

并非所有公共风险都像经济危机这样影响广泛，笔者认为，只要大众或一个群体的利益具有遭受损失的可能性，就可以称之为公共风险。综上所述，公共风险是指由私人风险异化而来的可能导致公共利益受损的一种可能性，公共风险的影响具有社会广泛性和关联性，因此须由政府出面加以防范和化解。

2. 公共风险的形成

人类社会面临来自自然和社会的双重风险。随着人类社会的进步，自然灾害等自然风险虽然仍然影响人类的生存和发展，但是可控的。来自社会内部的不确定性及由此导致的各种危机对人类的影响广泛、深刻。公共风险作为一种独立的风险形态，与私人风险具有很深的渊源关系。随着私人风险从量变到质变，公共风险形成。在一定程度上，公共风险是一系列私人风险异化而来。研究公共风险的形成过程就是研究私人风险异化的过程。那么私人风险究竟如何异化成为公共风险呢?

风险总是同防范风险的手段一同产生。对于私人风险而言，每一种私人风险都有其相应的防范机制；而当风险机制有效时，私人风险的责任主体就是个人或者企业自身。所谓的责任主体，是说一旦防范风险失败，最终承受损失的主体。在市场经济条件下，市场制度是主要的私人风险分散、转移和化解机制，通过风险与收益相对称的原则，市场将各种风险巧妙地分散在各个主体之间。但是在一定历史时期，风险总是存在的，市场制度只是暂时将风险化整为零。一旦相当一部分个人和企业由于某种原因防范私人风险失败，即出现市场失灵，私人部门无法有效应对危机，以前由个人和企业承担的风险将会重新积聚，风险转移至政府，私人风险转变为公共风险。

个人和企业之所以在承担私人风险中失败，可能的原因有三个：一是风险太大，超出个人和企业的承受范围。二是个人和企业的风险防范能力下降。若风险本身并没有太大的变化，则很有可能是个人和企业自身的防范能力下降。例如家庭在防范养老风险的过程中失败，有可能是家庭结构变化导致劳动力不足或经济水平下降，家庭无法有效提供养老服务。三是市场机制失灵。在一个有效的市场中，风险和收益对称，风险能够在不同风险偏好的主体之间很好地分散和转移。如果市场出现失灵，盲目乐观和过度投机，整个市场规则将会以崩溃的方式重塑，导致风险分担机制被打破，私人主体既没有能力也不愿意继续承担风险。例如美国次贷危机，在房价呈现断崖式下跌的过程中，很多次级贷款者选择逃避还贷责任而将风险转移至社会，这是市场经济的固有缺陷带来的。此外，某些领域只能由政府承担，如国防、外交等，只能由国家主体来提供。

防范私人风险的失败是私人风险变为公共风险的第一步，要转化为公共风险，还需要形成一个较为广泛的社会共识。例如，西方工业化早期的失业风险完全是私人风险，由于经济危机等风险增加，多数公众认为政府应当出面救助失业者，于是救助失业者就变成了社会的事务，私人风险变成了公共风险。社会共识的形成有两种类型：法定的共识和推定的共识。法定的共识一般体现为显性的制度。例如，法律明文规定政府具有防震减灾的义务，当自然灾害发生时，政府应承担公共风险。推定的共识是指虽然没有以法律等形式加以规定，但是群众对某项事务形成了比较一致的认知。例如，法律在一定时期内并没有规定政府对于空巢老人有救助义务，但是当越来越多的空巢老人生存状况出现严重问题时，人们往往寄希望于政府采取措施帮扶救助，即推定的共识。由此可知，私人风险在一定程度上会异化成为影响广泛的公共风险。

在公共风险理论中，政府是防范和化解公共风险的最后一道屏障。一般而言，政策的实施效果会反作用于公共风险。如果政府通过妥善制定政策和安排财政支出，将私人无法承担的公共风险控制在一定范围之内，则公共风险不会进一步积聚和爆发。如果政策无效，这种反作用可能体现为三种形式：第一种是可能带来新类型的公共风险；第二种是使原有的公共风险进一步积聚，扩大危机发生的概率；第三种是没有对风险产生实质影响。可见，政府行为会反作用于公共风险，其中政府的错误行为也是公共风险的来源之一。

综上所述，本书认为公共风险的产生可以划分为两个层次：第一个层次的公共风险是由私人风险异化而来的，可以称之为“原生风险”；第二个层次的公共风险是由政府责任承担不当导致的，可以称之为“次生风险”。公共风险的两个层次产生机理是不相同的。[①]

（二）公共风险的识别

由于公共风险的防范以公共风险的识别为基础，所以公共风险的识别就具有十分重要的意义。如果误将私人风险当成公共风险，就会造成公共资源的浪费，扰乱市场秩序，表现为政府职责的越位；如果将公共风险当成是私人风险而不加以干预，又会错失干预公共风险的良机，导致公共风险扩大乃至爆发，危及群众利益，表现为政府职能的缺位。因此，有必要从方法论上探索如何准确识别公共风险。

本文在识别公共风险的方法上借鉴了刘尚希（2002）在界定公共支出范围时所采用的方法，简述如下。

风险归宿分析法：在市场经济社会，风险的最终归宿有三个，要么是市场，要么是政府，要么是市场和政府共同承担。市场能承担的就是私人风险，需由政府承担的就是公共风险。以此为起点，可以用四个步骤来确定公共支出的范围：第一步，假设所有风险都是私人风险；第二步，评估在没有政府干预的情况下，市场能否妥善处理风险；第三步，根据风险评估结果确定风险归宿；第四步，确定公共支出的范围。

反向假设分析法：其基本逻辑是从现实的反面出发，假设政府放弃某一项支出责任，分析社会福利是变坏、不变或者变好。若是社会福利变坏，表明政府承担的支出责任是恰当的，若是社会福利不变或者反而变好，则表明政府承担的支出责任是越位的。

本文认为，虽然以上两种方法的提出是为了界定公共支出范围，但是稍加拓展，也可以用于界定公共风险的范围。这是因为从公共风险决定公共支

---

① 孙冰怡．我国社会养老服务体系发展与挑战［J］．法制与社会，2020（35）：113－114.

出这一理论出发，要确定公共支出的范围，首先必须确定公共风险的范围。但是值得指出的是，“风险归宿分析法”和“反向假设分析法”实际上是一个问题的两面，第一种方式假设所有风险都是私人风险，其中也包括了已经被认为是公共风险的范畴，与第二种方法在检验范围上有重合。我们不妨在此基础上加以改进，力求在检验范围上做到不重不漏。即用正向假设法来检验现有的被认为是私人风险以及“灰色地带”的部分，用反向假设法来检验现有的被认为是公共风险的部分。其步骤如下。

正向假设法：基本思路是首先假设现有的私人风险都是划分正确的；然后在此基础上进行风险评估，假设政府对私人风险不加干预，该私人风险会产生什么后果；最后根据评估结果进行分类。若该私人风险有积聚的趋势，并有可能带来社会性的影响，说明是公共风险，反之，则是私人风险。

反向假设法：假设现有的公共风险都是划分错误的，即假设当前被认为是公共风险的实际上是私人风险，然后抽离政府的干预，从理论上评估有可能出现的后果。如果抽离政府干预后，该风险没有扩大的趋势且没有社会性影响，则表明该风险是私人风险；反之，则为公共风险。

通过以上两种方式，可以大致将公共风险识别出来。但是如前所述，公共风险的形成与社会公众心理有关，是一个“慢变量”，往往经历量变引起质变的漫长过程，具有一定的主观性和隐蔽性。因此，识别公共风险仍然具有很大的难度。

二、政府责任概念

从政府责任的外延方面来看，行政管理学学者斯塔林已在其著作中进行了较为详细的阐述，主要包括以下六个方面：回应（responsiveness），指政府应该最大限度地照顾民众诉求；弹性（flexibility），指政府应该因地因人施策；能力（competence），指政府的行为应该是正确而有效率的；正当程序（due process），指政府行为应该遵守既定的法律；责任（responsibility），指政府必须为错误的行政行为负责；诚实（honesty），指政府应该最大限度地公开政府信息以便接受群众监督。当然，从不同的角度出发，政府责任的外延还可以扩展。

本书认为，从内涵上来看，政府责任有广义和狭义之分。广义的政府责任是政府应“做正确的事”，即政府应该公平而有效率地满足不同群体的合理诉求，始终以人民的利益为重；狭义的政府责任是指“正确地做事”，即政府行政行为本身应该有利于社会目标的实现，且程序正当。一旦政府的某项政策出现失误，政府和相关人员就应该承担不利后果，同时产生纠正失误的义务。本文的研究范围既包括广义的政府责任，即政府作为公共主体，其应该做的事情和应尽的义务；也包括狭义的政府责任，即政府对自身的政策和行为失误应该承担不利后果和主动进行改革。

但是，以上内涵还只是从表面上界定了政府责任，还应该进一步追问，是什么是决定了政府的责任。当谈到这一问题时，不得不考察国家的起源和本质，因为政府责任实质上是国家本质的外在表现。换句话来说，国家的本质决定了政府的责任。

美国学者乔纳森·哈斯在论述国家起源的时候，将各种国家起源理论分为三类。其中，融合论的核心思想与社会契约论不谋而合。该理论认为，之所以会出现政府，是因为人类的天性决定的。面对恶劣的自然环境和激烈的生存竞争，人们愿意将自己的权利让渡给一个高于个人的组织——国家，从而从一个有秩序的社会中获益。而冲突论认为，国家的出现是为了解决不同阶层之间不可调和的矛盾冲突。马克思、恩格斯关于国家起源与本质的学说是冲突论的代表，其中心思想是社会分工带来私有制和阶级划分，进而引起阶级矛盾与斗争，为了维持社会秩序或者统治，于是产生了国家。第三种是折中论，即融合论和冲突论的调和。融合论和冲突论下的政府责任是不同的。在融合论下，政府的责任是基于社会契约履行合约义务，即在接受权利让渡的同时保护每一个权利让渡人的合法权利，具体体现为维护社会安宁，提供令人满意的公共产品（服务）等责任；而在冲突论下，国家的起源是一个阶级对其他阶级的统治，那么政府首要的责任就是维护本阶级的统治地位。

虽然根据不同的国家起源理论可以分析得到不同的政府责任内涵，无论是融合论还是冲突论，其基本的逻辑起点都是为了应对人类社会的矛盾冲突和自我毁灭的风险，所不同的是融合论是通过社会契约的方式规避风险，冲突论以暴力统治的方式建立社会秩序。换句话说，尽管方式不一样，但是建立国家的根本目的是一致的—都是为了防范化解公共风险。

刘尚希（2002）从人类社会组织的演进来分析，也得出相同的结论。为了防范自然风险，人类社会从群居到自发形成最初的原始公社制度，第一次有了防范自然风险的制度安排；随着生产力提高和分工的进一步发展，社会出现阶级分化，矛盾冲突增加，战争等社会公共风险威胁到人类的生存和发展，于是出现了国家机器。因此，历史地看，组织、制度以及国家都是人类在进化过程中自发形成的防范化解公共风险的机制安排。既然国家的本质是防范化解公共风险的最高的制度安排，那么作为国家机器的政府，其天然的责任就是防范和化解公共风险。可以说防范化解公共风险是政府存在的合法理由。从不同的角度分析政府责任可以得到不同的结论，本书主要采取了公共风险的视角。

三、公共风险与政府责任的关系

（一）政府是公共风险的最终承担者

“政府是公共风险的最终承担者”包含两个含义：其一是防范化解公共风险是政府不可推卸的责任，其二是政府只承担“最终”风险。政府的职责是化解公共风险，并不代表着政府要大包大揽承担所有风险，政府是公共风险的最终承担者。为什么政府是公共风险的“最终承担者”？本书认为这是由政府的责任和公共风险的性质所共同决定的。首先，从公共风险的起源来看，它是私人风险异化的结果。公共风险的产生是由于个人和市场化解私人风险失败而引起的，是市场无法承担的风险。因此，公共风险本身就具有“剩余风险”的特性。在市场配置资源和防范私人风险的效率优于政府的假设前提下，政府要做的就是市场不能做的和不愿做的事情。其次，对于政府而言，在一个既定的制度框架内公共风险不能被转移。因为风险转移是在不同主体之间进行的，否则就失去了意义，如果不考虑国家与国家之间的风险转移，一个国家只有一个中央政府，自然没有转移风险的对象。当然，政府还可以通过新的制度安排，将公共风险重新分散到个人或者企业中，但是这种做法仍然没有摆脱“兜底”的责任，因为一旦个人和企业防范化解风险失败，风险又回到了政府。

必须指出的是，政府对公共风险承担责任的大小也与制度选择有关系。我国在计划经济时期，政府几乎包揽一切，“国家办企业，企业办社会”，私人风险一层一层无障碍地上升为公共风险，政府几乎承担所有风险。随着改革开放和市场经济制度的确立，这种附属关系逐渐被打破，个人和企业成为独立的风险承担主体，政府承担个人和企业承担不了也不愿意承担的“剩余风险”。历史经验表明，市场经济本身就是转移分散私人风险最好的制度安排，而“政府是公共风险的最终承担者”这一结论，就是在市场经济这一基本制度前提下提出来的。

（二）政府责任承担反作用于公共风险

公共风险与政府责任的关系是双向的。一方面公共风险催生了组织和制度的变迁，决定政府应该承担何种责任；另一方面，政府履行防范化解公共风险责任的好坏又会反作用于公共风险。这种反作用体现为正面和负面两个方面。从正面作用来说，政府承担责任越好，越有利于防范化解公共风险。具体而言，合理的目标确定、科学的政策制定、有力的制度执行、平衡的风险分担机制都有利于公共风险最小化目标的实现。从负面作用来说，政府承担责任失败，将会推动公共风险朝着不利的方向发展。本文着重探讨的是负面作用。本文认为，政府承担责任失败对公共风险的负面作用既可能表现为使现有的公共风险进一步扩大化，也可能表现为产生新的公共风险。

政府承担责任失败有可能导致现有的公共风险扩大。在政府不加干预的情况下，公共风险本身就具有“传染性”和自动积聚扩大的特点。最典型的例子就是传染病的流行，例如，十四世纪中叶在欧洲爆发的“黑死病”，使欧洲人口的三分之一死于疫情。再例如经济领域的公共风险—经济危机的周期性爆发，如果没有政府的干预，势必造成大量失业、贫穷和社会动荡，严重的还可能带来战争危机。正是因为政府积极履行政治、经济、文化、社会等各种职能，各个领域的公共风险才被遏制。

此外，政府承担责任失败还有可能带来新的公共风险。所谓新的公共风险，是指在原有风险的基础上衍生出来的风险，很大程度上是政策的负面效应甚至是错误的政策带来的。新的风险可能是同类型的公共风险，也有可能是其他截然不同的公共风险。举例来说，政府在应对经济停滞和失业加剧的经济风险时，如果没有采取正确的措施，则很有可能把经济引向通货膨胀风险，从而造成滞胀的局面。可见，政府不仅应该积极承担责任，还应该以正确的方式承担责任，否则很有可能产生新的“次生风险”。

第二节　社会养老服务体系中公共风险的第一个层次

养老服务体系中公共风险的第一个层次是“原生风险”，是私人风险异化的结果。研究养老服务体系中的原生风险，就是要考察个人的养老风险转化为公共风险的渐进的历史过程。本节将通过大量事实和数据来分析原生风险的产生过程，并详细描述公共风险可能呈现出来的表现形式。在此基础上，通过“正向假设法”进一步分析原生风险可能带来的社会影响。

一、养老服务体系公共风险的来源

个人养老风险转化为公共风险，有自然原因，也有社会原因。在我国，个人的养老风险转化为公共风险，至少有以下六个方面的原因。

（一）老龄人口基数大、老龄化速度快

老龄人口基数大和老龄化速度快是养老服务体系中公共风险的主要来源。2015 年底国家统计局统计的 60 岁及以上老年人口数为 2. 31 亿，占总人口的比例为 16. 70%。中国市长协会主办，国际欧亚科学院中国科学中心承办的《中国城市发展报告（2015）》预测，2050 年老年人口总量将超过 4 亿，意味着每三个人中就有一位老人。其中，80 岁及以上的高龄老年人口占老年人口总数的五分之一。从 2051 年到 2100 年，我国将成为世界上老年人口最多的国家。

同时，我国的人口老龄化非常迅速，2007 年至 2016 年 60 岁及以上老年人口的年平均增长量为 774. 6 万人，年均增长率为 4. 17%。即使在 2016 年全

面放开二胎的政策刺激下，60 岁以上人口的增长率仍然保持 4.51% 的高位，老龄化速度超过人们的预期。

（二）人口结构显现“少子老龄化”现象

所谓“少子老龄化”，实际上是指人口结构的不健康。我国从 2007 年以来的人口出生率基本稳定在 12% 左右，即使在放开二胎后，人口出生率也没有出现大幅度提高。随着人们生育观念的转变，优生优育已经成为共识，但是老龄人口的增长速度却没有放缓。据预测，我国人口结构将由“正三角形”转向为“梨形”，金字塔顶部高龄人群扩大，底部儿童和青年人群不断萎缩，这正是“少子老龄化”的体现。从国际经验来看，“少子老龄化”给日本社会带来了严重的社会发展危机。当前，我国也正在面临类似的社会情况。

（三）人均寿命延长和特殊老年群体增加

人口平均寿命延长，高龄老人增多，但老人群体健康状况堪忧，失能失智的老人有所增加。人均寿命是影响老龄化的重要因素，在人口总数不变的情况下，人均寿命越高，老龄化程度越高。从国际经验来看，人均寿命越高的国家也是人口老龄化越严重的国家，例如人均寿命最长的日本，其人均预期寿命为 83.4 岁，与此同时日本也是全球排名第二的超老龄社会国家。由于医疗条件的不断完善，我国居民人均预期寿命由 1981 年的 67.9 岁升为 2017 年的 76.7 岁，随着社会进步，居民人均预期寿命还有进一步上升的空间。人均预期寿命增长和高龄老人数量增加，体现了社会的进步，但是也对养老服务提出了更高的要求。

首先，高龄老人子女数有下降的趋势。子女数的下降带来的直接结果就是家庭养老服务的供给减少。其次老年人健康问题较严重，很大程度上增加了养老服务的供给压力。

特殊老年群众中，空巢老人所占比例较大。农村空巢老人不仅比城市空巢老人数量更多，而且由于农村居住分散等原因，其生活状况更加不容乐观。空巢老人是人口迁徙和“半城市化”的产物。

（四）家庭的养老服务提供能力下降

家庭是社会结构中的最小单元，也是养老服务的一大支柱。从家庭的起源来看，人类组成家庭不仅是为了繁衍后代，更是为了获得家庭成员的保护以抵御各种风险，家庭构成了人类防范风险的第一道防线。不论时代如何变迁，家庭成员始终是个人养老服务最重要的提供者，从养老的经济基础、看护照料到精神慰藉，无不是主要由家庭成员来提供的。但是，当前家庭的养老服务能力以及养老意愿都有被削弱的迹象。

1. 家庭小型化和结构简化

家庭小型化和结构简化成为趋势，使传统的家庭养老服务丧失空间便利和人力资源支撑。作为养老服务最主要的提供场景，家庭扮演着不可替代的作用；在一个三代同堂甚至四代同堂的大家庭，子女对老年父母的赡养服务往往是能得到保障的。这类家庭往往是大型家庭，成员生活在一个共同的环境里，家庭代际关系较为和谐，为家庭养老服务提供了生长的土壤；与之相对的是一代户和二代核心户，由于家庭成员之间分散居住，代际关系较为松散，传统的孝道文化较难发挥作用，“常回家看看”是对这一现象的生动写照。①

2. 老年抚养比和总抚养比较大且呈递增趋势

家庭负担日益加重，独生子女的养老压力尤其大，导致许多家庭对提供养老服务力不从心。抚养比从总体上反映了劳动人口对非劳动人口的供养能力，抚养比越大，劳动人口的压力也就越大。事实上，平均以后的数字并不能完全真实地反映部分劳动人口的抚养压力，例如，在一个“4－2－2”结构的家庭中，其实际抚养比可能为2个劳动人口抚养6个非劳动人口，如果没有养老服务体系的帮助，越来越多家庭将难以提供令人满意的养老服务。

3. 传统孝道观念日益淡化

当今社会老龄化进一步加深，孝道文化受到外来文化和客观现实的冲击。

① 翟付奇，张朝林．社会养老服务体系下的老年社会工作本土化思考［J］．教育现代化，2019，6（72）：269－270.

文化道德观念属于上层建筑，其变化遵循经济基础决定上层建筑的基本规律，因此社会生产力进步必然会对文化道德观念产生冲击。中国的“孝文化”受到外来文化多元化的冲击。在中国古代社会，孝道是非常重要的伦理道德，例如汉代以孝治天下，宋代“孝”居“八德”之首。孝文化是华人所特有的文化，在国外并没有孝顺父母和养老的文化根基，随着生活方式的变化和文化观念的多元化，人们对孝顺的理解正在发生改变，养老的意愿也在逐渐弱化。而且正向激励不够，不孝成本很低。虽然从立法层面明确规定了子女赡养老人的义务，但是在执法层面，由于老人不懂法律、顾及亲情等因素，实际上通过诉讼解决不孝顺的案子不多；同时，在居住分散化的情境下，社会舆论的监督作用也有限，因此不孝顺父母的行为得不到应有的监督和惩罚。综上所述，传统的孝道日益淡化，部分人的养老意愿不强烈，而要进一步将养老推向社会化。

4. 老年人购买力不足

养老服务体系包括服务供给体系和资金供给体系，资金供给体系对服务供给体系具有拉动作用。当前我国养老服务的资金供给体系较为薄弱，老年人收入来源单一，收入水平普遍不高，导致对养老服务的有效需求不足。2014 年，我国城镇老年人年均收入为 23 930 元，仅仅略高于全国最低工资标准；而农村老年人年人均收入则仅为城镇老人的三分之一，约为 7 621 元。老年人的收入来源可以分为养老保险、自有资产（包括房产、存款、理财等）、子女供养、再就业工资、政府补贴等。

首先，作为老年人重要收入来源之一，养老保障的保障力度有限，主要体现在以下几个方面：一是养老保险的覆盖面不够大，仍然有部分老年人缺乏养老保险的保障。第二，养老保障体系的结构不合理。我国的养老保险体系是“三支柱”体制，但是在“三支柱”体制中又呈现出基本养老保险“一枝独大”的特点。据统计，2016 年我国企业年金参与企业仅有 76 298 家，参与职工人数 2 324 万人，积累资金 11 074 亿元，仅占城镇企业总数的 7% 左右。补充养老保险和商业养老保险滞后，影响了我国养老保障体系的可持续发展。第三，基本养老保险条块分割，导致不同制度覆盖人群的养老保险待遇不公平。我国的基本养老保险制度可以分为三类：其中企业职工基本养老保险建立时间长，保险金结余多，但是待遇相对较低；行政事业单位职工基本养老保险2015年开始建立，建立时间短，但是行政事业单位职工的月平均养老金是企业职工的两倍左右，差距较大；城乡居民基本养老保险大部分依靠财政补贴，这也导致制度的不公平带来结果的不公平。第四，基本养老保险替代率较低。

除了养老保险，老人主要的收入来源是个人资产、子女供养和政府补贴。个人资产方面，大部分老年人的主要资产是房产，但是由于多种原因“以房养老”的实行情况有待加强。此外，对于总抚养比很高的独生子女家庭来说，对老年人的经济供养十分有限。而政府补贴的对象往往是“三无”老人、“五保”老人等特殊困难群体。

二、养老服务体系的公共风险的识别

前面列举了养老领域公共风险的六种具体表现，这些风险表现究竟会带来何种养老服务体系的公共风险呢？这有待进一步的分析。前文分析了公共风险识别的两种方法：正向假设法和反向假设法。其中正向假设法用于识别政府的“缺位”，反向假设法用于识别政府的“越位”。当前，人们对养老服务体系中的公共风险并没有形成共识，而是更多地将其视为私人风险，因此，应该用正向假设法加以分析。

“正向假设法”的基本思路是：首先假设现有的私人风险都是划分正确的；然后在此基础上进行风险评估，假设政府对私人风险不加干预，该私人风险会产生什么后果；最后根据评估结果进行分类。若该私人风险有集中的趋势，并有可能带来社会性的影响，则是公共风险，反之，则是私人风险。根据“正向假设法”的思路，我们分三个步骤来检测养老服务体系中的风险性质，具体分析如下。

步骤一：前提假设。假设养老服务体系中的风险都是私人风险，政府除了履行基本的管理职能，既不进行养老服务供给体系建设，也不加强养老资金体系的建设，将所有风险分散给个人、家庭和社会，由市场自主建设养老服务体系。

步骤二：风险评估。假设完全由个人和市场来应对养老风险，会产生什么后果。本书认为，由于养老服务体系的准公共服务属性和我国养老服务市场的弱质性，若将建设养老服务体系的艰巨任务交给私人部门，短期内是无法建成一个完善的养老服务体系的。如果没有一个完善的养老服务体系作为支撑，在当前老龄化越来越严重的背景下，至少将会产生三个方面的风险，即社会风险、财政风险和经济发展风险。

步骤三：结果分析。由于私人部门无法建立起有效的养老服务体系，随着人口老龄化和少子化越来越严重，家庭结构变化和社会文化变迁，个人和家庭在提供养老服务方面出现了一些自身无法有效应对的困难。养老服务体系下的私人风险具有扩大并逐渐发展成为社会风险、财政风险和经济发展风险的趋势。该种风险具有群体性的影响，是个人、家庭所无法化解和承担的，说明该种风险已经具备了公共风险的特征，只能由政府出面加以干预。

（一）社会风险

随着年龄增长，人体的各项机能逐渐退化，在没有其他人的协助的情况下，很多老年人正常生活受限，对患有疾病的老年人来说更是如此。我国以往流行的“养儿防老”事实上就是对养老服务的提前准备。但目前，家庭养老服务提供能力下降，家庭养老服务受到多重困难。另一方面，我国的老龄化速度加快，老年人的收入来源少，购买力不足，“收费的”养老服务对于大多数老年人来说存在一定困难。有的学者指出，事实上难以存在养老服务市场，因为既有购买意愿又有支付能力的有效需求较低，而市场最重要的要素之一就是有效需求。总之，如果完全依靠个人和市场提供养老服务，老年人得到的有效照顾受限。

从另一个角度来说，养老服务体系不仅是对当前老龄人口的保障，也是对每个人的保障，这是因为人人都要养老，人人也都会变老。大多数年轻人都有照顾老人的现实义务，因此他们也是养老服务体系的受益者；加之，我们无法预测在迈入老年期后将会遭遇什么样的风险，因此从概率上来说每个人都有可能成为养老服务体系的受益者。正因为养老服务体系关系到每个人的现在和未来，如果养老服务体系缺失，就意味着全体人民的公共福利有了遭受损害的可能性。

其次，如果部分老人出现生存困难，难免会进一步衍生出其他相关社会问题。实际上，有些问题在当前社会已经初露端倪。我国当前还没有进入人口老龄化的高峰时期，若没有完善的养老服务体系，将不利于社会稳定发展。国外的经验或许值得我们深思：即便日本是世界上养老服务体系最完备的国家之一，在超老龄化社会现象冲击下，其社会问题依然十分严重。随着我国的老龄化程度加重，社会风险可能呈上升趋势。

（二）财政风险

站在一个更长远的角度分析，养老服务体系中的公共风险还会转化为财政风险。这是由于政府是公共风险的最终承担者，即使政府现在不承担支出责任，在将来的某一时刻仍然要“兜底”。换句话说，养老服务体系中积累的问题最终要由财政来“买单”。

借鉴汉娜所提出的“财政风险矩阵”来分析这个问题。政府在养老服务支出方面既有法定的确定性支出责任，也有推定的或有支出责任。法定的确定性支出责任的“历史欠账”和隐性的或有财政支出责任带来了财政支出的不确定性，最终导致财政风险。

从法定性的角度来看，政府承担的支出责任和义务可以分为两种：法律规定的显性责任和群众推定的隐性责任。我国的《老年人权益保障法》明文规定了老年人具有享受养老服务的权利。从这个层面上来说，建设社会养老服务体系是法定的政府责任。但是，目前我国部分地区养老服务体系缺乏完善的财政保障。另外一种是推定的支出责任与义务。当大多数人民期望政府应当有某项作为或不作为的时候，政府很难拒绝，这就是推定义务。民众在面临自身无法解决的公共风险时，唯一能求助的就是政府，自然将这些风险推定给政府。如果养老变成很多个人和家庭无法应对的风险，人们将眼光投向政府，造成政府潜在的支出责任和义务。此外，随着社会经济发展，社会福利水平具有向下刚性，即只有上升的空间而没有下降的余地，人们对政府提升养老保障水平的愿望越来越强，这也是推定支出责任的一部分。

从确定性程度来看政府的支出责任和义务，也可以将其分为两类：一类是确定性支出，如教育支出、国防支出等；另一类是或有性支出，只有在一定情形下才会发生，即支出责任发生与否关键看其特定条件是否满足。养老服务支出责任具有很大的不确定成分，首先是农村和城市、西部与东部地区的养老服务存在差异，补齐养老服务的短板成为政府的或有支出责任。其次，政府应该在养老服务体系中支出多少、在什么时间段支出等关键问题，还受经济结构、社会结构和社会心理变化的影响；而其中的社会心理变化不仅重要，而且难以准确预测，这进一步增加了财政支出的不确定性。

（三）政策落实不到位催化的经济风险

养老问题不仅仅影响民生，也会影响经济发展。首先，在一个良好的养老服务体系下，老年人能够从市场上购买养老服务，不仅带动了部分人员就业，而且分担了子女的养老服务负担，有利于发挥各类人才的比较优势，充分利用人力资源。

然后，老年人对养老服务的需求是内需的重要组成部分。由于我国养老服务市场还不够成熟，如果没有政府主导建立起养老资金供给体系，就难以形成庞大的养老服务有效需求；如果没有政府对养老服务企业的扶植和监督，也很难形成高质量的养老服务供给。换个角度说，由于养老服务市场的弱质性，如果没有政府主导，则很难建立起来有效的养老服务市场，从而造成潜在的经济利益流失，也是经济发展风险的体现。

以上便是通过“正向假设法”对养老服务体系中的原生风险的识别。实际上，次生风险的识别与原生风险的识别大致相同，因此，本书在分析养老服务体系中公共风险的第二个层次时，并没有提出新的公共风险表现形式。本章节对原生风险表现形式的识别同样适用于后文对次生风险的识别，后文将不再赘述。

第三节　社会养老服务体系中公共风险的第二个层次

通过前文的分析，可以得出结论：在养老服务体系中确实积聚了公共风险。按照公共风险理论，在面临公共风险的情况下，政府应该在及时识别公共风险，通过制定政策或者变革既有的制度，防范公共风险的继续积聚和蔓延。虽然养老服务体系中的公共风险在一定程度上被认识到，我国老龄事业和养老体系建设也取得了很大的进步，但是仍然存在以下问题。

一是风险意识仍然不足，认识不统一。我国养老服务体系中的巨大公共风险还没有成为广泛共识，很多地方政府并没有将其放在政府工作的重要位置。二是“雷声大，雨点小”。虽然养老服务体系建设受到了中央的关注，但是地方养老服务体系需进一步加强，且支出数量有待提升。三是政府缺位、错位问题比较严重，很多政策落实不到位。

伴随着人口老龄化的加剧，公共风险还有进一步蔓延的可能性。在此背景下，养老服务体系中第二层次的公共风险就产生，称之为“次生风险”。如果说“原生风险”的发生不以人的意志为转移，那么“次生风险”主要是政府在应对“原生风险”的作为不当或者不作为过程中导致的。换言之，如果政府能够找准应对“原生风险”的时机，妥善地制定相关政策，合理地分散和转移风险，就能将风险装进“瓶子”里；一旦政府错失最佳时机或者政策不当，风险的“瓶子”就会被打破，导致风险积聚、扩大和爆发。

一、主体风险分担机制不合理

养老服务体系是由个人、家庭、企业、政府和社会共同组成的体系。恰当地界定每个角色的风险和责任，对养老服务体系的有效性和可持续性具有至关重要的作用。[①] 一般而言，市场能够针对私人风险自发地形成风险分担机制，但是由于人口老龄化带来的风险具有公共风险的特征，市场难以自发形成风险分担机制，因此政府应该以主导者的身份，用制度等影响和改善整个养老服务体系中的风险分担机制。在当前养老服务体系的风险分担机制中，政府职能边界不清晰，市场力量呈现“弱质性”特点，说明责任和风险分担不平衡，整个体系较为脆弱，难以应对即将到来的重度老龄化，亟须重新加以调整。

---

① 胡宏伟，蒋浩琛. 我国基本养老服务的概念阐析与政策意涵［J］. 社会政策研究，2021(04)：16－34.

（一）政府职能边界不清晰

正因为政府在养老服务体系建设中占据特殊的主导地位，故而构建风险分担机制的首要问题就是理清政府自身的职能边界，否则极有可能塑造出一个畸形的机制。在确定政府职能时，政府具有双重身份。作为经济主体，政府同企业、个人具有平等的法律地位；作为公共主体，政府是群众利益的保护者和市场的监督者，因此其公共行为体现社会公平正义。政府在养老服务体系中应该更多地以公共主体的身份从事活动，承担制定政策、监督实施和“兜底”的职责。但是，当前政府职能边界不清晰，其突出表现如下。

1. 法律法规有待进一步完善与提升

作为公共主体，政府最重要的职能之一就是制定和实施政策，其实质是将达成共识的风险分担机制以权威的形式相对固定下来。可以说，制定和实施政策是政府防范化解公共风险最重要的工具，也是政府最重要的责任之一。当前养老领域的政策多为决定、意见、通知等行政法规和部门规章，效力不高；且多采用动员性政策，强制性不足。其次，养老服务体系建设逐步改进，配套政策有待进一步完善。第三，养老服务事权分散、缺乏协调性和顶层设计。最后，养老服务政策需进一步提升公平与效率。

2. 行业标准需进一步完善

维护市场秩序、保护老人合法权益是政府的重要责任。养老服务行业是高风险的行业，其服务对象是体弱的老年人甚至是失能失智老人，如果没有统一的规范，可能会出现服务质量得不到保证、老年人权益得不到保障、风险责任不清晰等问题。为了更好地促进行业健康发展，市场应该进一步建立完善的行业标准，指导企业改善服务，从制度上规范养老服务市场，避免出现虐待老人、服务质量低下等市场乱象。

3. 养老服务事业和产业混同

正是由于缺乏对政府双重身份的理论认识，在养老服务体系中出现了对养老服务产业和养老服务事业的混同。政府作为公共主体，应成为养老服务事业的主要提供者和养老服务产业的市场监管者和维护者；政府作为经济主体，在经营养老服务事业时应在保证其公益性的同时提高产出效益。养老服务事业应该体现社会公平正义，是政府“兜底”责任的体现。具体来说，养老服务事业应该着重关注两个问题：一是为特殊困难老年群体提供养老服务；二是为所有老年人提供最基本的养老服务。养老服务产业应该以市场为主体，其定位是中高端需求。部分地区在实际工作中没有区分养老服务事业和产业，出现财政出资兴办养老服务事业为富裕老年人锦上添、特殊困难老人得不到照护、养老服务产业以政府为主体等不合理现象。

（二）家庭风险负担过重

无论是“9073”养老模式，还是“9802”养老模式，在政府的顶层设计中，家庭承担了养老服务的绝大部分责任。这一制度设计实际上是发挥了我国家庭养老的优良文化传统，将隐性制度上升为显性制度，企图将养老风险控制在家庭范围内。正是因为丰富的文化资源和社会资源，政府的养老服务负担大为减轻。政府如果一味强调家庭在养老服务中的责任，而忽视家庭养老供给能力提高，容易导致养老风险从家庭转移到政府。近几年出台的个税改革规定：纳税人赡养60岁（含）以上父母的，按照一定标准定额扣除；纳税人为独生子女的每月扣除额度2 000元。

（三）养老服务企业“弱质性”

在“三支柱”养老服务体系中，企业是重要的养老服务提供者。目前，企业不同程度地参与了养老服务，其中私营居家养老服务企业发展较好，私营社区养老服务企业次之，私营机构养老服务企业发展最为欠缺。大部分私营养老机构微利甚至亏损，不同程度地依靠政府建设补贴和运营补贴。财政补贴政策决定这些企业的生存状况好坏，充分说明市场力量的“弱质性”。①

养老服务企业的“弱质性”主要是老年消费群体的低消费能力造成的。一个蓬勃发展的市场，首要的因素是有效需求充足。我国养老服务资金供给

① 庞庆泉，许世华，石龙，黄贤昌，李悦，黄嘉嘉，赵云. 农村医养结合养老服务发展中的政府责任：基于需求溢出理论的研究［J］. 中国卫生事业管理，2022，39（04）：296－300.

体系不够完善，养老保险不断发展中。例如，政府的现有扶持政策影响市场机制，大部分养老服务企业的主要利润来源为“政府补贴”而不是消费者的直接付费，市场选择机制难以发挥作用，还会使得企业产生道德风险，失去改善服务质量和降低运营成本的动力。在此背景下，即使源源不断地投入补贴，企业的服务能力也很难快速提高。

二、政府事权划分不合理

（一）养老服务事权过度下移

建设养老服务体系是中央与地方共同事权，但是实际上县乡基层政府承担了养老服务体系建设的大部分事权，而省级政府和中央承担的事权相对较少。相关研究表明，2006 年到 2014 年，中央财政投入的养老设施预算内基建资金占三分之一，来自地方财政的投入占比三分之二。这种事权划分格局是与外部性、信息复杂程度、激励相容“三原则”相适应的。外部性原则主要考虑公共服务的受益范围，全国性公共产品的受益范围是全国人民，应由中央政府来提供；反之由地方政府提供。从外部性来看，地方养老服务体系的主要受益者仍是地方群众，正的外部性很小，因此应由地方政府提供养老服务。信息有效原则是为了节约公共产品（服务）的提供成本，由最了解群众需求、偏好等信息的层级政府来提供公共产品（服务）。地方政府当然更加了解当地群众对养老服务的需求和偏好，由此看来，也应由地方政府来提供养老服务。最后是激励相容原则，地方政府努力建设养老服务体系，不仅出于政绩和满足辖区人民诉求的需要，而且也能实现整体利益的最大化，因此满足激励相容原则。

但是，应该注意到事权划分“三原则”是“效率原则”，是在事权划分中借鉴了市场机制的原理，而市场配置资源往往会出现“市场失灵”，以市场原理来划分政府事权同样会出现失灵。在养老服务领域，事权过度下移至少会产生两个问题。一是养老服务的城乡差距和地方差距过大，这是将养老服务体系建设划分为地方事权必然会出现的结果。我国的经济发展呈现出城乡二元化和东、中、西部递减的特点，如果将养老服务的事权和支出责任主要归为地方政府，缺乏中央政府的统筹，只会导致各个辖区内的养老服务水平与其经济发展水平不一致，必然也会呈现出养老服务城乡差异和地区性差异巨大的特征。二是县乡政府超负荷运转，财政比较困难。基层政府几乎覆盖了整个政府事权范围，在养老服务领域的人力、财力和物力投入受到其他刚性支出的挤压，贫困地区的基层政府更是捉襟见肘。可见，现行养老服务事权的划分虽然体现了“效率原则”，但是很大程度上忽视了防范公共风险的必要性。

（二）部门事权碎片化

在中央层面，我国的养老服务职能分散在二十多个职能部门中，存在条块分割、多头管理现象。民政部承担了养老服务体系建设的主要职责，包括保护老年人权益、提高老年人社会福利、提供财力保障、制定相关法规政策等；国家发改委统筹养老设施基本建设；科技部研究、制定老龄问题及老龄化社会的科技应对策略；司法部向老年人提供法律援助；人力资源和社会保障部研究拟定机关企事业单位离休退休政策法规、养老保险政策法规并组织实施；自然资源部（原国土资源部）负责为养老设施建设提供用地保障；住建部指导监督老年人设施的建设和维护；商务部管理和监督家政服务业提供养老服务；文化和旅游部负责老龄人的文化工作。虽然各部门所负责的工作各有侧重，但是同时由多个部门来管理老龄事务，存在一些弊端：一是增加了“交易成本”。交易成本的理念不仅对私营部门适用，对公共部门同样具有适用性。多个部门同时负责为老龄群体提供服务，增加了沟通协调成本；在部门利益固化的极端情况下，部门之间不配合、相互拆台等可能会导致交易成本变高。二是职能交叉重叠，相互推诿扯皮。社会心理学研究表明，当责任主体增多时，每个责任主体感受到的责任越小，并倾向于把责任推给别人，导致责任的分散，这就是“责任分散效应”。社会养老服务体系建设是共同事权，“责任分散效应”较为明显，不利于公共风险的防范，最终利益受损的是老年群体。

最后，养老服务体系建设缺乏强有力的牵头部门。尽管有全国老龄工作委员会主管全国老龄工作，但由于其性质是议事协调机构，缺乏必要的编制安排、财力保障，只能通过协调其他部门推动养老服务体系的建设，效果一般。民政部虽然承担了较多的养老服务职责，但是还有相当一部分职能分散在其他职能部门中。

三、基本养老服务均等化责任缺位

在过去的一段时间内，我国沿着“先富带动后富”的路径发展经济，取得了很大的成绩，但是也因此带来了地区间和城乡间发展不平衡、收入差距扩大等问题。基本公共服务均等化作为社会矛盾的“缓冲器”，是政府为化解贫富差距扩大这一公共风险的所出的制度安排。老有所依、老有所养是每个公民最基本的权利，因此基本养老服务是基本公共服务的重要内容之一。推动基本养老服务均等化是推动基本公共服务均等化的应有之义。在基本养老服务领域中积极推进均等化，不仅能缓解发展不平衡的公共风险，还能化解人口老龄化所特有的公共风险。从国际经验来看，经济越发达的地区老龄化程度越严重，而我国的情况却并非如此。代表经济发达程度的人均国民生产总值曲线与人口老龄化曲线并没有很好地拟合，很多经济不发达的省份老龄化程度相当高，如四川、安徽、广西、贵州、湖南、甘肃等省份，65 岁及以上年龄人口占本省常住人口的比例均高于 9%，部分地区已经接近 14% 的深度老龄化水平。造成这一现象的原因是城乡二元化、区域经济发展不平衡带来的劳动人口迁徙和人口结构改变。人口老龄化率是一个地区老年人口与常住人口的比值，由于经济发达地区吸引年轻人前往，其常住人口增加，而落后地区则出现人口净流出，成为老龄人的归宿，导致经济落后的地区老龄化程度加深。加之政府提供基本养老服务的能力与其财力相对应，落后地区的政府财政收入往往有限，在没有外力支持的情况下，导致基本养老服务有所欠缺。由此出现“三区叠加”的现象：经济落后地区、老龄化严重地区、基本养老服务缺失地区重合，公共风险被加倍放大。

（一）基本养老服务供给区域失衡—四省（市）的案例分析

本文选取了北京市、江苏省、湖南省和陕西省作为案例分析的对象，以上分属于不同的地区，其中北京市、江苏省属于东部地区；湖南省属于中部地区；陕西省代表西部地区；这对于客观比较东、中、西部地区的基本养老服务供给水平提供了比较有力的支撑。2016 年，北京市、江苏省、湖南省和陕西省的 60 岁及以上年龄人口占比分别为 24.10%、22.10%、17.17% 和 16.24%，65 岁及以上年龄人口占比分别为 16.10%、15.01%、11.41% 和 10.36%，可见以上都是人口老龄化的地方。同时，北京市、江苏省、陕西省被认为是积极主动落实养老服务业政策、养老服务体系建设成效明显的省（市），从而消除了四省（市）主观努力程度的影响，使其更具有可比性。

首先从机构养老服务供给来看，呈现出两个特点：一是北京市和江苏省的每千名老年人口拥有养老床位数高于湖南省和陕西省，说明东部地区的机构养老服务供给数量明显高于其他地区。二是发达地区更加注重利用社会和市场的力量提供养老服务，而落后地区仍然以政府供给为主。北京市和江苏省的民营养老机构的比例接近 50%，远远高于湖南省和陕西省的民营养老机构比例；北京市的 215 家公办养老机构中已有 52.2% 实现了公办民营，江苏省的各类养老床位中有 56% 由社会力量经营。供给方式的不同带来了供给效率的差异，北京和江苏的床位空置率更低。

其次，从社区居家养老服务来看，江苏省登记的居家养老服务中心有 2 万家之多，北京市达到了 632 家，而湖南省和陕西省分别为 2 181 家和 583 家，从绝对数量上来看，东部地区的居家养老服务中心多于西部地区。评论一个地区的居家养老服务水平，不仅要看养老服务中心的数量，还要看养老服务中心的服务能力，如果没有贴近老人需求、质优价廉的服务项目，居家养老服务中心就会成为摆设。北京市在这方面做得很好，报告显示其扶持培育了 1.5 万家服务单位，服务范围涵盖了老年人生活的方方面面。而湖南省、陕西省的居家养老服务仍然处在“重设施、轻服务”和“重建设、轻运营”的粗放发展阶段。

最后，医疗卫生服务。在医养结合方面，北京市 2016 年养老机构医疗服务覆盖率达到了 90% 以上；江苏省 90% 的乡镇和城市社区卫生服务中心开展家庭医生签约服务，而陕西省 2016 年才开展“医养结合”试点，只确定了 36 家省级医养结合试点机构。在老年医院、老年病科的数量上以及健康档案、免费体检等养老服务提供方面，东、中、西部同样存在着差距。

其他养老服务方面，家庭适老化改造呈现出较大的差距，2016 年北京市、江苏省、湖南省和陕西省四省（市）完成的适老化改造户数分别为 4 682 户、7 600 户、1 048 户和 1 500 户。老年人文化服务方面，陕西省老年大学明显少于江苏省和湖南省，一定程度上反映出西部地区养老服务“重物质、轻文化”的倾向。最后，养老服务组织保障。北京市和江苏省都非常重视专业养老服务人才的培养，2016 年分别组织了相关培训 3 900 人次、9 906 人次；而湖南省和陕西省的老龄工作报告中却没有提及相关人才培训的成果。养老服务组织体系方面，北京市打造了“三边四级”社区居家养老服务网络，组织体系比较完善，而其他各省、自治区、直辖市还有待加强组织建设。

综合以上分析，本文认为我国基本养老服务在地区发展差异是基本符合“三区叠加”的特点，即经济落后地区、老龄化严重地区、基本养老服务缺失地区重合。

（二）基本养老服务供给城乡不平衡发展—北京城乡养老服务差异分析

由于全面的比较城乡养老服务的供给现状超出了本研究的范围，本文将以北京市为例，通过调研北京市区和农村基本养老服务的可得性和可及性，以此来推断分析基本养老服务供给的城乡差异。本次调研主要采取问卷调查和实地访谈的方法，对北京市区老年人发放问卷 100 份，对北京农村地区老年人发放问卷 100 份，共计发放问卷 200 份，有效回收问卷 197 份。

基于对养老服务体系的分类，我们从居家养老服务、社区养老服务和机构养老服务三方面考察养老服务整体情况，并将每一类养老服务进一步细分为服务类别；对每一个服务类别按照可得性和可及性程度从 0 ~ 10 分进行打分，最后根据各服务类别所占权重和分数计算出加权分数，将 0 ~ 3 分（含）定义为可得性或可及性“低”，3 ~ 7 分（含）定义为“中”，8 ~ 10 分（含）定义为“高”。从调查问卷结果我们可以看出，北京市农村养老服务供给全面落后于市区的养老服务供给。首先，市区老人居家养老服务的可及性为高（8. 0 分），说明市区居家养老服务供给较为充足；可得性为中（5. 2 分），与可及性存在较大分差，说明部分供给属于无效供给。而对农村老人来说，可及性（2.6分）和可得性（2.1分）都很低。其次，北京市区老人社区养老服务的可及性（6.8分）和可得性（4.7分）均为中，而对农村老人而言，可及性（2.3分）和可得性（1.5分）均为低。最后，机构养老服务对于市区老人来说，可及性（5.7分）和可得性（4.8分）均为中，对农村老年人来说可及性（2.9分）和可及性（1.3分）均为低。

北京市乡村发展程度较高，公共设施和服务较为齐全，加之北京市近几年来投入巨资打造“三边四级”的养老服务网络，从根本上改变城乡养老服务供给不平衡发展的现状。放眼全国的乡村，其他地区的农村更为落后，养老服务供给差异比起北京市来只会有过之而无不及。

老龄化城乡倒置是城乡二元结构在养老服务领域的映射，其发生具有深刻的历史原因和社会原因，在一定发展阶段具有客观必然性。但是，养老服务供给城乡倒置，很大程度上就是基本公共服务均等化政策的不足。首先，政策制定忽视了农村养老服务的特点。“居家为基础，社区为依托，机构为保障”是主要针对城市老龄化设计的养老服务体系，不适应我国农村的养老服务体系的现状。农村地广人稀，分散居住是其最大的特点，其社区概念尚未形成，导致“以社区为依托”的规划很难开展。农村养老机构作为“兜底”的机构，只对特殊困难群体开放，一般老年人群体不满足其条件，导致机构养老服务的支撑作用大打折扣。最后，由于在农村还没有形成居家养老服务市场，不仅居家养老服务的供给主体稀缺，其需求也受制于农村老人的收入而很疲软。

农村居家养老服务缺乏有力的外部支持，家庭养老服务的重担几乎全部由老人自己或者家人承担，农村养老服务整体水平偏低，政策“普惠性”不足。第一是多数养老机构条件差、设备少、管理落后。第二是政策未能落实到大多数农村，满足其老年人的服务需求。这与“基本公共服务均等化”的理念——既要保证特殊困难人群的基本生活，又要保证人人享有基本公共服务是不一致的。农村的养老服务政策只做到了其一，这意味着全国还有很多老人无法享受养老服务体系带来的好处。“不患贫而患不均”，养老服务的“普惠性”缺失将会带来很大的公共风险，而这种风险很大程度上是政策不当带来的。

最后，政策实施没有完全弥补“市场失灵”。从宏观上来说，市场经济导致了城乡经济发展的差距，从而带来基本公共服务的差距，即农村的积贫积弱和基本公共服务不足是“市场失灵”的表现。从微观上来说，养老服务是准公共产品（服务），具有非竞争性；加上农村老年人购买力不足，购买服务的意识还处在萌芽阶段，在农村很难形成有效的养老服务市场，这也是“市场失灵”的表现。市场失灵带来了公共风险，政府必须加以干预，这是政府的责任所在。合适的政策选择是“逆势而为”，填补市场空白，而不是“不作为”甚至“顺势而为”。具体来说，不论在绝对投入还是在投入增长速度上，都应该使对农村养老服务的投入大于对城市的养老服务投入，才能控制和缩小基本养老服务的城乡差距。

四、养老服务财政投入不足

公共风险理论认为，政府是公共风险的最终承担者，而财政往往承担边际风险，换句话说，很多公共风险发展到最后还是需要政府通过财政支出来化解，养老领域的公共风险也不例外。对于我国经济发展和社会发展带来的人口老龄化危机，很大程度上是需要财政“兜底”的，这是政府的职责所在。政府财政支出责任的缺位，相当于撤去了公共风险的最后一道防线。

政府支出责任缺位突出体现在三个方面：一是财政整体投入不足，而且没有形成稳定的投入机制；二是地方政府限于财力配套投资不足，很难满足养老服务体系建设的资金需求；三是相关养老服务企业的运营补贴标准较低。

首先，财政投入整体较少，且波动幅度较大。民政部从 2012 年开始安排资金支持全国各地养老服务设施建设，总体而言其财政投入占社会服务领域全部支出的比例较低。

然后，地方配套投资不足。目前，中央对养老服务体系建设的支持力度变化不大，对东、中、西部申报上来的项目采取 20% ~30% 、50% ~60% 、70% ~80% 的梯次补贴方式进行有限的补贴，不足部分靠地方财政配套补足。由于事权层层下移，基层政府超负荷运转现象比比皆是。教育、医疗卫生、文化等支出挤压养老服务设施建设配套资金，导致很多建设项目未能如期开展。

最后，运营补贴标准偏低。目前，各个省市建设补贴额度从每张床位1 000元至20 000 元不等，大部分省份集中在10 000 元以下，部分省（市）的补贴额度还停留在1 000 元左右。而合格养老床位的建设成本较高，补贴款对企业来说杯水车薪。以北京市为例，2014 年每张床位的实际建设成本为55万，政府最高补贴仅为每张床位2. 5 万元。由此可见，大部分省份的养老服务设施建设补贴占投资总额的比重还处于较低水平。在床位运营补贴方面，多省份的补贴额度处于较低水平，集中在每人每月 100 元至 200 元。考虑到老年人支付能力和民营养老机构的实际运营成本，现有的补贴很难让贫困老年人享受到养老服务，充其量只是对富裕老年人锦上添花。

第四节　政府责任履行：防范化解公共风险

本文在理论分析中已经阐述了防范化解公共风险的方法论，即以政府为主导，以显性制度和隐性制度为工具、以财政为保障，对公共风险进行积极干预，从而化解原生风险；在此过程中，要改革不合理的制度，构建合理的风险分担机制，并且根据具体情况动态调节，以此减少政府干预造成的次生风险。下文将防范化解公共风险、履行政府责任和政策建议融为一体进行阐述。

一、调整主体风险分担机制

风险分配机制是一个系统顺利运行的内在机理，在一般情况下，市场总会自发形成风险分配机制。在某些领域，市场自发形成的机制具有一定的合理性，但其不一定是最优的，这就需要借助外力进行调整。当前在养老服务体系中，出现了“9073 模式”和“9802 模式”，可以将其视为简化的风险分配结果。结合现实分析，这两种模式均存在家庭风险分担过多、市场主体地位不突出、政府边界不清晰等问题。政府既是风险分配机制中的风险承担主体之一，同时也掌握着政策工具，是风险分配机制的调整者。“以政府为主导、以家庭为主体、以企业为支撑”是调整当前养老服务中的风险分配机制的原则。

（一）划清政府责任边界

从公共风险理论出发，很容易就能得出政府是公共风险的最终承担者这一结论，问题的关键在于政府应该承担多少责任。本文认为，政府部门应该本着“既不推卸责任，也不大包大揽”的原则，清晰界定自身在养老服务体系中的地位和职责。具体来说，政府应该承担风险分配者、财政支持者、服务支持者和指导监督者的多重角色。

1. 政府是风险分配者

政府的主导作用首先体现在分配风险，主要原因是：任何政府都没有能力仅凭一己之力解决养老服务问题，成本极高。相比之下，政府掌握政策工具和强制力，只要科学地规定各个主体的责任，就能通过社会合力化解公共风险。此时，创造一套合理的风险分配机制比承担风险容易且有效果。由于我国的养老服务体系尚处在快速发展阶段，因此其风险分担机制还存在不少问题：一是合理的风险分配机制应该以国家战略规划为指导，以法律为主体，以配套政策为基础。我国现阶段的制度框架还是以政策为主体，具有不稳定和协调性不高的特点。二是各个主体实际分担的风险与其承受能力还不相适应，整个机制具有不平衡性。在条件成熟时，政府应从全局出发调整风险分担机制，适当减轻家庭分担的风险，提高家庭的养老服务供给能力；落实市场的主体地位，让市场发挥越来越重要的作用；同时政府自身也要发挥更多作用，扮演好“兜底者”的角色。政府应适时地将政策提升为法律，提高风险分担机制和救助政策的透明度和稳定性，使各个主体都能在既定的制度中找准定位，形成明确预期，减少道德风险。

2. 政府是养老服务体系建设的财政支持者

在养老服务体系的风险分担机制中，政府不仅分配风险，而且本身直接承担风险。政府对风险的承担，最终体现为养老服务领域中的各级财政支出。一方面，政府可以直接补助困难老年群体；另一方面，政府需要做好养老服务事业，为社会提供“兜底”服务。在市场力量尚不强大的时候，政府还应该引导和扶植民间企业，其手段既可以是直接补助，也可以采取公建民营、民办公助、政府购买服务等方式。

3. 政府还是服务支持者和指导监督者

由于养老服务行业的特殊性，政府不仅需要支持民间力量提供养老服务，而且要规范行业的发展。具体而言，政府相关部门应该制定行业规范、服务规范和技术规范，引导民间部门实施自律管理。除此之外，政府还应该鼓励社会组织提供养老服务，发挥志愿人员、慈善组织的带动作用，形成敬老爱老的良好氛围。

（二）科学引导市场主体

一个健康的养老服务体系离不开繁荣的养老服务市场，而养老服务市场中的主体是按市场规律运作的现代服务企业。尽管在当前我国的养老服务企业还处在初步发展阶段，但从长远来看，应将市场建设和企业发展放在重要位置，避免政府成为养老服务的直接提供者。在当前市场力量薄弱的情况下，政府的扶植政策必不可少。但是，应该改变“头痛医头、脚痛医脚”的既有策略，从全局出发科学扶持市场主体。具体而言，有以下两个建议：

1. 淡化补供方

美国公共风险管理的历史进程启示我们，在风险分配政策中有利的一方，往往滥用权力，因此在制定公共风险政策时，应充分考虑道德风险。在对养老服务企业的扶持过程中，也应该注意防范企业的道德风险。具体而言：第一，逐步减少对企业的直接补贴，规定补贴的到期期限；发挥消费者“用脚投票”的市场机制，使企业改变以往“等、靠、要”的态度；第二，明确补贴标准，防止企业骗取补贴；第三，加强对补贴款项的使用监督，使补贴款项尽可能多地被用于投资建设和服务质量提升。

2. 强化补需方

一方面，通过完善养老保险制度、整合现有养老补贴，提高老年人“获得感”；另一方面，通过提高老年人的服务消费选择能力，让其自主选择服务项目和服务提供者，才能迫使企业以需求为导向，提高养老服务质量，实现可持续发展；同时淘汰落后产能，优化资源配置。发挥消费者“用脚投票”的市场机制作用，不是一味地“输血”，而是让企业自主“造血”，这才是扶持养老服务企业的根本之道。

（三）制定家庭支持政策

在养老服务体系的风险分配机制中，家庭是防范养老风险的第一道屏障。事实上，按照政府倡导的“9073”养老模式，家庭承担了养老服务的绝大部分责任。前文已指出，家庭承担的风险过多，而家庭的养老服务供给能力正在下降。这一趋势具有一定的历史必然性，而且短期内难以改变。在风险分担机制短期难以改变的条件下，提高家庭的风险防范能力成为现实选择。具体而言，政府在政策的制定中应将家庭作为一个整体考虑进去，例如：保证子女享受带薪照护假期的权利；保障性住房分配优先考虑养老负担沉重的家庭；综合考虑家庭的经济来源制定养老服务补贴标准等。总之，要为子女赡养老人提供便利条件，增强家庭抵御风险的能力。当然，也应该注意到过度的家庭养老支持政策可能会带来对生育的逆向激励。

（四）支持老年人自力更生

在老年人生活能够自理的前提下，其个人是风险的主要承担者。我们的国家还没有富裕到为所有老年群体提供较高福利的程度，未富先老是我国老龄化的典型特征，完全依赖国家财政来改善养老服务现状是不现实的。为了改善老年人的福利状况和减轻财政负担，我们可以为老年人自力更生创造条件，促进老年人就业，多措并举增加老年人收入。首先，为了适应快速老龄化和减轻养老金支付压力，我们应尽快延迟退休年龄，并随着社会发展动态调整。发达国家的退休年龄普遍在65岁左右，退休年龄的进一步推迟是大势所趋。其次，为老年人的再就业或创业提供政策支持，例如设立老年人才中心，为老年人提供就业信息和再培训；鼓励企业雇佣老年员工，对雇佣老年人或者延长退休年龄的企业给予奖励；设立老年人创业基金，为老年人创业提供资金支持和技术指导等。①

二、合理划分养老服务事权

（一）合理划分中央与地方养老服务事权

正因为完全以“效率原则”划分政府事权会形成新的问题，有研究者认为财政事权和支出责任划分应该考虑效率和风险两个维度。如果在划分养老服务事权时加上风险维度，则应该适当划分事权，以此保证基本养老服务的普惠性、保基本和均等化。具体而言，一是强化中央在养老服务领域的事权，将最基本的养老服务设施建设划分为中央事权，目的是促进基本养老服务的公平供给，逐步缩小地区和城乡养老服务供给差异。由中央安排经费，地方不必配套安排资金；必要时中央可以委托地方政府执行，但应该保证资金供给。二是按照财力与事权相匹配的原则，适当增加省级政府养老服务事权，将特殊困难老人群体的养老服务和基本养老服务设施建设划分为省级事权，由省级政府制定和执行本区域内的老龄事业规划；在地方财力不足的情况下，由中央政府在考虑东、中、西部地区差异性和城乡差异的基础上，结合老年人口规模等因素通过专项转移支付来弥补。三是适当减轻县乡一级政府的负担，上级政府在委托县乡政府具体执行时，应该做好经费保障。

（二）适度集中各部门养老服务职能

改变养老服务体系条块分割、多头管理现象。一方面要将所有年满 60 岁的老年人都置于养老服务体系中，避免条块分割和特殊化，公平分配养老资源；另一方面要将分散在多个职能部门的养老服务职能适当集中，减少“交易成本”，避免资源浪费，同时也使责任主体更加明确，防止推诿扯皮。在当前全国老龄委员会负责协调老龄工作和民政部实际承担大部分职能的背景下，本文提出两个建议。

---

① 全龙杰，王晓峰．养老服务业发展中政府责任的理论剖析与路径优化［J］．商业经济，2020（01）：48－51.

建议一：由民政部全面负责老龄工作，将分散在老龄委的议事协调职能、发改委的养老服务设施建设职能、商务部的家政养老服务监督职能等其他分散在各个职能部门的养老服务工作统一划分为民政部门职能。建议二：由全国老龄委员会全面负责老龄事务，将其议事协调机构的性质变更为常设机构，将民政部的老年人福利工作和分散在其他部门的养老服务职能适度集中到老龄委。随着我国进入老龄化社会，这一做法具有较强的现实必要性。

三、化解养老服务体系失衡风险

我国的养老服务体系是不均衡的。不均衡导致不可持续的风险，为此我们有必要对当前的养老服务体系进行调整，调整过程中应遵循以下原则。

公平正义原则：首先应该保证人人老有所养，享有最基本的养老服务。这也是全面建设小康社会的必然要求。

分类施策原则：在承认城乡差异和地区差异的同时，积极采取逆向干预措施缩小差距，而不能任由差距继续扩大。

政府主导原则：政府的顶层设计和干预是化解养老服务体系失衡风险的重要保障。

保障适度原则：养老服务水平与经济发展水平相适应，防止“福利陷阱”。

（一）弥补农村基本养老服务体系的短板

根据公平正义的原则，结合我国经济发展现状，制定农村基本养老服务的最低标准。对基本养老服务在最低标准以下的农村，应该增加财政投入，从金融、税收、土地等方面提供支持，弥补养老服务设施欠缺。其次，由于在农村还不存在市场化运营的条件，应该按照“政府既支持建设还要扶持运营”的思路，以政府为主导建设养老服务体系。

根据分类施策原则，应该创新农村养老服务供给方式。农村具有很多不同于城市的特点，例如居住分散、熟人社会、收入水平低、市场力量微弱等，使得城市的养老服务体系建设方法在农村缺乏适用性。因此，建议在养老服务体系建设规划中，单独研究农村、单独编写规划。具体来说，农村养老服务体系建设应该注意：

第一，充分利用熟人社会的特点，用“群众路线”来解决农村养老服务难题；

第二，由于农村社区发育不完整，应发挥村委会的组织作用，逐步建立失能失智老人和空巢老人巡视探访制度，倡导邻里互助和相互关爱帮扶；

第三，由于人口密度小，应该充分发挥乡村福利中心的辐射作用，在满足特殊困难群体需要的前提下，向其他老年群体输送服务；

第四，推广抱团养老模式，在老年人自愿的前提下，将空巢老人的自有住房改造成农村幸福院，由集体出资或者免费为困难老人提供助餐、助医等服务；

第五，通过政策支持和舆论宣传，发扬孝道文化。村委会应该依托《老年人权益法》，发挥村民自治的优势，对遗弃老年人的行为进行批评教育，对孝顺老人的典型人事进行嘉奖宣传，营造“以孝敬老人为荣、以遗弃老人为耻”的良好社会氛围。

（二）增加对中西部地区养老服务的支持

一般而言，中央政府具有调节基本公共服务均等化的财力和能力，其中重要的政策工具之一是转移支付。在加大对中西部地区养老服务体系建设的支持力度时，应实行科学的转移支付制度，使其均等化功效进一步发挥出来。具体来说，应该从以下方面着手：

一是建立科学一般性转移支付测算体系，在按照“因素法”测算各地支出需要时，应该将各省经济水平、老龄化程度、提供基本养老服务的成本等因素考虑进去，并赋予较高的权重。同时，考虑到部分省份虽然老龄化程度高但经济发展水平较高，而部分经济落后的省份人口老龄化程度较轻的情况，应该作为例外加以调整。

二是增加养老服务体系建设专项转移支付，重点用于中西部农村地区的养老服务设施建设和运营。

三是继续将民政部福利彩票公益金更多地用于支持老年人福利类项目，且重点投向中西部地区。

（三）发挥财政的“兜底”作用

财政在防范化解养老服务体系的公共风险中起着关键作用，理应承担养老服务体系建设的制度成本，为养老服务体系中的弱势老年群体“兜底”，防止出现“历史欠账”。具体而言，为了防范养老服务体系的公共风险，应该在当下就做好防范风险的准备。

1. 完善社会养老保险体系

养老服务体系包括服务供给体系和资金供给体系两个子体系，如果只有服务供给而资金供给不足，则会导致需求不足、服务过剩的情景出现。社会养老保险体系是资金供给体系中极为重要的组成部分，建立一个可持续的社会养老保险体系必不可少。具体来说，首先应该逐渐提高养老保险统筹水平，在适当的时候提高统筹层次，促进区域平衡和城乡平衡；其次应该进一步完善“三支柱”养老保障体系，尤其是要大力发挥市场的作用，推动建立企业年金、职业年金和个人储蓄型养老金，从而改善养老服务体系的失衡，分担养老保险制度和财政的保障责任。

2. 建立稳定的养老服务体系建设财政投资机制

目前在养老服务体系的建设中资金投入不足，投入额度极不稳定，并且很难通过预决算报告获取政府在养老服务领域的具体支出数额，给相关绩效考核和群众监督带来了困难。因此，建议安排养老服务体系建设专项资金，并在预决算报告中专门列示，以便接受人大代表和普通群众的监督。

3. 以财政资金撬动社会资本

通过设立养老服务体系建设投资引导基金，吸引社会资本参与养老服务体系建设；此外，还可以积极探索 PPP 模式在养老服务供给领域的应用，即通过政府和社会资本合作，发挥社会资本的服务和运营优势，结合政府监督管理和财政补贴，风险共担，利益共享，形成养老服务供给的合力。对于已有的公办养老机构也可引进民间资本持股，实行“公办民营”，提高运营效率。对于新建的养老机构和社区养老服务中心，大力推行“民办公助”，即政府通过注入资本金、购买服务、财政补助、以奖代补、老年人补贴等多种方式，为民办养老服务机构赢得发展空间，从而发挥财政资金的杠杆放大效应。

4. 整合、落实已有的财政优惠政策

近年来，国家相关部门针对养老服务体系建设颁布了一系列优惠政策，总体来说涵盖了税收优惠、土地政策、金融政策、收费政策等各个方面。由于事权分散，政出多门的现象较为突出，政策之间相互掣肘的矛盾也突显出来。下一步应该全面梳理养老服务体系建设相关政策，建立起一个以国家战略规划为指导、法律法规为主体、行业标准为支撑的养老服务政策体系，提高政策的整体性、协调性、连贯性和科学性，为养老服务行业可持续发展保驾护航。

5. 加强对养老服务财政支出的绩效考核

在增加财政投入的基础上，注重财政支出的绩效考核。建议建立和完善养老服务项目的绩效考核体系，在考核体系中将实际运营成果和老年人群体满意度赋予较高权重，从而督促相关部门从重建设向重运营转变。另一方面，将辖区内养老服务体系的建设成果作为考核地方政府民生工作的重要环节，激励地方政府增加对养老服务投入。

第六章　我国社会养老服务体系治理对策研究

第一节　完善社会养老服务法律法规系统

在我国人口老龄化日益加剧、养老服务需求不断增多的背景下，完善我国社会养老服务体系是一个极具时代性、紧迫性和严峻性的问题。这是一项系统复杂的任务，主要包括了完善社会养老服务法律法规系统性建设、强化社会养老服务高质量供给、重视社会养老服务科学化管理、促进社会养老服务投融资创新性发展四个方面。

法律是准绳。只有完善社会养老服务法律法规才能真正做到有法可依、有法必依、违法必究。在基于我国老龄法律发展实际的基础上，又借鉴经济发达国家老龄事业法制建设的经验，本文主要提出以下两方面发展对策：颁布实施社会养老服务专门法与规范现有社会养老服务相关法律法规。

一、颁布实施社会养老服务专门法

首先，建立社会养老服务专门法具有必要性。目前，虽然我国社会养老服务需求增多，但由于社会养老服务业还处于发展阶段，认知度不高、规范性不足、发展程度水平较低的现象普遍存在。虽然出台了《老年人权益保障法》，但其多为原则性规定，并且涉及养老服务业的内容较少，使得这一行业仍得不到认可和有效规范。例如日本是老龄化严重的国家之一，颁布实施专门的社会养老服务法律法规，不仅认可了社会养老服务的社会地位，而且对专业护士和专业人才培养等特定领域进行了针对性的规范和指导，极大地促进了社会养老服务业的发展，确保了社会养老服务质量，在很大程度上解决了社会养老服务供需失衡问题。此外，建立社会养老服务专门法应明确基本思路。本文提议以维护国家整体利益、保障老年人基本权益为出发点，遵循科学立法、民主立法的立法原则，坚持养老服务市场化、均等化的立法理念，建立社会养老服务体系，以政府扶持、社会参与、居家养老、社区养老、机构养老、养老服务工作人员和法律责任等为主要结构框架，强调政府的主导责任与社会的主体责任，将以居家为基础、社区为依托、机构为支撑的社会养老服务体系中的涉及要素进行严格规范，把对养老服务工作人员这一直接服务供给主体的资格条件、保障激励等作为重要内容进行细化要求，对国家工作人员违法失职、社区或机构侵犯老年人权利等行为的诉讼程序、责任追究、处罚措施均作出具体规定。将这一法律作为社会养老服务业规范的基本依据，提高其法律效力，以此保证社会养老服务业健康发展。①

二、规范现有社会养老服务相关法律法规

从国家层面看，其一，除了建立社会养老服务专门法，还应将目前国家出台的一系列法规等上升为法律高度。近年来，民政部制定颁布了多项有关社会养老服务的法规，具有针对性地对养老机构、养老服务工作人员进行了详细规定和约束，但法律效力不够，应在《老年人权益保障法》《社会养老服务法》的法律依据下，提高威慑力与影响力。其二，细化当前法规。已颁布实施的法律法规明确提出了严格规定，但过于笼统，并多为原则性规定，对评估部门、评估标准、举报途径、投诉程序等需进一步细化、说明。本文认为应尽快对此类法规进行细化，落实部门责任主体和职责范围、制定有效程序、明确途径与手段，确保有章可循。

从地方层面看，其一，要提高现有法规统筹性。个别省份之间存在法规

---

① 覃李慧. 社会养老服务法制化及其体系构建［J］. 河南社会科学，2021，29（06）：83－92.

制定不统一的现象，多因为在经济不断发展和养老理念不断更新的背景下，没有及时修改现有法规中不合实际情况的内容，针对此现象，各级地方政府应建立专家团队加强调研，掌握老年人真实需求和社会养老服务发展现状，做出相应调整，回应社会发展的需要。而针对某些省份内部法规不统一的情况，当地政府应采取科学的态度，成立小组实行全面规划与整合，对当前法规进行修改或废止，将本省社会养老服务的项目、标准、价格等各要素依据本省实际进行统一规划。

其二，加快制定具有地方特色的社会养老服务法规。统筹并不代表完全一致。各省份由于人口老龄化程度不同、经济发展水平不同，应该在共同的养老理念与原则指导下制定具有地方特点的养老服务法规，明确养老服务重点，优化养老服务模式，如根据经济发展水平不同，东部沿海地区省份可在机构养老给予支持并严加管理，而西部欠发达地区可侧重居家养老或社区养老。

三、社会养老服务地方立法的改进和思考

地方立法在制定养老服务法律法规时应具有预见性，这正是创新立法的体现。制定地方性法规，必须遵循以下原则：明确各方参与主体的权利和义务，在医疗、物质、护理等各制度层面满足老年群体的需求，降低老年人的生活负累，改善其生活条件，提高生活质量。培养和提升社会养老责任和意识，为老年群体营造一个良好的养老服务氛围，提高养老服务的能力和水平，使老年群体获得幸福体验，维护社会稳定与和谐。

（一）提升立法的完整性和可操作性

1. 地方实施性立法保障

地方立法在制定地区性法律法规过程中应遵循上位法的专门规定，结合本地社会现状、经济水平，设计适合本地特征和需求的具体的实施规范，贯彻落实上位法，并避免与上位法律的简单重复，强调应突出本地特色。目前，各地政府依据《老年人权益保障法》就社会养老服务问题发布了多种形式的文件，2018 年底国家对《老年人权益保障法》进行了修正，这使得各地方迎

来对社会养老服务地方立法再次整理和完善的机会，各省政府应基于上位法的专门规定，通过发布行政规章的方式对符合本地特点和要求的各项社会养老措施加以确认和发展，在上位法规定范围内确定本地区养老服务水平和范围，倡导本地区顺应社会发展不断提高养老服务的水平。协调地方性法规与上位法专门规定间的关系。为确保上位法律、地方性法规在老年社会养老规定上的协调性、统一性，必须从以下问题入手：首先，确保制度功能取向一致，避免出现与设计社会养老服务制度初衷相偏离、相背离的情况；其次严格遵循法律保留原则确认老年人的基本权利与义务，确保地方立法的合法性，不得与国家立法规定相矛盾；最后，确保地方立法的科学性、民主性，在制定地方老年社会养老服务法规时应重视和考虑各方意见特别是老年群体提出的切实需求。

2. 增强地方立法的操作性

各级地方在制定本地区法规的过程中必须避免与上层法律存在冲突，同时还需强调本地主观能动作用的发挥。制定本地区法规应强调运用科学的立法技术，运用清晰明确的法律概念，切忌使用极易产生歧义的词语，协调原则性规定与具体规则间的疏密程度；增设惩戒条款等法律内容，提升法律的强制性，对不法者产生威慑作用。制定本地区法规还应充分尊重社会各界的广泛参与，确保法律的制定能够真正体现民意；构建完备的立法审查与备案制度，通过现行违法审查制度的运用，排除将各项规定间存在的不协调性。

一方面由各级立法机关制定本地区法律法规，另一方面对政府及其职能机关发布的政策性文件进行梳理整合。推动各种社会养老服务的不断发展与完善，地方出台的行政规章逐步转化为人大立法，整合各项规定进而促进法律层级和效力的提升。对于立法空白，由省级政府出台统一行政规章加以确认，统一法制，并为后续立法提供有益经验。针对地方立法强化指导，各级人大以前瞻性为原则构建起完备的地方性法规、制度体系，司法部门负责具体执行，切实实现“老有所养、老有所医、老有所爱、老有所乐”的制度要求，为老年群体营造一个幸福、稳定、温馨的养老环境，使老年群体能够安享晚年生活。

（二）加强政府对社会养老服务的扶持和监管

1. 设置监管专章对政府各部门的职责进行集中规定

针对养老服务领域的监督管理问题增设专项章节集中确认政府及其职能机关的责任和义务，同时通过本地规章明确指出各职能部门间的配合协调责任，财政、公安、消防、城建、工商、城乡规划、国土资源、卫生、教育等部门均有义务为民政部门组织实施养老活动提供积极配合和协助。

以法律形式确认和规范对开发养老服务、供应服务场地和设施、财税倾斜政策的运用、资金投入、政府采买扶持等各项措施，充分发挥各项措施的激励作用，以强有力的法律保证各项养老扶持政策和措施的贯彻落实。如产品开发：确保与产品开发相关的扶持类政策措施以及开发内容的规范性，确保老年消费市场的繁荣发展。用地与设施供应：为非营利性养老服务机构以及政府养老服务设施提供用地保障，通过合理安排土地规划，满足养老服务发展中提出的土地需求。财税倾斜政策：在贯彻落实各项财税倾斜政策措施的基础上，重点为非营利性养老机构、服务设施提供相应优惠。资金投入：合理安排公益基金扶持养老服务行业发展，采取多种补贴、补助类措施福利社会各界积极参与到养老服务发展进程中来，引导社会养老机构积极供养特困老年群体。政府采买：政府负责采购社会养老服务，尽量明确采买对象和扶助对象。

2. 加强政府对社会化养老产业的支持，制定加快发展养老服务业实施办法和扶持办法

根据民政部《关于鼓励民间资本参与养老服务业发展的实施意见》等各类扶持政策，参照养老产业发展较快地区的好经验和做法，结合地方实际，制定出台养老产业设置原则、准入条件、质量控制、检查监管等具体政策，在资金补助、贷款融资、税费优惠、项目倾斜上制定帮扶细则，推进民间资本进入养老产业，使养老产业发展有法可依、有章可循。充分发挥政府及其职能部门财政补贴、财税优惠、审批许可、土地供应、土地规划等方面的职能为养老产业发展提供支持，适度放宽兴办养老机构的条件和要求，删减烦

项程序和手续，促进程序的标准化进程，确保信息的透明度，通过财税倾斜、财政补贴、投融资等方面的政策鼓励和引导社会力量积极参与到养老产业发展进程中来。民政部门应该负责牵头指导养老机构规范化建设，对运营尚佳的养老机构进行重点培育，打造养老服务产业示范点，发挥典型带动作用。

（三）进一步健全和完善社会养老服务法律责任制度

地方法律体系中法律责任制度是缺一不可的重要组成。这就要求在地方立法过程中准确界定各方参与主体的责任和义务，明确违反法律规定将承担何种法律责任的问题，提高对不法者的威慑力。

1. 养老服务法律责任设置的原则

（1）平衡原则

确认各方法律责任，必须以平衡性为立法原则，法律责任的设定不能仅针对一方主体，应平衡政府、社会各方参与主体间的责任。

（2）协调原则

确认各方法律责任，必须以协调性为立法原则，要求协调各项法律责任规定，确保同一法律文本下各项责任条款间的和谐性、协调性，同时确保各类法律文本在法律责任规定上的协调性、和谐性。

（3）全面性原则

确认各方法律责任，必须以全面性为立法原则。针对养老服务领域的重要参与主体应运用列举式结合兜底式的立法技巧明确其法律责任，例如民政部门、家庭、社区、养老机构等。列举方法、兜底方法均存在自身的缺陷和不足，前者的缺陷在于滞后性且无法全面列举出所有养老服务法律责任，后者尽管能够避免列举式的不全面性，但又具有规定笼统、模糊的不足。针对社会参与主体，明确违法占有获取养老补贴和补助的法律责任，同时还要针对政府，明确其违反补贴发放规定的责任。既要针对社会养老组织违反服务责任的法律责任，又要强调家庭养老、社区养老服务提供主体在违反规定组织服务活动时应承担的责任。既要明确政府对老年权益的法律保障责任，又要明确政府对老年权益造成侵犯时应承担的责任。

2. 完善家庭、社会、政府责任

（1）家庭责任

通过政策的刚性促进，强化家庭的养老服务功能，这是应对人口老龄化和解决养老问题的战略举措。借鉴日本在养老服务方面的成功经验，强调家庭的养老作用，以充实家庭的措施提升家庭在养老服务制度的基础功能。

（2）政府责任

政府要承担起推动社会养老服务发展的主要责任和主导功能。由政府承担主导责任并不意味着政府可以对社会养老服务进行直接干预，而应该发挥整合资源的作用促进养老服务的发展，在政策上予以指导，在经费上给予支持，在市场中发挥培育功能和监管职能。另外，必须避免政府不作为，防止养老事业过度市场化，而与社会服务的公共性质相背离。政府有责任通过构建和实施配套制度体系，确保养老服务行为的规范性，规范养老服务行业的运营与发展。

（3）社会责任

从本质上来说，养老权是社会权的一种，理应在社会权范围引入社会养老服务的内容。由社会主体参与到养老中来，承担起相应的责任。欧美国家的多种养老模式中均引入了社会主体的参与，政府在养老中的责任则是监督和管理。相较于境外国家，我国在社会养老方面尚存在极大的发展空间。以养老院为例，公办养老机构的优势在于设施齐全、环境好，收费低，但缺陷在于资源供应不足，人满为患，床位紧缺。非公办养老机构虽然设施条件也很好，但收费高，超出了一般百姓的经济承受能力。所以，探索社会力量新办养老机构的模式，倡导社区兴办养老中心。养老机构要切实履行法律规定，保障老年权益不受侵犯，提高养老服务的效率。

（四）均衡发展多种养老模式

1. 以老养老模式

这种模式是基于老人自愿的互助型养老模式，与养老机构相比缺乏专业性，各级政府应加大对这种模式的补贴支持，各级政府、居委会、村委会可积极展开公益性培训活动并引入老年群体的积极参与，提高老年群体在养老服务方面的知识储备和专业水平，进而提高互助养老模式的实践应用效果，确保“以老养老”模式的长效健康发展：各级政府及其职能机关可在服务用地方面提供公益支持。

2. 居家养老模式

除了要求养老服务组织与老年人及其关系人签订养老协议明确各方责任义务外，按照相关规定在协议中还需明确以下内容：机构名称、所在地、法人、主要责任人、联系方式以及供养老人及其代理人，经常联系人的住所、姓名、联系方式、身份证明、服务的内容与方式，收费的方式和标准，服务的场所和时间、养老关系调整、终止、解除的条件、违反协议应承担的责任、争议处理方式、意外伤害责任的认定标准和方式等。

居家和社区养老机构可根据自身提供的服务质量、设施条件设定合理的收费标准，规定养老机构必须为保障老年安全配备相应的设备设施、使用器具，同时构建与实施配套的安全管理机制，并确保常态化安全检查。规定养老机构应为所供养老人制作健康档案，及时关注老人的身体健康状况等。

3. 机构养老模式

针对公办养老机构，可依据具体标准进行分类，在公办公营机构提供基本公共服务的同时，引入公办民营组织、公建民营组织的补充配合。基于公办组织设定的供养标准，结合供养对象的生理条件、经济条件设定更适当的标准。设定标准过程中尽量避免“重点保障对象”与“优先满足对象”的竞争，避免不必要的纠纷。同时还规定公办组织构建配套的信息公开机制，确保收费信息及床位使用信息的公开性、畅通性。

第二节 强化社会养老服务高质量供给

社会养老服务供给机制是社会养老服务体系的核心。只有建立科学、合理、规范的社会养老服务供给机制，才能有效解决养老服务供需失衡问题。针对我国目前社会养老服务供给机制中的不足，借鉴国外优秀社会养老服务供给机制建设经验的基础上，本文提出了以下几种发展对策：完善多元主体供给模式建设、建立健全社会养老服务需求评估制度、加快社会养老服务供给价格改革、强化养老服务信息传递和持续加大医疗资源投入力度。

一、完善多元主体供给模式

虽然我国近些年来一直提倡养老服务主体多元化，并已经提出要构建社会养老服务体系，将家庭、社区、机构作为主要供给主体，但从实际情况上分析，效果并不佳。如何更好地发挥各主体作用，完善社会养老服务多元主体供给模式建设成为目前的重要任务之一。本文认为可从转变理念、政策引导、加强协作三个方面进行。

首先，转变理念是根本性措施。由于我国经历了长期的家庭养老阶段，家庭养老理念根深蒂固，普遍认为儿女是养老供给直接主体、家庭是养老供给直接载体。虽然当前社会养老理念影响越来越广泛，但仍未成为养老主流理念，导致部分公众尤其偏远地区或农村地区依然没有接受社区养老、机构养老的模式。针对此现象，加大社会养老理念宣传教育是必要且必需的手段。政府部门应妥善制定宣传教育内容、落实宣传教育责任，充分利用电视、报刊、网络等平台，通过采取新闻媒体开设专栏、发放宣传单、开办讲座、直接沟通等形式向公众传递新理念，采用典型案例做表率与直接体验相结合的方式让人们了解社区和机构养老的优势，培养社会养老理念。

其次，政策引导是关键性措施。从国外经验来看，如日本政府通过制定养老计划等方式号召全社会参与到养老服务中来，英国政府通过出台《社区照顾白皮书》等方式积极鼓励社区养老，实行养老服务供给主体改革，以上取得了显著成效，证明了政策引导是实现供给主体多元化发展的关键。我国应单独制定出台居家养老、社区养老和机构养老的发展规划，并将其纳入国家经济和社会发展的整体规划中，支持家庭、社区、机构三大主体养老服务事业的发展与建设。同时，我国还应针对民办养老机构采取更多优惠政策，吸引越来越多社会力量参与，并制定一些补贴政策，一定程度上减低其运营风险，减少民办机构因微利倒闭现象的发生。①

最后，加强协作是重要性措施。为了更有效实现居家、社区、机构养老服务共同发展，解决社区和机构提供服务受冷落的现象，建立良好的合作机制，通过共同努力实现加成效果，这是重要举措，发挥各自优势，弥补各自缺点，促进社会养老服务供给体系健康发展。政府应着重强调家庭、社区、机构相互联系的角色关系，他们并非独立主体，在养老服务供给体系中，他们相互影响、相互补充，都是不可或缺的重要组成部分，任何主体的行为都将影响整个社会养老服务供给体系的整体效果发挥。同时，政府应采取多种措施促进主体间互动。在我国已经明确的居家为基础、社区为依托、机构为支持的主体定位基础上，应不断创造合作环节，如在居家养老与社区养老之间，多增加社区上门服务项目，让老人居家的同时更多的享受社区提供的服务，在社区养老与机构养老之间，多提供养老服务工作人员互访互学的机会，加强沟通联络，共同推进专业化发展。在合作机制下，各主体都将发挥各自积极作用，实现良性互动，提高社会养老服务的整体水平。

二、建立健全社会养老服务需求评估制度

第一，我国存在的社会养老服务供给项目不足、供需对接不精准的问题，很大一部分原因是我国的社会养老服务需求评估制度还很不健全。需求评估是社会养老服务体系的第一步，是社会养老服务供给的直接依据，只有掌握不同层次老年人不同方面的真实需求，建立以需求为导向的社会养老服务供给制度，才能更好地保障老年人利益，防止供给不当现象的发生，实现供需精准对接。充分重视两个阶段的需求评估工作。根据评估时间不同，需求评估可分为准入评估和持续评估两阶段。准入评估即首次评估，是指对老年人进行生理、心理、经济状况等方面进行评估以确定需求类型、照护等级以及是否具有领取养老补贴的资格；持续评估即跟踪式评估，是指为防止因老年人需求发生变化造成原养老服务供给不合适的现象发生而采取的后期定期评

① 乔晓春. 基于需求的养老服务体系建设——思路、框架与实证分析［J］. 华中科技大学学报（社会科学版），2022，36（03）：113－122.

估行为，以及时调整供给项目和照护等级等。这一阶段的评估工作应该更重要，一方面，老年人由于年龄较大，潜伏性疾病更多，定期评估才能更快地了解老年人的身体状况，从而增加护理项目；另一方面，当下的老年人群体越发活跃，在生活丰富和社会参与上表现出更强的愿望，这就要求我们应适时对他们的新需求做出回应。

第二，建立专业的需求评估团队。虽然我国已经建立了评估组织模式，即基层民政部门、乡镇人民政府或街道办事处、社会组织以及养老机构单独或者联合组织开展模式，但由于缺乏医学、心理学等相关专业知识，导致需求评估结果并不准确，极大影响了养老服务供给。所以，我国应高度重视评估队伍的人员素质，各级政府尤其是乡镇地区尽快成立一支具备专业知识的评估团队，并定期组织培训，或者政府可直接招标专业机构，让其具体管理老年人的需求评估工作，确保评估结果的科学性。

第三，拓宽评估对象覆盖范围，推进评估工作信息化建设。目前我国社会养老服务需求评估对象范围有限，如江苏省民政厅出台《关于建立养老服务评估制度的意见》，将评估对象限定在“辖区户籍人口申请居家养老、机构养老、领域养老护理和服务补贴的60周岁以上老年人”，虽然注明了“各地可根据当地养老服务工作的实际需要，扩大评估范围”，但是否扩大、怎么扩大、如何扩大具有随意性。所以，基于社会养老服务的福利性特征及保证需求评估工作的完整性，应逐步将评估对象拓宽至全体老年人，保证公平、公正、公开。在此基础上，建立老年人个人需求档案，便于动态管理。

第四，制定统一、完善的评估工具。长期以来，我国将《老年人能力评估》作为养老服务需求评估的主要依据，但存在缺陷，它仅限于日常生活活动、精神状态、感知觉与沟通和社会参与四部分指标，经济状况、居住状况等均未作为评估内容。此外，虽然各省份具有各自的需求评估标准，如上海市和北京市分别出台了《上海市养老服务需求评估表》和《北京市养老服务需求评估表》，但二者内容存在差异。借鉴美国社会养老服务需求评估制度的成功经验，我国应尽快制定统一、完善的评价工具，全面评估老年人需求，并适时做出动态调整，努力改善老年人的养老生活状态。

三、加快社会养老服务供给价格改革

养老服务供给价格改革主要体现在两个方面。其一，在民办养老机构方面，政府应加强价格管制，部分民办养老机构由于采取市场定价模式和逐利的本性，把养老服务的价格定得极高，严重违背了养老服务的福利性质。政府应在分级管理养老机构的基础上实行分级价格管制，对不同级别的民办养老机构制定最优管制价格，既保证民办养老机构盈利，同时让大部分老年人能够享受机构养老服务，提高民办养老机构的入住率。其二，在公办养老机构方面，政府应探索建立与市场接轨的价格机制，适当放开价格管制，采取市场定价方式，提高公办养老机构养老服务供给价格，但对于“三无”“五保”等特殊老年人群体，政府仍然实行免费政策。这既提升了公办养老机构的自我造血能力，减少对财政的依赖，又改善了公办养老机构“一床难求”的局面，同时也促进了公办养老机构与民办养老机构良性竞争，有利于提高养老服务供给质量。

四、加强社区养老服务信息传递

养老服务信息传递是社区养老服务供给低效的关键阻碍因素。社区养老是居家养老的重要依托，社会化的居家养老服务项目需要由社区组织提供，居家养老服务方式的完善需要完备的社区提供养老服务支持。与居家养老不同的是，社区养老服务通过日间照料服务中心和托老所等，为自理情况不佳的老年人提供住宿类的养老服务，社区养老可供给的服务项目既涵盖居家养老服务项目，又能在一定程度上替代机构养老的部分功能。从养老服务方式来说，社区养老从满足人群到服务涵盖范围等方面都是较为突出的。就近性与便利性应是社区养老服务的基本属性，应该建立适应老年人需要的日常生活、文化体育活动、日间照料、疾病护理与康复等服务设施和网点，就近为老年人提供服务。通过对发达国家的经验研究，发现养老社区是其建设的重心，国外更加注重由政府和社会提供养老服务，社区养老囊括了老年人的大部分养老需求，社会化的供给机制较为完善，形成了一套高效的社区养老的运作体系。

提高社区养老服务信息传递的效率，首先要提高老年人对于供给服务的知晓率。根据本文对老年人养老服务知晓率的调查数据可以看出，城乡老年人对社区提供的养老服务知晓率普遍偏低，老年人不清楚自己在社区内可以享受到哪种养老服务，对于服务的使用来说更加无从谈起。从城市社区来看，需要社区居委会等组织对社区养老服务进行大力宣传，利用现代化的宣传手段，引导老年人使用或购买需要的养老服务。对于需要的养老服务，要扭转老年人的消费观念，鼓励有消费能力的老年人进行购买。从农村社区来看，农村老年人思想较为保守，需要借助政府之力进行宣传，通过政策宣传并辅以优惠扶持的方式，引导老年人购买和使用社区养老服务。萨依理论提出，供给可以产生需求，以现有的社区养老服务供给引导老年人产生消费需求。

完善社区信息化设施建设，加快推进各类信息化平台建设，如老年人信息网络平台、服务人员信息网络平台、信息综合服务网络平台等，通过智能化的信息平台，将老年人的服务需求与服务供给有效对接，更加便捷、准确、及时地为老年人提供养老服务。

五、持续加大医疗资源供给力度

1. 增加老年人社会保障收入，提高老年人购买力

多数的养老服务内容都是有偿的，需要老年人进行支付才能享受，医疗服务亦是如此，由于医疗服务的特殊性质，其价格往往比其他类型养老服务更加高昂。老年人由于生理机能的逐渐衰退而渐渐失去劳动能力，劳动收入逐渐减少。城市老年人的收入多依靠养老金支持；农村老年人除拥有养老保障外，多依靠子女支持。面对老年人群体，如何提高老年人养老服务的购买力是政府亟须解决的问题。增加老年人的购买力，首先要从社会福利入手，政府要加大福利支出，提高老年人的福利水平。在养老金方面，着力推进基本养老保险、企业年金制度以及商业养老保险制度，三种保险制度并存、互为补充，为老年人提供全方位的养老资金，增加老年人收入。其次要从医疗保障方面入手，完善医疗保险制度，控制医疗机构的费用，相应地提高老年人医疗报销比例，分解老年人的医疗支付压力。最后，加快和完善长期护理保险制度的进程。老年人的护理需求不断上升，而且护理价格偏高，多数有

需求的老年人无力承担，要加快长期护理保险制度的建设，将长期照护保险纳入社会保障体系当中。

2. 整合医疗养护资源，形成联动机制

老年人的医疗养护需求是持续性的，政府、家庭、社区、医疗机构要以联动的方式，对老年人提供连续性的照护服务。由家庭医生对社区内的老年人提供病情诊治和康复咨询等医疗服务；由公立医院的专业医生对养老机构内的老年人提供专业的诊治服务；由社区卫生服务中心的护士为社区老年人和没有医护条件的养老机构提供照护服务。适当增强医生和护士的流动性，支持其到养老机构进行轮岗服务。鉴于医生和护士有较大的工作压力和工作强度，国家和医疗机构等应该对其提供相应的特殊补贴。医疗设备要形成共享机制，实现医疗检查设备共享、大型医疗设备共享以及医学检查结果的互认。

3. 建立老年人照护需求评估体系，完善评估机制

加快建立老年人的照护需求评估体系，从老年人的需求角度出发，以需求引导供给，加强医疗照护服务的供给效率。由国家民政、卫生以及老龄委等部门协同建立专门的评估机构，运用科学的评估方法，对老年人的照护需求进行系统的评估以及等级划分。以评估结果为依据确定护理服务机构、护理内容以及服务类型。对于能够自理的普通老年人（包括身体健康、患有慢性病但能生活自理以及无疾病等）可以安排在社区或者普通的养老机构，提供基本的生活照料服务，医疗保健等需求可以由社区卫生服务中心等机构提供；对于身患疾病需要重点治疗的老年人，则可以安排在一定等级的医疗机构，在疾病基本治愈后可以转至养护机构进行后续的照料和护理；对于有重大疾病或者失能的老年人，则需要将其安排在设施配备齐全的中长期医疗护理机构，为其提供持续的医疗服务。关于专业的评估机构，通过本文对经济发达国家且属于老龄化国家调研分析可知，借助第三方评估机构之力，能够促进养老护理服务发展良好，充分满足老年人养老服务需求。我国可以借鉴此类成功经验，完善评估体系。

第三节 重视社会养老服务科学化管理

社会养老服务管理体制是社会养老服务体系建设的关键。为确保养老服务供给质量和养老服务业规范地有序发展，我国应加快建立完备的管理体制，有效地构建公开、激励和监督机制。

一、加快建立完备的管理体制

第一，建立完备的管理体制，主要需解决现有管理制度存在的不足以及制度缺失问题。首先，我国应不断完善养老机构服务质量评价制度、养老机构准入制度以及养老服务业人才培养制度。规范服务质量评价主体，大力发展第三方评价，形成以行政主管部门评价为主、第三方评价为辅、老人评价与机构自评相结合的评价模式，适时调整评价标准，创新并建立统一的评价工具，并将评价范围扩展至全部机构，提高评价覆盖率；简化准入程序，取消某些不必要的审批环节，完善备案登记制，推进承诺制改革发展，将承诺书所陈述事项认真检测、落实监督、保障执行，分级分类对准入对象设置准入条件，降低准入门槛，制定外资准入规定与条件，并建立退出机制，丰富准入制度内容；加强新养老理念宣传教育，打破传统思想束缚，加快出台养老服务业人才培养优惠政策，如：就业补贴、制定职业规划、指明就业前景，吸引人才进入养老服务行业，同时院校应尽快完善养老服务相关专业课程体系，规范课程标准，积极引进国外先进课程，并采取共建实训基地等形式无缝对接教学与就业，创造良好的教育教学氛围。

第二，加快解决制度缺失问题，如养老服务工作人员准入制度、养老服务工作人员考核制度、养老服务护理员培训制度以及养老机构分类管理制度等。养老服务工作人员准入制度是加强专业化建设的前提和重要关口，应将学历、专业、资格、从事工作年限等作为准入的基本条件，借鉴公务员考试上岗制度探索建立养老服务工作人员考试上岗制度，将专业知识、思想道德等作为考试内容，择优录取；养老服务工作人员考核制度是专业化建设的保障和工作绩效管理的重要组成部分，应成立考核小组，制定考核标准，量化考核指标，将思想道德水平、专业知识、工作作风、履行职能情况、完成工作质量等方面作为考核内容，考核结果与薪资、职位升迁相关联，争取将考试评价工作做细做实；养老服务护理员培训制度是加强专业化建设的重点，应将所有护理员均纳为培训对象，重视岗前培训与岗位培训两个阶段，采取理论授课和专业实践相结合的培训形式，以撰写培训报告、后期检查的形式保证培训效果，不断提升护理员的综合素质；养老机构分类管理制度是推进规范化管理的重要内容，我国已经形成了养老机构分级管理制度，为了构建分级管理、分类管理和差别化扶持的体系，我国应尽快建立健全分类管理制度，为福利性（即公办养老机构）、营利性、非营利性不同性质的养老机构制定不同的经营目标，并在收益分配、财政补助、税收优惠上给予区别待遇，在保证福利性机构正常运作的基础上，大力扶持营利性与非营利性机构的发展。①

二、构建公开、激励和监督机制

我国虽然针对养老机构、养老服务工作人员已经制定了多项制度，但仍存在诸多制度执行不力的现象，构建公开、激励和监督机制迫在眉睫。

首先，加快构建公开机制。对养老机构而言，其中最为主要的是信息公开。我国应明确养老机构信息公开责任，规定其公开内容、公开程序、公开方式、公开时间等；尽快搭建养老机构信息管理平台，公布并定期更新养老机构基本信息，包括登记证号、名称、成立时间、法定代表人、养老设施数量、养老服务工作人员信息等，并定期发布诚信、失信名单，让公众了解养老机构运营情况、收费标准、信用情况等，便于选择适合自身又可靠的机构；开设养老服务热线电话、公众号，提供途径接收老人咨询、评价、投诉，听取和收集有益的意见和建议，利于后期整改；充分发挥新闻媒体的作用，及时报道先进典范，公开披露不法行为。这有利于扩大公众对养老机构养老服务的知情权、参与权与监督权，促进养老机构朝秩序化、规范化、标准化

① 张文玲．基于供需视域的城市社会化养老服务体系建设路径研究［J］．中国集体经济，2022（09）：13－15．

发展。

第二，加快构建激励机制。对养老机构应放宽准入标准、降低准入门槛、简化审批程序，将对养老机构的管理理念从“严进”转变为“宽进”，同时出台更多优惠政策，减轻养老机构运营负担，进一步激发市场活力，全面放开养老服务市场。对养老服务工作人员，应尽快制定相关法律法规，给予其社会认可地位；并出台职业发展规划，提高职业归属感；制定公平合理的晋升机制，明确晋升条件、方法和流程；采取高薪政策，吸引大批专业人才进入该行业的同时，发挥“效率工资”的作用，保证了工作效率与工作质量，另一方面也提高了机会成本，减少人才流动性。

第三，加快构建监督机制。监督有力才能执行有力。例如，从国外成功经验来看，美国专门设置了“监察员”一职，英国设立了专门的监督部门，来促进养老服务业规范发展。我国应该尽快建立以监督部门监督管理为主、行业自律管理和机构内部自我监管相结合的管理机制。各级政府应设置专门的养老服务监督部门和监督人员，负责整个地区养老服务业的监督和管理，制定监督计划，采取线上监督与线下监督相结合的方法，形成监督检查网络，准确细致地把握各机构设施使用、安全卫生、服务人员持证与培训等情况；社会养老服务业应建立社会养老服务行业自律组织，其负有制定和实施行业自律规则、行业职业标准、业务规范、组织业务培训、反映意见与要求等工作职责，对违反自律规则和章程的机构按照规定给予处分；机构内部应本着自纠自查自改的原则，制定检查计划，定期检查内部工作，并提交自检报告和处理方案。

三、转变养老理念

在社会养老服务体系建设过程中，要充分尊重和考量老年人的养老服务需求，增强养老服务的社会性、情感性以及人文性。政府有责任引导全社会形成合理的理念，将生理型老年人意象转向情感型和社会型老年人意象，在全社会形成养老、孝老、敬老的良好社会风气和社会环境。

加强理念引导，强调家庭养老的重要性。虽然我国家庭养老的能力在不断弱化，但是家庭养老的地位和作用不能忽视，需要政府通过理念引导强化全体公民的家庭观念，强调家庭养老的重要性。配合引导社会力量全面参与和解决养老的现实问题，形成多方合力，共同化解老龄化高峰期对社会可能造成的不利影响。挖掘传统家庭养老的潜能，适当规避人口老龄化国家已出现的弊端。面对社会化养老服务需求的激增，家庭养老可以为养老服务社会化的发展提供缓冲时间，以舆论传播的方式推动重视家庭伦理道德的大环境建设。利用社会舆论的传播特点，营造尊老、敬老、爱老的和谐气氛，对于服务老人、尊老敬老以及孝敬父母等模范事例，进行积极宣扬，树立尊老、敬老、爱老的道德典范；对于虐待老人、遗弃老人、嫌弃老人的不道德行为，要给予道德和法律的双重制裁，绝不姑息，还要将典型案例曝光，通过反面事例教育和警醒社会大众。

提升青年人及儿童的养老意识。通过提高当代的青年人和儿童的养老意识，使他们充分认识到，老年人为养育后代、谋求家庭幸福奉献了一生的精力，他们的价值需要被认可，他们的付出值得后辈尊敬。每个人都会经历衰老和死亡，当代的青年人也有衰老的一天，要懂得感恩老人、善待老人、孝顺父母以及长辈。对于其他老年人，要主动关怀，在遇到需要帮助和服务的老年人时，要对其给予耐心、热心的帮忙。新一代年轻人的思想道德素质和养老意识地不断提升，有利于自觉自愿履行“尊老、敬老、爱老、养老”的责任与义务，从而形成优良的道德规范和社会风气。

第四节　促进社会养老服务投融资创新性发展

社会养老服务投融资建设是社会养老服务体系的重要组成部分，只有形成理想的融资保障环境，才能保证社会养老服务业顺利运行、持续健康发展，本文认为应该从优化政府财政扶持机制、推动市场化融资机制建设和加快外资融资机制建设三方面着手。

一、优化政府财政扶持机制

第一，加大养老服务财政资金投入，优化财政支出结构。在养老服务业建设初期，由政府通过加大财政投入力度保证养老服务供给是必然选择，但随着人口老龄化日益加剧，养老服务需求增多会带来更大的财政压力，因此逐步实行社会养老服务财政投入改革势在必行。借鉴人口老龄化国家有益经验，减少养老服务财政支出，将财政更多地投入在非营利性组织、公办养老机构等方面，在此基础上积极吸引社会资本补充社会养老服务资金缺口。此外，应优化财政支出结构。一方面，我国的社会主要矛盾已经发生了转变，人们对于公平正义、美好生活的需求不断增多，这就要求政府在社会福利方面应加大支出，尤其提升在养老服务领域的支持力度，这将使得目前以经济建设为核心的支出结构发生改变；另一方面，应调整中央与地方的支出结构，通过增加中央财政对地方财政的专项转移支付等方式，弥补地方财政不足，减小地方财政支出压力。

第二，规范政府补贴行为。适时提高养老补贴标准，进一步提高老年群体的生活水平，尤其是高龄老人、贫困老人等群体，让其住得起养老院、负担得起护理费用；明确补贴对象，重新定义补贴对象符合条件、享受条件等，如“三大补贴”中，可按照年龄将困难老年人和失能老年人界定在60—79岁，将高龄老年人界定在80岁以上，避免重复申请、重复补贴；优化补贴结构，由于非营利组织是提供养老服务的重要部分，但存在资金来源单一的问题，将补贴适当偏向非营利组织意义重大。

第三，创新发展政府购买养老服务。规范政府购买养老服务的预算程序与机制，提高政府购买养老服务的经费支出，加强监督，有效控制财政部门的经费拨付情况，同时为减轻县级政府因增加经费支出带来的财政压力，应建立以省级政府为主的经费承担机制；建立养老服务承接机构公平竞争机制，在设立明确的准入条件基础上公开招标，将承接主体扩展到营利性养老机构，将严防死守准入门槛转为加强日常经营管理。①

二、推动市场化融资机制建设

为推动社会养老服务市场化、社会化发展，需要金融市场的支持，因此

① 刘立峰．推动养老服务体系的投融资机制创新［J］．中国经贸导刊，2022（03）：70－72．

要尽快发展养老服务金融市场，为养老服务融资创造条件。本文认为应该做好以下几点。

第一，积极利用项目融资形式，如 PPP 模式。PPP 模式即政府和社会资本之间建立伙伴关系共同提供公共产品及服务的模式，其已经普遍应用于基础设施建设、医疗、教育等多方面，取得了显著成果，因此将 PPP 模式引入养老服务领域可作为一项重要突破。这就需要我国处理好政府与市场的关系，严格界定两者的边界，禁止越位、缺位现象发生，并且保证项目公开透明、所有企业一视同仁。此外，还要成立 PPP 管理部门，明确其职责分工，加快政策制定、组织协调、指标细化等方面的工作开展，改善 PPP 模式下养老服务的质量和效率。

第二，充分发挥银行贷款的作用。政府可以通过担保，引导银行支持养老服务业，商业银行可以积极开发适合小微型养老服务企业的信用贷款产品，提供更多小微企业进入养老服务行业的机会，同时各大银行要尽量优化审批程序，对养老服务贷款进行分级分类管理，更便利、快捷地为企业解决融资难的问题。

第三，加快创新养老服务金融产品。根据不同财力、年龄、退休金等状况的老年人，遵循安全性、增长性、持续性原则，鼓励支持银行等发布多种养老主题基金、债券等养老理财产品，降低门槛，保障老年人收益。也可借鉴经济发达国家的优秀经验，积极实行住房反向抵押贷款。目前，我国在房产评估、交易处置等方面的经验已经十分成熟，在此基础上，政府应该尽快出台相关法律法规，金融机构加大宣传力度，创新推出不同层次、不同特点的差异化产品来满足不同老年群体的需求，如美国就采取了房屋抵押贷款、房屋保管者和财务自由计划三种形式，我国应积极借鉴相关有益经验，实现本土化设计。

三、加快外资融资机制建设

发达国家已经形成了比较成熟的养老服务产业，目前，已经有美国、德国、法国、日本等多个国家开始关注中国的养老服务市场，比如，在 2016 年，南京首个外资高端养老院—欧葆庭仙林国际颐养中心建立并开放，这是由法国欧葆庭集团进军中国的第一个子项目，主要服务高龄失能失智老人，开展量身定制计划，费用昂贵但服务质量较好。由此可见，吸引外资进入不仅可缓解养老服务资金不足的问题，还可改善养老服务质量、交流养老服务经验，因此，加快养老服务业外资融资机制建设将成为未来发展的重要内容。加快外资融资机制建设，可以从以下两方面进行。第一，降低外资进入门槛。不进行外资企业经营养老服务业的时间设定，鼓励更多的具有较好资质、经营特色和专长的企业进入中国市场。同时应精简行政审批环节，外资申请设立养老服务机构，可按照中国境内养老机构申请登记的同等程序进行，允许其享受境内投资者设立的养老机构同等优惠政策，为其营造友好、公平的市场环境。第二，采取多种创办形式。一是允许外商在养老服务业办独资养老机构或合资养老机构；二是项目合资、技术合作，通过特定项目、特定技术、规定期限的合资经营，学习和借鉴国外在养老服务领域的先进管理和经营经验，提高养老服务设施建设的技术水平，改善我国养老服务质量。通过此种形式使外商更好地了解中国养老理念，采取适合中国的养老服务方式，有效避免外商建设的养老机构由于文化差异导致水土不服、经营不善的现象发生。

四、大力推进养老服务智能化

发展智慧养老，开发多种智慧健康养老产品。鉴于老年人的身体特征和收入水平，老年只能养老产品的设计应充分考虑这两个因素，要兼顾简便和物美价廉的要求。目前市面上销售的智能养老产品种类繁杂，但都存在操作程序复杂的弊端，老年人身体机能的逐渐衰退，生理水平和接受能力都大不如前，较为烦琐的操作程序，不利于老年人学习和掌握，使用产品更无从谈起。因此在产品设计之初就应该充分考虑老年人的特征，生产操作便捷的智能产品供老年人使用。如智能血压血糖仪、老年人智能手环、穿戴式腕表、一键呼救装置、视频监控设备等智能化产品，需要大量投入使用。智能产品要保证老年人的信息安全，防止信息数据的泄露。在大数据时代，数据共享已成为现实，但是数据共享不代表信息地随意泄露，许多不法分子盗取数据信息进行违法活动。老年人是弱势群体，需要重点保护其身体状况数据、家庭数据、财力数据等，谨防不法分子盗取利用，危害老年人的合法利益。智能产品和智能程序地研发和使用要经过政府严格审核后才能投入市场使用。政府部门应加强对研发技术、资金规模、服务体系的严格审核。

扩大宣传，普及科技型养老观念。相较于传统的养老服务模式，智慧养老的优势在满足老年人生理需求、医疗需求以及精神慰藉等需求的同时，将需求主体与供给主体通过科技手段有效对接，通过利用智能化、信息化的手段，提高了服务供给效率，智能设备的使用，增强了养老服务传送的便捷性。智慧养老模式的观念还尚普及，需要政府和科技类的企业对老年人进行专业的宣传，改变社会对养老服务模式的传统认知，使得此种模式被社会所接受。政府在助推智慧养老模式发展时，应当在设备更新和人才引进方面给予更多的经费支持。老年人是智能化设备使用的主体，需要对老年人加强信息技术的教育和培训，向老年人讲解设备的使用方式，提升老年人对于智能化设备的使用频率和效率。

五、改善人才供给格局，变不良循环为可持续发展

建立健全养老服务人才培养培训体系。人才是产业发展的第一动力。我国必须完善养老服务人才培养的相关制度，促进养老服务业专业人才队伍建设，以人才推动社会养老服务体系的发展。当务之急，我国应当建立健全养老服务人才培养培训体系。

首先，应加快构建多层次的养老服务专业教育体系。当前我国的养老服务的教育多为职业教育，本科和研究生层次几近空缺。为构建完善的养老服务相关专业教育体系，一方面要继续办好并办强养老服务职业教育，另一方面要不断提升养老服务专业教育的办学层次，鼓励具备养老服务人才培养资质的本科或具备研究生学位授予权的高等院校积极开设养老服务相关专业，促进高层次养老服务人才的培养。

其次，应全面提升养老服务专业教育的质量。在构建多层次养老服务专业化教育体系的基础上，各院校或专业应充分运用政府、社会、市场等多方资源，不断加强实训基地建设、专业点建设、教材建设、师资队伍建设，开展系列教育计划、促进国际交流与合作，从而全面提升养老服务专业教育的质量。

最后，要切实推进养老服务从业人员继续教育工作。一方面，要重点依托具有养老服务专业人才培养资质的职业院校、本科院校等加强对已从事养老服务业人员尤其是业务骨干的在职教育与培训，同时要积极探索现代远程教育等先进教学模式以适应和满足养老服务从业者的继续教育需求；另一方面，要在全国范围内积极推行养老服务相关专业的“职业资格证书＋学历学位证书”的“双证书”制度，既要推动养老服务相关专业的在校学生在努力取得学历学位证书时积极参加养老服务职业资格培训，从而获得相应的职业资格证书，也要鼓励已取得养老服务职业资格证书的从业人员积极参加学历学位教育进修，努力取得相应的学历学位证书，从而提升自身的专业水平。

促进养老服务人才培养培训成果的形成与转化。形成人才培养培训成果并将其投入相应的行业或产业进而转化为生产力，是构建并实践人才培养培训体系的最终目的。因此，各级政府及有关单位应积极采取有效措施促进养老服务人才培养培训成果的形成与转化。一是要完善养老服务业的薪酬制度。只有给予专业人才与劳动投入相当的劳动报酬，他们才不会因薪资待遇差而不愿进入养老服务行业，产生离职换岗频繁等问题。鉴于当前民营养老服务业整体发展水平较低，各级政府应当通过人才补贴、人才保护等形式加大对行业发展的支持。二是要构建完善的职业发展目标体系。目前多数养老服务从业人员离职换岗的原因在于看不到养老护理职业的发展前景。因此，为稳定养老服务人才队伍，应构建起完善的职业发展目标体系，为从业人员明确自身职业发展规划提供一定指导。一方面，制定本行业的晋升提级制度，注重与职业资格证、工作年限、工作表现等挂钩，并公正、公平、公开地推进晋升提级制度的实施；另一方面，要完善与其他服务行业或领域的人才流动机制，如其他护理行业、医疗卫生、教育等领域，从而形成较具活力的人才培养与管理格局。

第七章　我国智慧养老视域下的养老服务体系治理

第一节　智慧养老助推养老服务体系优化的逻辑思路

智慧养老并非一种简单地与居家养老、社区养老、机构养老等模式并列的新型养老模式，而是融合多种模式的一项复杂的、社会化的系统工程。[①] 从助推养老服务体系优化的角度看，智慧养老的功能体现为价值嵌入、技术赋能、交互增慧三个层面，在具体作用的发挥上包含虚拟化、智能化、一体化三重逻辑，涉及线上养老服务和线下养老服务供给，以及线上线下服务主体和客体的对接、服务资源和力量的整合、服务形式和方式的转换等多维面向。

一、智慧养老在养老服务体系中的功能定位

对于智慧养老在养老服务体系中的功能定位，不同研究和实践中有着不同的解读。本文从价值、技术和供给侧三个层面对其进行解读，将之视为从“智慧化”角度对养老服务进行价值重塑、技术支撑和智慧注入等三个实践取向。其中，“嵌入”“赋能”“增慧”构成了智慧养老这一功能定位的三个关键词。

---

① 李浩腾. 智慧养老服务体系建设研究［D］. 北京：北京交通大学，2021.

（一）嵌入：基于价值引领的养老模式重塑

理念是行动的先导。面向智能化建设，用“以人为本”、需求导向、合作共赢等理念指导养老服务系统开发建设，将其嵌入到系统功能之中进行规制，以发挥其价值引领和重塑效用，确保开发者和建设者们都能负责任地践行正确理念，并基于全局考量，站在战略高度，以多维视角、系统观念和体系思维来看待和对待养老服务系统的开发建设，使其功能更具理性、更趋友好且更为有效。

1. 嵌入“以人为本”理念

党的十八届三中全会提出“要坚持以人为本，尊重人民主体地位，发挥群众首创精神，紧紧依靠人民推动改革，促进人的全面发展”的要求，养老服务必须坚持“以老年人为本”，即要“以老年人为中心”，将老年人作为养老服务的根本目的，尊重他们的特殊需求、权利和权益，突出养老服务对他们的特殊需求的契合性。同时，在评价智慧养老质效时，要把“老年人是否满意”“服务内容和方式是否充分尊重老年人的权利、保障老年人的权益”“是否把老年人的安全美好生活视为智慧养老的最终目的”等作为标准依据。

2. 嵌入需求导向理念

需求是指用户对系统在功能、行为、性能、设计约束等方面的期望。智慧养老的智能化建设，需要建立在理解和分析现有养老服务模式存在的问题及其所处环境的基础之上，以及全面、清晰、准确地描述问题涉及的信息、功能及系统行为的前提之下，帮助养老服务主体以及其他系统建设者更好地理解系统功能并完成系统规划，有效地减少系统开发成本，提高系统建设效率，改进系统应用质量。智慧养老的内容结构、层次结构和支撑结构具有综合性、跨时空性特点。其中，内容结构建筑在深入调研老年人对物质、精神文化、安全美好等方面的刚性需求（如医疗卫生、家政服务、经济保障等）与柔性需求（如精神慰藉、社会参与、文化活动、安全与尊严等），强调精神关怀、情感沟通、科学文化素养、健康舒适、生活质量的基础；层次结构需要依据马斯洛需求理论，重视满足老年人的精神文化和安全美好层次（分为消遣散心型、社会交往型、创造价值型的需求），即在满足老年人的基本需求的基础上，以“老有所教”“老有所学”“老有所养”“老有所医”“老有所为”“老有所乐”为主要追求，根据老年人的特殊情况和实际能力设计各层次服务功能、内容和方式，提升老年人的尊严感、价值感、安全感和幸福感，使养老成为享老；支撑结构则既需要规划和建设基础设施、应用系统和信息资源，还需要教育和培训养老服务主客体的信息素养和应用能力，以提高人机交互中的智能效能，增强人人交互中的智慧注入。

（1）物质需求

家政服务需求，主要包括生活起居、穿衣、吃饭、洗衣、智能点餐系统等日常生活照料服务。

医疗护理服务需求，主要包括健康手环、自主体检系统、防跌倒系统、医疗救助、送医送药、疾病诊断、健康管理、日常体检、健康咨询等。有些需求可在网络空间以虚拟化形式或智能化方式提供，如远程专家诊疗，既可以事先联系好诊疗时间，医患双方以实时动态的“面对面”形式互动和提供，也可以无需事先联系诊疗时间，而以非实时动态、“非现场直播”的静态信息或数据形式提供。

紧急救援服务需求，主要包括医疗救援和旅行援助。前者包含医疗机构推荐、医疗费用担保或垫付、医疗运送、遗体送返和安葬等。后者包含旅行信息服务、领事馆信息咨询、行李或护照遗失援助等。

环境改善服务需求，主要包括家庭养老环境、社区养老环境、机构养老环境等。环境改善服务主要对上述环境进行改造，让处于晚年生活的老人享受更优质、更优美、更舒适的生活环境。享受“三更”生活环境需要建立在满足养老政策、国家财政政策支持和引导、养老产业服务体系（包括养老金融服务体系）、养老服务机构规范管理（包括公司治理、财务制度等管理制度）、养老机构的土地和房产等资产抵押、养老金融专营机构、养老金融专业团队、配套措施等较为宏观的环境需求之上。相对微观的养老环境需求主要包括：针对老年群体身体机能变化方面的老年群体家庭养老环境需求，针对老年人生理、心理及行为活动特点“五感”设计，以及使用园艺疗法进行养老环境无障碍设计等环境需求。

（2）精神文化需求

主要包括精神慰藉、社会交往等服务，其中，精神慰藉方面包括关怀访问、生活陪伴、情感交流、心理咨询、健康宣教、法律维权、不良情绪干预等关心关怀服务；社会交往服务方面包括休闲娱乐、健身疗养、虚拟旅游等，具体可包括交流平台、娱乐平台、学习平台、购物和旅游系统。

（3）安全需求

安全需求涉及环境监控、创造价值、思想道德修养和科学文化素养教育等。对于老年群体而言，当他们能够自由、自主地为自己做出合理安排时，他们可能并不需要也不愿意自身生活受到监视，但当他们因为健康或疾病原因丧失了自主意识、自律能力或行动不便时，他们就难以做到自我选择和自我负责，这种情况下既要保障他们的需要，也要正视他们的能力，而安装必要的环境监控能使他们自身与家属和子女有亲近感、安全感，也增加了家属、子女、社区和机构的责任感；创造价值使他们能够发挥余热、服务社会、展现形象，获得尊严感和认同感，因为“人作为具有绝对价值的特定主体，不可以被别人所替代、置换，更不允许将某些人视为‘无用之物’而加以消除。”

总体而言，智慧养老所指向的养老服务需求内容具有综合性特征。在这些需求中，物质需求属于刚性需求，精神文化需求属于柔性需求，也属积极性需求。积极性需求强调精神关怀、科学文化素养、情感沟通、健康舒适、生活质量、安全与尊严，满足这些需求有望使养老成为享老，能极大提升老年群体的价值感、安全感和幸福感。从某种程度上，对老年群体来说，满足精神文化需求比满足物质需求更为重要。满足这些需求的理想化状态，是“智慧养老”能够针对老年群体的个性化需求提供“一站式”“一条龙”、多样化以及彻底性、包容性的服务。从技术角度，彻底性可以理解为完全在线可获得性，包容性则要求提供无障碍设计，以保证健康人群和特殊人群都可以平等地、无差别地享受到服务，与基本公共服务均等化理念相契合。

3. 嵌入合作共赢理念

智慧养老作为政府电子公共服务的一部分，是政府应用信息技术和网络，直接提供的，或安排或主导并联合其他组织提供的公共产品和公共服务的过程和结果。政府与其他养老服务主体合作，主要是指政府通过购买养老服务的方式，把以往由政府直接向老年人提供的养老服务交由具备资质的合作伙伴来生产和承担，并根据合作伙伴所提供的养老服务的数量和质量向其付费，以此保证老年人能够获得更好的养老服务。借助合作提供更好的养老服务，有助于激发政府和社会多元主体的责任意识，进而促进其关怀力和行动力。以社区、养老机构为例，社区和机构汇聚相同倾向、信念、物理资源和能量的人，人是组织中的人，是组织存在的基础，也是贡献智慧的力量，组织则是人理性选择和共同作用的结果，可以凝聚群体智慧、集体智慧并具有工具价值。因此，合作要以不损害自身利益和允许他方追求自己的利益为前提，以维持各方的友好关系或服务的最佳状态。养老服务供给中面临着诸多复杂性、不确定性、动态性、多元性和风险性因素，任何单一的行为主体或组织的能力都是有限的，都难以单独履责，因此政府与其他社会主体或组织（既有私营组织也有公共组织）在达成共识的基础上通力合作是必要的。合作各方既要对自己的行为负责，又需通过建立伙伴关系和信任机制整合和共享资源、知识和信息，平等协商协调和集体行动互动，以此来实现共同参与和监督、共享信息和权力、共担责任和风险，达成各方均能够接受和满意的合作内容和方案，以保证养老服务环境的有序、稳定、可靠、可预测以及养老服务系统功能的快捷、高效，达成组织的集体利益及社会的公共利益最大化的共赢目标。①

（二）赋能：基于信息技术的系统功能支撑

随着大数据、区块链、云计算、物联网、人工智能等现代信息技术在居家养老、社区养老、机构养老中应用的不断深化，许多国家和地区开始探索智慧养老。虽然智慧养老的智能化建设范围和程度还很有限，但无疑已在推动养老服务的线上与线下、软件与硬件、信息与功能、智能与智慧以及技术与人员的结合方面取得许多经验。国外的美国“线上社区”养老模式、德国

---

① 郑伟，卢擎华. 智慧养老视角下养老服务体系建设的优化路径［J］. 黑龙江人力资源和社会保障，2021（17）：37－39.

"智能居家"养老模式、日本"合作型科技助老"模式以及我国的江苏省苏州市"虚拟化"商业运营模式、河南省新乡市"智能化"公益对接模式、重庆市"一体化"生态共建模式等的研究和实践表明，智慧养老的价值需要借助多种养老模式才能全面发挥。智慧养老这一新的平台媒介恰好可以依靠其智能化建设来融合与集成多种养老服务模式，形成全方位、多层级的新的服务样态，从而为智慧养老具备"智商"提供准备。政府可利用智能化建设有效实现养老服务资源整合、模式升级、体系优化与体制变革之功效，进而通过为老年人提供实时高效、智能便捷、互联互通的养老服务，来实现为养老服务模式赋能进而倒逼养老服务体系优化的目的。

向智慧养老赋能，即借助养老服务系统及功能，针对老年人的多维度、多样化、个性化需求，在现实空间和虚拟空间同时为老年人提供"一站式"、全流程、全天性、彻底性、包容性的服务，旨在使其具备集成性、智能性、无缝隙性、便利性和可及性。服务的彻底性是指可完全在线获得，包容性是指能提供无障碍设计，保证健康人群和特殊人群皆可平等、无差别地享受到服务。智能化建设的目的和结果是直接对系统和功能赋能，间接向使用系统和功能的养老服务主客体赋能。因此，对智慧养老智能化建设而言，"赋能"既是目的，体现于建设的各方面，也是结果，贯穿于应用的全过程。基于智慧养老的系统及功能和信息的运作，为养老服务模式"赋能"，实际上是为助推各类养老服务模式功能发挥及体系整体效应提升提供智力支持。

（三）增慧：利用系统功能操作中的人人交互

如同许多学者认为的智慧政府就是智能政府一样，也有学者视智慧养老等同于智能养老。笔者认为，智慧养老包括智能性养老服务与智慧性养老服务两部分，二者建设需同步进行。前者主要建设智能要素，即通过将人的智慧嵌入到养老服务系统中，使之转化为养老服务系统的智能，开发出具有智能属性的产品，包括智能技术、智能设备、智能系统等，执行的技术路线是"以数据资源为核心，借助数据、信息和知识等资源要素的递进关系逐步生成智能"；后者则将人类生成智慧的资源要素（如理想、道德、情操、理念、经验、能力、合作等）作为智慧性养老服务系统生成所依靠的基本要素，通过运用数据管理、信息管理、知识管理的理论和方法、技术和工具，将参与主体的智慧元素实时注入，经由养老服务系统对参与主体的智慧进行汇聚与整合，特别是由养老服务系统的操作者完成融合与领会之责，使养老服务系统因为融入群体智慧或集体智慧而具有更多的智慧，实现智慧的动态建构，达成因持续向养老服务系统注入智慧而使智慧养老增慧、老年人获得更好的服务体验的效果。智慧养老的“智慧”借此可经由参与主体与养老服务系统共同表达，或将两者融合后以整体化的形态而非分散化的形态呈现。智慧养老的智能化与智慧化同步建设的结果，是使智慧养老融入“更高智能和更多智慧”，从而兼具智能性与智慧性，成为融合并集成多种传统养老服务模式的新的服务样态。智慧养老集成传统养老服务模式，需要持续地将人的智慧注入其中，以使其自身由智能化进展到智慧化，完成系统智能进阶和智慧升级。

智慧养老可以通过技术赋能凝聚养老服务的多元化供给主体、多层次服务内容和多样化供给方式，从而在支撑养老服务体系升级目标的实现方面发挥重要作用。智慧养老涉及网络空间的线上养老服务和现实空间的线下养老服务供给，牵涉到两种空间的服务主体和客体的对接、服务资源和力量的整合、服务形式和方式的转换等多维面向，在整体上以保障老年人的基本权益、满足老年人的基本需求为价值目标，提供均等优质的养老设施、产品、服务等功能，且服务功能的设计应以公益性、基本性、均等性养老服务为优先实现内容，以“让老人们度过积极的、高尚的和健康的晚年生活”为理想追求。这有助于养老服务需求和供给进行科学管理，并将“需求管理”为主与“供给管理”调控、供给侧的结构性改革相结合。

智慧养老技术的价值或效果能否发挥到最大化是由其建设水平决定的，既包括服务内容的建设水平，也包括安全保障的标准化、规范化建设水平。与传统养老服务模式相对单一的供给渠道和服务模式比较，智慧养老技术可以实现更多层次的服务内容、更多样化的服务方式和更多元化的供给渠道，能够有效支持公众按照习惯、渠道特点、工作特点、环境限制、经历、个人特点等，选择特定的服务渠道。

总体而言，养老需求是养老模式形成的逻辑基础，养老服务的供给方式是养老模式形成的现实基础，养老服务体系则是规范不同养老模式，使其合理有序地提供养老服务的一种约束和引导机制。一旦养老服务供需不匹配，在宏观层面就需要优化和调整养老服务体系。养老服务体系优化的前提条件是所包含的养老模式进行适当的转型。反之，当养老模式融入新的服务理念和技术，或产生新的养老服务模式，也会推动养老服务体系的优化和升级。养老服务体系不是一成不变的，是随着社会发展而不断更新换代的动态的服务体系。从国家出台的养老政策来看，我国养老服务体系经历了由“以居家为基础、以社区为依托、以社会福利机构为补充”到“居家为基础、社区为依托、机构为补充、医养相结合”的演变。随着社会保障制度日趋完善，居民生活水平不断提高，以“居家养老、社区养老、机构养老、医养结合”为主要内容，以满足老年人衣、食、住、行、用等基本养老需求而设计的养老服务体系难以适应老年人渐趋多样化和个性化的服务要求，必须融入新的服务模式，使养老资源得到有效整合，促使养老服务突破时空限制，推动养老服务体系走向智能化和智慧化。这将成为在赋能层面上智慧养老技术助推养老服务体系升级的价值所在。

信息技术发展为养老服务能力和水平增势赋能，传统养老服务模式和体系却难以因势而能，唯有以老年人需求为导向进行养老服务系统及功能智能化建设，再辅以智慧类武装，方能以“功能”承载“智能”，以“智能”支撑“智慧”，实现“赋能”加“增慧”的效果。

二、智慧养老助推养老服务体系优化的三重逻辑

智慧养老是一项复杂的、社会化的系统工程，在发挥价值嵌入、技术赋能、交互增慧作用助推养老服务体系优化的过程中，主要包含以“虚拟化”填补供需发展堕距、以“智能化”补足主体能力短板、以“一体化”提升整体运行效能等三种实现逻辑。

（一）以“虚拟化”填补供需发展堕距

针对社会多元化需求对养老服务体系优化提出的要求，智慧养老可以在提供虚拟化养老服务的基础上，通过线上与线下的结合、实际与虚拟的融合等，填补社会养老服务的供需缺口。

随着家庭养老模式的弱化与老龄化程度的加深，未来的养老服务将以“居家+社区”类混合养老为主，形成家庭、社区、机构三位一体，线上线下康养和医养融合的智慧化养老服务体系。和传统养老模式相比，智慧养老使用先进的IT技术，开发了面向居家老年人的物联网系统平台，借助“养老”和“健康”综合服务平台，将个人、家庭、服务商及运营商联系起来，提供高效、快捷、智能的养老服务，以满足老年人多样化的服务需求。

智慧养老体系需要依靠传统养老服务模式提供支持，线下养老服务不可偏废，借助线下养老服务与线上养老服务功能的整合运用，达到互相嵌入、互为补充的效果，养老服务体系方能实现虚拟化。我国是一个体量庞大的互联网大国，截至2020年3月，我国网民规模约9.04亿，其中50~59岁网民占10.2%，60岁及以上网民占6.7%，互联网持续向中高龄人群渗透，这为线上与线下融合运用智慧养老服务体系提供了坚实基础。① 随着国家政策的大力推动和养老服务产业的持续发展，虚拟化养老服务的范围和深度将逐渐拓展。由此可见，“虚拟化”可以拓展养老服务供给空间，扩大养老服务惠及人群，可以为整个养老服务产业注入新的活力和动力。

随着智能技术不断成熟，物联网、大数据、云计算、人工智能等将不再是一个个孤立的技术，而将呈现融合发展的趋势，实现协同赋能传统养老产业的态势。在智慧养老模式下，物联网将感知和采集的数据上传至大数据平台，并与智能云实现云端互联，实现对感知对象的智能化处理。大数据是帮助人工智能实现机器学习和云计算数据存储的重要场所，在智慧养老中实现的数据分析和处理将发挥核心作用。云计算利用大数据平台，对物联网和感知的实时数据进行计算和存储，让人工智能更加智能。而人工智能则是在大数据和云计算的辅助下控制物联网，以帮助老年人享受更美好的生活。不过，虚拟服务最终要落实到实际之处，体现出智慧养老服务体系的主要特点之一是实际与虚拟的融合，而后才是智能与智慧的融合。

根据马斯洛需求层次理论，可将老年人的养老需求分为以衣食住行用为主的基本生理需要、以医疗康养为主的安全需要、基于家庭的社交需要、社

---

① 张昊. 智慧养老视域下中国养老服务体系的优化路径研究［D］. 长春：吉林大学，2020.

会认可需要以及自我实现需要等。这五类需要很大程度上受老年人身体健康程度的影响。对于失能、半失能老年人而言，生理和安全是第一需要。因此更多依赖家庭、社区、机构、康复中心、疗养院提供服务。对处于活跃期的老年人来说，生理和安全需要基本能够得到保障，社交、尊重以及自我实现需要是他们更迫切、更关注的需要。以家庭为中心、社区为半径开展的居家养老、社区养老、邻里互助养老、抱团养老，具有典型的群居特点，不仅能够保障老年人生理和安全需要，还能实现老年人的社交需要，是老年人彼此沟通交流的重要平台。譬如以老年协会为纽带、老年大学为场所的老年活动中心在满足老年人社交需要的同时，又满足了老年人终身学习的需要，有助于老龄群体发挥其价值和作用，体现了对老年人知识和能力的尊重。除此之外，以房养老和异地养老（候鸟式养老）也是满足老年人尊重需要的重要方式。以房养老是对老年人自由处置个人财产的权利尊重，也是对老年人自食其力、自我养老的独立意识的尊重。异地养老是老年人根据个人情感和意志自由选择居住场所的一种养老方式，体现了对老年人追求宜居生活的尊重。

智慧养老和“互联网+养老”在老年人实现自我需要上发挥着巨大作用。智慧养老是以智能技术为手段、智能产品为工具，联动一系列可用养老资源，实现养老服务智能化、精准化、人性化、优质化供给的新型养老方式。智慧养老是养老的理想目标，也是解决老龄化问题的有效方案。在满足老年人需要的阶梯模型中，智慧养老处于最顶端，指挥和调节其他养老方式。“互联网+养老”是利用互联网技术和互联网思维，实现养老资源的虚拟化高效配置，推动其他养老方式有效互动和有机整合的工具与方法。在阶梯模型中，“互联网+养老”发挥着支持作用。由于养老需求会随着老年人健康程度不断变化，必须以智慧养老为价值和功能驱动，以“互联网+养老”为工具驱动，以满足养老需求为目的驱动，充分调动混合型养老下各种方式协调整合与互动创新，改善服务供应形式，提高服务供应质量，优化服务市场环境，真正解决养老服务供给不足问题。

（二）以“智能化”补足主体能力短板

智能化是智慧化的手段，也是智慧嵌入并固化于养老服务体系特别是智能系统功能的结果，其作用在于通过智能化工具延伸人的能力边界，从而缓解人口老龄化日益加剧背景下政府、社会、家庭等在养老服务供给中的有限能力困境。目前，我国养老服务已经在以智能技术为支撑、以老年人为核心，针对老年人的服务需求，运用互联网和信息技术，向更优质量和更高效率，且具有个性化、多元化特征的智能化养老服务体系过渡。

在一般意义上，智慧养老的“智能化”逻辑具有普及化、场景化等特点。首先，普及化是智慧养老的应用范围特质。随着养老服务市场供需矛盾的日益突出，物联网、大数据、云计算、人工智能等技术的加速普及，智能化养老服务体系已对传统养老产业形成强有力的支撑。而我国又是世界第一互联网大国和老年人口数量最多的国家，新一代老年人受教育程度显著高于以前的老年人，使“智能化”养老具有可接纳优势，智慧养老的普及范围将越来越大。其次，场景化是智慧养老的功能属性。以往的智能产品多以年轻用户为中心，忽视了老年群体的使用能力和使用感受，难以在老龄市场中广泛普及。随着智能技术的进一步发展，物联网、大数据、云计算，人工智能等新一代信息技术将与具体的养老场景更多融合，形成特定技术下更智能化的解决方案。智能产品的场景化特征日益显现，在易用度和用户感受度方面也有了巨大飞跃，丰富和改善老年用户群体的体验，使得智慧养老具有口碑和可持续优势。智能化是智慧嵌入养老服务系统的结果。利用物联网、大数据、云计算、人工智能、5G、边缘计算等技术将能够实现随时随地的感知，实时分析和服务回溯，推动养老服务智能化建设发展，使老年人的服务需求可以被智能养老产品提前感知，譬如智能电视知道老年人喜欢的节目，智能点餐系统知道老年人的口味、心理价位以及对配送时间的需求，等等，将大大简化老年人的挑选时间和内容。具体来看，智慧养老的“智能化”要素主要包括：

1. “智能化”的基础设施

基础设施是“智慧养老”的载体，是保障老年群体共享改革发展成果、实现信息普惠的物质基础。我国电子政务总体框架的构成要素主要包括服务与应用系统、信息资源、基础设施、法律法规与标准化体系、管理体制，近年来，我国在电子公共服务信息基础设施、应用系统和信息资源建设方面不断加大投入。如今，智慧养老服务应用系统建设主要聚焦数据管理平台、服务平台等方面；智慧养老服务信息资源建设主要聚焦老年人基本信息、养老服务信息、健康档案、社会养老服务资源四大基础数据库。

新一代互联网技术带来的云基础设施以及在其基础之上建设的一体化数据管理平台与服务平台等，为互联互通以及有效配置或融合多渠道、多层级的养老资源与专业力量提供了支持。2016 年国务院办公厅发布《“互联网+政务服务”技术体系建设指南》，提出构建统一、规范、多级联动的全国一体化“互联网+政务服务”技术和服务体系，建立由国家级、省级、地市级三级平台组成的“互联网+政务服务”平台体系，阐明了“互联网+政务服务”基础设施建设的要求和方向。具体到基本养老服务设施，可以划分为医疗卫生设施、文化体育设施和生活性基础设施等类型。对此，《“十四五”国家老龄事业发展和养老服务体系规划》部署了 9 方面具体工作任务，包括织牢社会保障和兜底性养老服务网、扩大普惠型养老服务覆盖面、强化居家社区养老服务能力、完善老年健康支撑体系、大力发展银发经济、践行积极老龄观、营造老年友好型社会环境、增强发展要素支撑体系、维护老年人合法权益。同时，“十四五”规划设置了公办养老机构提升行动、医养结合能力提升专项行动、智慧助老行动、人才队伍建设行动等专栏，推动重大战略部署落实落地落细。

2. “智能化”的支撑技术

随着互联网、云计算、大数据、物联网和智能设备等技术和标准日渐成熟，5G 移动通信、传感器、WEB 服务云、智能数据处理等现代信息技术手段的综合应用以及“互联网+政务服务”的快速推进，各级政府和部门持续加强信息基础设施建设，强调现代信息技术与预防、治疗、康复和保健等健康管理手段的结合和运用，努力推进现代信息技术与养老服务行业融合发展，以期满足老年群体的多样化养老服务需求。目前，智慧养老服务模式的支撑技术主要以现代信息技术为核心，包括数据管理技术、信息管理技术、知识管理技术和智能技术，其效力和潜力在于：能够利用互联网，在实现各行各业互联互通的基础上，为智慧养老服务的多元化供给主体，提供有力支撑。

3. “智能化”的基础结构

要推进智慧养老，其技术支撑虽以硬件、软件和数据资源为基础，但应不只包括这些。所谓的现代信息技术与养老服务行业的融合发展，还应该构建在基本理念、基本思路、基础设施、支撑技术等内容的基础之上，即其技术基础建设应该相对宽泛，也可以包括管理技术范畴在内，如基本理念、基本思路、理论基础、服务方式等。整合前述智慧养老服务模式建构的基础性要素一基本理念、基本思路、基础设施和支撑技术，可以有效构建智慧养老服务模式的支撑技术逻辑框架模型。养老服务活动具体发生在养老服务的需求侧与供给侧之间、老年群体与资源（包括物质资源与数据资源，或有形资源与无形资源）或服务产品之间，以及老年群体与提供养老服务的系统（包括养老服务提供者及养老服务系统）之间。系统，尤其是智能系统，可以帮助老年群体及其家人解决以往单靠他们自身解决不了的或不能有效解决的问题。在提供养老服务过程中，需求侧与供给侧之间可以实时进行交流、协商和协调，数据开放、信息公开与知识交流为双向或多向服务供给提供了前提条件，供给侧可以实时了解或感知需求侧的需求以及需求满足程度，需求侧也可在其中了解或把握供给侧的服务能力及其约束条件。其中，需求侧不单指老年群体及其家属，也包括在协同或合作提供养老服务的过程中对其他组织提供管理和服务有所需求供给侧中的各方。

4. “智能化”的数据库基础

第一，数据中心架构。智慧养老的数据中心由基础信息数据、管理系统和支撑环境等三大部分组成。基础信息数据是数据中心的核心部分，对于管理系统和支撑环境来说，它们是数据存储、管理和运行维护的软硬件及网络条件。在基本定位上，智慧养老基础信息数据中心系统主要用于对基础数据的统一管理和分发养老服务，实现基础数据一体化的浏览、查询与统计、成果分发等功能。基础数据中心系统可实现的养老服务质量主要取决于两方面：一是基础数据内容与质量，尤其在数据的分类查询、统计与分析方面；二是系统功能的完整性、稳定性、有效性和可扩展性。在数据中心应用的过程中，只有对数据中心进行专门的管理和维护，才能保证数据中心正常运转和可持续运转。而数据中心的管理工作关系着整个系统和业务应用能否正常运转，必须采取措施谨慎对待。

第二，数据库体系。以老年人基本信息数据库和养老服务信息数据库为基础，建立居家、社区、机构、康养、医养等养老服务的基础数据库。数据库应该包括老年人的基本信息、健康保健服务信息、健康档案、资源共享等方面的数据。相关数据库应当与公安、社保、人力资源、财政等进行连通，并与医疗、养老机构、社区等方面的养老服务机构实现互通。通过智能家居系统、互动交流系统、健康监控系统、远程护理系统、社区服务机构使用的物业管理系统、老人紧急救助系统、医疗机构使用的医疗服务系统，以及第三方养老机构使用的照护服务系统、政府机构使用的养老服务保障和信息管理系统等，可对相关数据库进行全面连接，实现数据的即时汇聚、存取、分析和反馈。

总体而言，通过以“智能化”补足主体能力短板，智慧养老服务体系将能够更加精准、精确、高效地对焦老年人的服务需求，助推养老服务体系优化升级。智慧养老显然不只是为了向老年人提供智能设备，而是要通过智能化设备提高老年人独立生活能力，进而改善老年人生活质量；智慧养老不是对老年人行踪和健康数据的简单监测，而是要通过技术手段，对接后端医疗资源，保障老年人独立生活的安全性；智慧养老不是把老年人的生活起居交给智能机器人，而是通过智能化手段，辅助专业康复护理人员，给老年人提供更人性化的关怀和康养医养服务。

（三）以“一体化”提升整体运行效能

通过优化养老服务体系内部不同构成部分之间的协同关系、运行流程等，要想在根本上提升我国养老服务体系质量的内在需求，唯有依靠“一体化”平台或系统。智慧养老可以通过“一体化”养老服务平台或系统功能的打造，推动养老服务体系由分散型、碎片化转向多向度、多层次的综合性、整体化、互补式方向发展。这一创新性的养老服务体系使其主体结构依赖于政府、家庭、社区的协同合作与优势互补，根据形势变化和实际需求科学合理地处理好政府与市场的行为边界和动态关系，养老群体需求与多主体供给服务的匹配关系，以及多主体协商和合作关系等，能够减少政府负担，提供优质养老服务。在合作中，需要既充分尊重又坚决维护合作主体的差异化利益，以更好地调动和发挥多元服务供给主体的积极作用。

在具体运作逻辑上，“一体化”的智慧养老服务体系的运行机制体现为以互联网环境和智能技术为依托，以信息流动和数据分析为核心，建立以政府主导、企业和机构为主体、社区为纽带的居家养老服务信息网络，基于数据分析，及时回应不断增长的养老服务需求，推进养老服务项目和流程的创新，构建全覆盖、智能化、人性化、个性化的养老服务模式，等等。这些都是“一体化”平台的优势所在。一体化平台具体包括以下六个方面：

1. 一体化信息管理与服务体系

在智能化养老服务终端采集相关数据的基础上，充分利用互联网、移动互联网、物联网等网络基础设施，创建一体化互动服务平台，整合公共服务资源与社会养老资源，以充分满足老龄群体在安全、健康、生活照护、娱乐休闲、情感慰藉等方面的养老需求。

2. 政府机构间共建共享

整合政府相关部门的养老信息和数据，实现政府内部的养老信息系统的互联互通、共连共享，推进政府部门之间养老服务功能的无缝隙融合，可以实现政府机构间全方位合作、全流程监控并提供有效服务。

3. 一体化智能养老服务平台

以政府为主导构建综合性、集成性、智能化养老服务一体化平台，整合居家养老、社区养老、机构养老、康养和医养模式，可采取服务功能和内容分别建设和共同维护的策略，据此实现养老服务信息和数据的整合管理和服务增值。

4. 一体化的居家社区养老服务系统

依托智能化技术，建设智能居家系统，并与物业管理系统相关联。可与社区养老服务机构共同建设养老服务系统，并与其他智能养老系统整合，达到居家养老与社区养老一体化共享、智能化链接和相互协同，从而实现资源整合和服务共享。

5. 一站式医养康养模式

依托远程护理系统，推进医疗机构的信息服务系统建设和第三方养老机构的信息系统之间的信息共享和业务协同，可构建一站式的智能化和集成式的一体化医养康养模式。

6. 一体化运营模式

采用线下服务与线上服务同步进行的方式，实现一体化运营模式，从而可以依托多个服务合作商的产品及设备资源优势，整合和开发智能养老的互联网应用、移动应用开发技术，实现以用户为中心，从用户实际需求出发，加持设备和系统集成，最终实现一体化运营的任务。依托上述功能模块，智慧养老视域下的养老服务体系优化有望以智慧养老理念、技术和供给主体实现在“一体化”平台的功能模块和内容方面的创新性融合。

一是养老机构内部管理优化。养老机构管理系统是根据养老机构实际需求进行量身定制的机构管理子系统，目的是为养老机构管理人员提供信息化管理手段，克服传统的纸质式管理方法的弊端，降低机构内部管理成本。该系统从提高工作效率出发，提供全方位的机构内部运营管理、老人信息管理、工作人员管理、运营管理、后勤管理等相关服务，其中特色服务包括护工培训、养老院管理咨询等。

二是监护管理优化。对老年人生活进行全面的信息化监管护理需求供给，包括对行踪监控、紧急呼叫管理、床位监护等监督护理。用智能化的采集设备和监控手段可以快速有效地实现全方位的无人监护，能够有效节约人员成本，提高监护质量。

三是健康管理优化。健康管理系统是基于老年人的健康档案、问卷数据，来实现对糖尿病、高血压等疾病的风险评估。利用移动监测设备（如：高血压监测仪、血糖监测仪等）可实现对监测数据的分析需求；利用三维图表技术可以生成图表数据分析报告；利用无线通信技术及互联网技术，可实现医生与老年人之间的实时信息传递互动，初步完成以医生、用户（老年人及其家属）两种角色登录界面开发，实现各自角色操作功能。

四是居家养老服务升级。居家养老系统主要针对居家养老的老年群体，系统为这类老年人群体与家政服务商提供商业化服务平台，以满足老年人在家购买服务的需求，也为家政服务商家提供了更多居家老年人客户群体。其以家庭为核心、以社区为依托、以专业化服务为依靠，利用物联网等新一代信息技术整合各项社会资源，助力家庭、社区等社会单位向老年人提供生活、康养和医养服务。优势在于符合中华民族的历史传统、养老文化、家庭观念，能够满足老年人多层次的养老需求，同时可以降低对社会养老服务机构的依赖，并充分调动企业和社会的力量，形成老年人、家庭、监护和服务人员、社区、社会组织等多方受益的良性模式。其的服务内容包括但不限于生活照料、家政服务、健康监测、紧急救护、保健护理、文化娱乐、社交需求等，使老年人在家里就能够享受到满足个性化需求的多样化的服务。

五是生活服务升级。基于对老年用户信息数据的整合和分析，为养老服务行业提供全面准确及时的老年人需求信息，同时帮助老年人自身及其子女选择符合要求的优质服务产品、服务项目，最终打造全覆盖、全流程的养老服务产业链。智慧养老体系还可通过保健娱乐服务提供全面的老人健康知识和健康常识，包括老人保健、老人心理、老人生活、老人健身、老人疾病、老人用药、老人饮食等内容。另外，养老服务平台是可以为老年人提供互动交流的娱乐平台，包括交友、老年婚恋、老年论坛、视频等。

六是政府管控升级。政府管控系统是一个信息查询系统和决策支持系统，通过查询实时数据，方便政府实时监测和了解养老服务相关情况，支持政府决策的科学化和民主化。该系统实现的前提是养老服务数据的精准化。一般来说，政府管控系统的养老服务数据由各级民政部门负责采集和录入，养老服务数据包括老年人基本数据、养老机构数据、社区服务数据等。通过这一系统，实现省—（地）市—县（市、区）养老服务相关机构三级服务网络的连接，使数据能够自动上传至市数据中心，同时还能完成工作事务的自动化处理。该系统的实施，可使政府老龄工作实现基础数据网络化、业务处理自动化、统计决策科学化、流程监管智能化以及养老服务信息化。

本章探讨了如何立足于现实的政策基础和经济基础，以大数据、物联网、移动互联网等现代信息技术为依托，建构智慧养老服务的基础架构（基本理念、基本思路、基础设施、支撑技术等)，以求全局式勾勒智慧养老助推养老服务体系优化的逻辑思路，使对智慧养老需求侧和供给侧的认知与施用建立在科学、标准、规范和综合的基础之上。

智慧养老服务涉及物质、精神文化等多层次服务需求。社区和机构提供的养老服务大多是属地化管理，只为本地老年群体提供服务，追求公益性，以免费或低价的养老服务为主。智慧养老的多元化供给渠道则包括政府网站、政务微博、政务微信和其他移动互联网平台、政务客户端及其他组织和个人移动客户端等，在服务方式上既包括信息服务、沟通服务、个性化服务和交易服务，也包括政府服务、政府出售、政府间协议、合同承包、特许经营、政府补助、凭单制、自由市场、志愿服务、自我服务等类型。

总体上，要实现智慧养老，首先需要建立信息化、网络化的养老技术体系，将互联网技术、物联网技术、传感技术、远程监控技术、智能分析技术等应用到日常养老服务中去，实现养老服务的网络化、信息化和智能化，实现老年人数据的即时收集、网络汇聚、实时获取、智能分析。其次，通过综合养老服务平台使分散于不同机构、组织和家庭的养老服务信息能够互联互通，使居家养老、社区养老、第三方养老服务机构和社会公益组织，以及医疗护理机构能够在统一的平台上呈现并合作，从而能够实现养老资源的高效配置，提高资源的使用率和利用率。最后，政府需要明确养老服务发展的基本取向并制定相关服务标准，通过技术标准来规范数据管理、数据共享的方式，打破信息共享的刚性制约；同时，通过服务标准来明确社区、养老机构等硬性要求、规范操作流程，以实现养老服务的全过程监管和追踪式问责。

第二节　智慧养老助推养老服务体系优化的基本模式

基于以智慧养老助推养老服务体系优化的逻辑思路，本章进一步通过实践考察，对智慧养老具体嵌入和赋能养老服务体系已有探索并进行归纳，提炼出其基本运作模式与启示。具体地，笔者选取了我国东部、中部、西部地区具有代表性的三个典型案例，分别对应我国处在实践前沿的三个养老服务体系“智慧化”模式。通过展示不同“智慧化”模式的运作过程与特色，对如何将智慧养老助推养老服务体系优化进行阶段性总结与思考。

一、“虚拟化”商业运营模式

“虚拟化”商业运营模式主要采取会员制运作方式，以政府驱动、社会化运作、信息化管理的专业化养老服务为特征。该模式的典型代表是江苏省苏州市。苏州市早在20世纪80年代就步入了老龄化社会，由于老年人数众多，苏州市面临着多样化、个性化的服务需求与碎片化、单一化的服务供给之间的现实矛盾，传统的单纯依靠政府发放补助的居家与社区养老模式暴露出越来越多的问题，其主要体现在服务资源的整合利用效率、服务信息的畅通和反馈等方面。为此，2003年，苏州市探索出了“虚拟化”商业运营的养老服务模式，首创“没有围墙的养老院”。苏州市以虚拟养老服务为特色，一直在探索和实践中前进，并逐渐受到政府与各界人士的高度关注。2007年，苏州市将这种模式命名为“虚拟养老院”。

“虚拟化”商业运营模式的智慧养老主要是依托信息服务平台，进行网上服务派单、质量管控、统计分析、呼叫、授权管理等，通过信息化技术手段促进养老服务需求者与供给者的精确匹配，并增加服务评价功能，进而提高养老服务水平和老年人服务满意度。2008年，苏州市虚拟养老院正式投入运营，其主要运营商为鼎盛物业管理有限公司，服务依托方为居家乐养老服务中心。2021年初，苏州虚拟养老院项目，正式名称为“互联网 + 养老院”项目，迁址区社会福利中心养老综合楼，整合了高新区社会福利中心产学研基地，打造技术先进、信息丰富、系统完善的“互联网 + 养老院”服务平台，逐步建立了苏州高新区养老服务的智能呼叫中心、养老器材体验中心、养老数据中心三大“互联网 + 养老服务中心”。截至2021年底，苏州高新区智慧养老信息服务平台采集建立了81 200余名老人的信息档案，归集了8个居家养老服务组织、79个社区日间照料中心、500余名服务人员的信息，覆盖苏州高新区6个镇（街道）、79个村（社区），日服务工单超500人次，取得了显著成效。①

（一）会员制运作机制

“虚拟化”商业运营的智慧养老特征可以概括为政府统筹推动、社会化运营、信息化管理以及专业化服务。其中，政府在“虚拟养老院”的创建和发展过程中，扮演着推动者、扶持者、协调者以及管理者的角色。譬如2008年，苏州市政府制定了《关于在全区推广“邻里情”虚拟养老院的实施方案》，明确指出将虚拟养老院纳入养老服务组织，享受政府开办经费补贴和运营经费补贴。之后苏州市陆续出台了《苏州市区养老服务设施布局专项规划》以及《苏州市居家和社区养老服务改革试点实施方案》等一系列养老服务政策，这些政策和管理办法的出台，为虚拟养老模式发展壮大奠定了物质保障和政策保障，消除了公众对虚拟养老服务的戒备心；同时，通过企业管理这种社会化运作机制，充分发挥了市场在资源配置中的决定作用，有利于用活和用好社会养老资源。信息化管理一方面有效解决了以前养老服务不匹配和供给低效的问题，另一方面畅通了老年人服务评价机制，使老年人的服务需求能够较快地得以整合、响应，提升养老服务效能、保障老年人服务需求。

1. 运作流程

虚拟养老院与传统养老服务模式的主要区别是充分利用了现代信息和通信技术，其信息中心和技术平台主要包括呼叫中心客户端、老人居家客户端、平台服务组件平台、通信及信息传输等四部分，形成了由工单生成、工单流转、监控考评、收费查询、统计分析、服务预测等六大功能模块，通过基于语音程控交换机系统、数字化信息传输系统和数据库终端处理系统的全链条管理机制，对居家养老服务对象实行会员制客户准入管理。具体来看，其整体运作流程主要包括以下五个环节：

第一步，录入系统。虚拟养老院通过“居家乐221服务系统”，对老年人实行会员制客户准入管理，并且定期更新和维护老人基本信息。老人及其家

---

① 宗世法．嵌入性视角下“智慧健康养老服务模式”的建构——对“北科养老”的个案研究［J］．贵州民族大学学报（哲学社会科学版），2020（02）：44－128．

人可以通过网站或微信公众号（居家乐养老）绑定老人的身份证号，查询老年人专属的养老服务。同时，也可申请入住“银龄公寓”或接受长期照护服务。第二步，办理业务。老年人或家人通过登录养老服务系统（微信公众号或官方网站），填写服务项目和服务内容，也可以打电话预定所需的某项服务。第三步，生成订单。“居家乐221服务系统”的工作人员根据系统生成的客户需求服务项目，再次与客户确认预定的服务项目和服务时间，确认完毕后生成服务工单，最后将工单（包括服务的项目、时间、对象、地点、要求）分配给负责该老人所在街道护理员，护理员根据所分配的工单，按照约定提供上门服务。第四步，服务反馈。“居家乐221服务系统”一方面会记录每位护理员的工作状态，另一方面，会在服务完成后联系老年人或其监护人，核实完成情况、完成质量、老人满意度等内容。另外，会员也可以通过网站或公众号浏览护理员相关信息（基本信息、服务资质等）、评价养老服务，或与其他会员交流养老心得。通过这些功能的设置，畅通了服务接收方、服务供给方、服务评价方、服务管理方等不同养老主体之间的双向沟通渠道，拉近了彼此之间的关系。第五步，费用结算。按照服务项目，系统每月会生成1份收费清单，并由养老服务中心向老年人的指定监护人收取相关费用。

2. 服务对象

虚拟养老院的服务对象包括二类：第一类是自助对象，即经济条件较好，需要居家养老服务的老年人，其服务费用全部由老年人或其家人承担，不享受任何服务补贴。第二类是政府援助对象，主要包括城乡“五保”供养对象中的老年人、低保群体中的孤寡老人、“三无”困难老人等。在服务标准方面，虚拟养老院为政府援助对象和政府补助对象制定了详细的服务标准，切实保障了两类老年人居家养老服务需求。

3. 服务项目

虚拟养老院提供的养老服务主要包括六大类：居家生活护理、社区日间照料、居家安防服务、远程健康服务、长护居家照护、社区嵌入公寓等，此外，还有若干项小型服务项目，具体如下：

（1）居家生活护理

基本生活类：起居护理、饮食护理、卫生护理、助医护理、精神陪护、居室整理。

人文关怀类：生日祝贺、节日问候、安全提醒、健康关怀、走访巡护。

（2）社区日间照料

助餐：午餐、晚餐。

助医：健康档案、保健体检、慢性病预防、咨询诊疗、医养康护、理疗针灸、患病走访、意外保险。

助洁：理发、修脚、洗衣、保洁。

助乐：生日庆祝、传统节庆、午后影院、戏曲表演、益智游戏、棋牌体操。

助学：电脑班、烘焙班、园艺班、微信班、手工班、保健讲座。

助游：集体旅游、外出活动。

（3）居家安防服务

居家平安通呼叫：24 小时接听求助来电，转接救助，联系家人。

烟感、气感报警：异常智能感应，现场自动报警，系统同步响应，远程监控处置。

防走失追踪定位：出行定时追踪，走失意外 SOS，即时搜索定位，平台实时监听，历史轨迹察看，远程监控处置。

（4）远程健康服务

健康评估检测：监测血压、血糖、血酮、血氧饱和度、心率和脉率、心电图。

远程系统管理：建立健康档案，定期接受检测，数据实时上传。

指标异常提示：儿女快捷获悉，健康计划指导。

医养康护服务：健康建议、用药指导、饮食指导、心理疏导。

（5）长护居家照护

失能照护项目：头/面部清洁梳理、洗发、指/趾甲护理、手足部清洁、温水擦浴、协助沐浴、口腔清洁。

协助进食/水：协助鼻饲进食，协助更衣，整理床单；协助翻身叩背排痰；协助床上移动；排泄护理；人工取便。

协助如厕，协助皮肤用药；借助器具移动；协助肢体锻炼。

失能照护标准：中度失能，每月 10 次，3 日/次。重度失能，每月 12 次，2.5 日/次

(6) 社区小嵌公寓

医：定期问诊、常态跟踪；

康：康复训练、心理指导；

养：闲情逸致、颐养天年；

护：专业护士、亲情服务；

食：营养可口、个性定制；

住：舒适温馨、设施齐全；

娱：常态开展、个性选择；

智：智慧物联、平安监护。

（二）实践成效与发展

1．“虚拟化”商业运营模式的实践成效

一是在低成本的资源整合方面成效显著。为降低服务与运营成本，苏州市虚拟养老院只为员工提供了简单的工作场所和必备的基础设施，并未占用太多服务空间，将养老资源有效投入到系统更新维护、员工培训奖励、服务优化改进方面。养老服务信息平台详细罗列了虚拟养老院所能提供的 6 大类服务事项和 53 小类养老服务，并标明了服务时间、服务要求和服务价格。当老年人（会员）有需求时，可直接通过电话、平台或微信公众号联系服务中心。中心会根据老人的实际需要，及时安排护理员上门为老人解决问题。通过这种供需匹配方式，使碎片化、分散化的服务资源有效集中起来，老人不用长期入住养老院，便能享受到优质高效的养老服务。

二是在社会参与主体能力的提升上成效显著。为解决服务人员短缺问题，虚拟养老院吸收了大量下岗职工和社会闲散人员，将服务人员入职门槛降低到小学文化程度以上。同时，注重提高服务人员福利待遇水平，服务员工资待遇每月达到 3 000 ~ 4 000 元，还同时配备有社保、奖金和其他福利待遇激

励。按照每周6天、每天6小时安排工作时长，并享受法定休假日，切实顾及每位服务人员的身体状况，大大提高了服务岗位的吸引力。在此基础上，虚拟养老院注重员工的培训和奖励。服务中心坚持每月一次的持续化职业提升培训，它是保持并提升服务质量的重要保证，是树立员工终身学习意识、不断进步思想和全面自我认识的重要途径；为员工授予“善行义举奖”“特别委屈奖”等；帮扶慰问员工、发放帮扶慰问资金。这些措施极大地提高了社会参与主体的服务能力和服务水平，增强了虚拟养老院的服务竞争力。①

2“虚拟化”商业运营模式的发展空间

虽然虚拟养老院取得了宝贵的实践经验，但仍然需要融入新的理念与技术，不仅要做到提高资源配置和使用效率，还要注重保障老年人精神层面的需求。

（1）进一步整合相关信息，建立统一的养老服务平台

从未来的发展方向看，虚拟养老服务模式有待进一步完善数据整合的信息服务平台，将所有老年人基本信息、社区与养老机构的服务能力和信用信息、社会康养和医疗信息以及其他社会志愿服务组织信息等统一纳入。利用大数据、云计算、物联网等智能技术，使养老服务过程智能化、服务结果智慧化。然而，仅仅依靠企业很难推动和完成养老服务数据的整合和实现智慧化养老，政府需要在这一过程中承担起养老服务的主导作用。

目前苏州市政府正在主持建立苏州市养老数据资源中心，其一期项目汇聚了全市106万老年人的数据、1.1万名服务人员数据、1 401项服务组织数据、110个功能点、17类数据标准，涉及8个委办局。实现了面向三类对象的服务功能：一是面向政府部门，四级数据统一上报。通过数据分析形成决策支持，实现养老业务数据的可视化展示，对下辖养老服务主体的运行监管。二是面向社会组织，向机构开放公共养老数据资源，辅助提升养老服务能力，打通医养融合数据通道。三是面向公众，同时提供微信端、互联网端两大入口，实现养老机构、居家养老服务组织等服务信息的自助查询、在线预约以及定位查找等功能。二期项目正在完善数据信息，扩大数据覆盖范围。养老

① 丁晓梅，陈艳，郎加云．智慧养老理念下养老服务体系改革路径探究［J］．攀枝花学院学报，2021，38（04）：39－44．

机构可以通过这一平台，分析老年人的实际需求，从而使养老服务更加精准化、个性化和专业化。

（2）进一步重视老年人社交需求，建立虚拟社区

虚拟社区是指一群主要借助计算机网络彼此进行沟通的人群，他们之间有某种程度的认识、分享知识和信息，在一定程度上如同对待朋友般彼此关怀，从而形成的网上虚拟团体。

为此，建设以老龄群体为主要对象，以满足老年人社交需求、情感认同的虚拟社区变为可能。但是，现实环境中虚拟社区的设计初衷和价值理念一直都是以年轻群体为中心，许多社交网站和软件的操作界面复杂，功能繁多，未能有效兼顾老年人的使用能力，对其使用造成很大不便，导致虚拟社区迟迟未能出现老年群体性付费的盈利拐点，企业因此缺乏老年人虚拟社区开发和探索的实践动力。综上所述，养老服务不仅是一项以盈利为目的的服务性产业，更是以人本主义为价值载体的公益性事业。满足老年人基本生活需要固然重要，兼顾老年人情感慰藉和精神支持亦不能少。在企业虚拟社区探索力度不足的时候，政府可对虚拟养老服务平台运营良好的企业进行适度补贴，增加虚拟社区的开发和建设力度，增进虚拟养老服务功能优势，满足老年人的社交需要。

二、“智能化”公益对接模式

“智能化”公益对接模式主要采取积分制运作机制，提供基于科技助力的政府主导、企业协同、全民参与的智能造血式养老服务。该模式的典型代表是河南省新乡市探索进行的积分养老实践。新乡市是我国中部的地级市，面临青壮年劳动力大量外流和老龄化趋势日益显著的问题。2012 年以来，面对与日俱增的养老服务需求，新乡市政府展开广泛调研，加快养老服务体系建设，与民间养老组织一起探索出了既具地方特色，又能充分融合信息技术的“积分养老”。

新乡市积分养老实践始于2012 年4 月27 日，为整合养老服务资源，提升养老服务效能，新乡市成立了“12349 居家养老管理服务中心”。该中心通过互联网为老年人设置了生活照料类、医疗保健类、法律维权类、文化教育类、

体育健身类、志愿服务类等6类服务，并将老年人所需的主要服务信息公布在网络平台上。同年6月，考虑到网络普及率低，老年人难以有效触及互联网等问题，新乡市印发《新乡市居家养老服务管理办法（暂行）》，提出建立12349居家养老服务呼叫中心，并为老年人开通养老服务热线。紧接着，2012年12月，受商场购物可以累计积分并兑换商品的启发，新乡市民政局与市老龄委在前期工作的基础上，整合多元社会养老资源，与涉及养老服务产业的医院、超市、银行、通信等行业进行了密切磋商，依托新乡市12349居家养老管理服务中心，成立了以互联网为平台、以积分为纽带的养老服务业联盟，探索出了积分养老新模式。该模式使大量沉淀的为老年人服务社会资源得以整合成具有实力强、资源广、服务全、一盘棋的新型资源，实现了网络服务平台与老年人基本生活需求的有效对接，并有助于引领老年人在国家正规金融机构安全理财，保障老年人资金安全，为我国其他地区养老服务提供了借鉴和参考。“异业联盟”成员单位现已涵盖了金融、通信、保险、医疗、养生、旅游、娱乐、学习等多项老年服务领域。

（一）积分制运作机制

“智能化”公益对接模式下的智慧养老主要通过积分管理，盘活社会各项为老年人服务资源以及老年人手中的闲散资金，其基本思路是鼓励老年人通过储蓄、缴费等形式获取积分，再以一定的刺激手段使老年人在接受养老服务过程时消费积分。在积分养老模式的实践中，养老服务业联盟逐渐成为养老服务供给的主力军，各成员单位通过为老服务找到了利益共同点和发展增长点。而积分则充当货币的媒介作用，使养老服务需求主体和供给主体通过积分得到了有效地衔接。

1. 智能化的养老服务积分取用

首先，在积分制运作模式中，老年人获取养老积分的方式有很多，但主要可以概括为三类：共享积分、公益积分以及文明积分，三种积分获取方式皆依托智能化技术实现，并具有典型的公益属性。

（1）共享积分

共享积分主要由老年人参与养老服务异业联盟旗下各成员单位的活动所

获得。其共享积分的获取途径包括如下三种：首先，通过存款获取。老年人在中国银行新乡分行每定期存款 1 000 元，银行将赠送老年人 30 积分，以此累计；同时，老年人子女享受同等积分待遇，并可以将积分转至父母名下。其次，缴纳话费获取。新乡市老龄办与中国联通、中国移动公司推出老年人缴话费赠积分活动。办理“敬老套餐”的老年人，每缴费 10 元将获赠 1 积分。在子女办理缴费时，只要提供家中 60 岁以上老人信息，也可获赠相应积分。再次，老年人还可以通过在保险公司购买保险，在社区居家养老服务网点缴纳水费、电费、煤气费、电话费等，订阅《平原晚报》、观看新乡电视台《咱爸咱妈》节目，以及加入 12349 老年大学上课等方式，获取积分。

（2）公益积分

为动员社会力量，鼓励大众参与公益活动，新乡市开设了公益积分助老活动。譬如社会各界年满 18 周岁人员，凡参与“12349”组织的社会公益活动或义工活动，每次可奖励 10 个积分；受聘于社区居家养老服务工作站的助老志愿者，每月参加公益活动或志愿服务达 20 天以上，将给予 300 个储备公益养老积分；上门为空巢、孤寡、失能、高龄、特困老人提供对口服务的（每周不少于 2 次），每人每月给予 150 个储备公益养老积分，到 12349 老年大学讲课的老师可获得 50 积分等。

（3）文明积分

为营造爱老、助老、尊老的文化氛围，构建养老、孝老、敬老的社会环境，新乡市推出了爱心传递送积分活动。凡积极传递健康向上的养老新理念，主动宣传积分养老新模式，大力推广养老助老新政策，帮助老年人享受家政好服务，及时协助老年人入住医养病房或护理中心的，均可获得爱心传递积分。参与文明城市创建活动可获得文明积分。除此之外，新乡 12349 公共服务热线联合 12349 异业联盟、社会志愿者、高新区老年大学、社区服务站定期开展衣物捐赠活动，积极参与此活动也可获得爱心传递积分。

在积分的使用上，老年人获取的养老积分可用来享用日常生活服务、医疗卫生和康复保健服务、精神慰藉服务等三种服务类型。在日常生活方面，老年人可用积分直接抵扣现金，兑换理发、洗衣等生活服务和“e 城 e 家”家政服务，也可以在超市购买生活用品或专供失能、半失能老人使用的产品，可以使用积分免费兑换或按比例抵扣现金。在医疗卫生与康复保健方面，老年人使用积分抵扣健康检查、康复理疗费用。新乡市第一人民医院、第二人民医院、第四人民医院联合成立了医养联盟示范中心，实施养老、就医积分通兑。老人到医养联盟示范中心成员单位就医，可使用服务费用积分抵扣。在精神慰藉方面，老年人可免费参加多项文化娱乐活动，使用积分享用观影折扣。新乡市居家养老管理服务中心每年根据老年人需要提供旅游服务，其中积分可抵扣旅游所需费用的 30%。除此之外，老年人可免费参加 12349 老年大学开设的各项课程。这些活动的开展极大地丰富了老年人的精神文化生活。

2. 政府主导、市场运作的公益性运营

“积分养老”模式以“政府主导、市场运作”为原则，政府发挥了公信力保障、资金支持和监督管理作用，市场则使养老服务资源得到高效配置。这种良性循环的支撑机制破解了当前我国普遍存在的“输血式养老支持”困局，发挥了社会养老的造血功能。

（1）政府主导作用的发挥

积分养老模式地有效推行离不开政府主导作用的发挥。在探索之初，新乡市政府就注意到本市人口老龄化的趋势，为 12349 居家养老管理服务中心的成立提供了一系列的政策保障和资金支持。在积分养老服务实践过程中，新乡市政府联合异业联盟，整合各类有效数据，打造 12349 政府养老服务平台，使积分养老具备数据优势。近年来，随着老龄化进程的加快，新乡市老年人口数量突破百万大关，积分养老模式在推广和升级中也遇到了新的问题。为此，新乡市政府制定了一系列政策支持性文件。譬如为提高积分养老的吸引力，弥补养老服务队伍缺口，出台了《新乡市“志愿助老服务公益积分制”实施方案》，规定凡参加公益活动和志愿服务的居民均可获赠积分。这吸引了公众的高度关注，提高了公民加入志愿服务行列的热情，极大地推进了积分养老发展进程。为提高新乡市政务部门对积分养老的支持力度，新乡市政府明确了包括发改委、住建委、城乡规划局、财政局、自然资源局（原国土局）、司法局等多个部门在内的老龄委成员单位，建立老龄委组织机制、老龄工作督查长效机制和老龄工作联席会议制度，最大限度地发挥了政府主导、成员单位通力协作的联动作用，为包括社区居家养老服务在内的整个老龄事业的发展提供制度和机制保障。此外，政府还积极推进养老基础设施建设支撑。2018 年，新乡市政府无偿提供社区养老服务用房 1.7 万余平方米，全年新增社区老年人日间照料中心 36 个。2020 年，市区虚拟养老院建设覆盖率达到 90%，90% 以上的乡镇和 60% 以上的农村社区建立包括养老服务在内的社区综合服务设施和站点，每个县（市）、区至少建有一所政府主办、以收养失能半失能老年人为主的老年养护机构。同时，利用权威媒体大力宣传积分养老模式，使其得到社会各界广泛认可。

（2）异业联盟的推动作用

积分养老本质是一个兼具公益性和商业性的养老模式。公益性是积分养老的目的和价值，商业性是积分养老得以推动和运行的重要保障。异业联盟在积分养老模式运行过程中发挥了推动作用，为老年人养老服务提供了强大的资金保障、服务支持和创新引导。异业联盟旗下包括银行、通信公司、保险公司、医院、电视台、老年大学等与老年人养老服务切身相关的各个行业。成员单位在养老资源供给过程中，通过居家养老管理服务中心这一数据平台，整合服务资源，共享服务数据，打破了原来数据彼此孤立的状态，弥补了各自服务功能的不足。居家养老管理服务中心整合的数十万条老年人基础数据在异业联盟的服务驱动下，正在不断迭代与更新，为养老服务业进一步市场化和产业化创造了条件，也为积分养老迈向智慧养老创造了数据优势与平台优势，更为积分养老模式本身创造了品牌特色。同时，随着积分养老服务竞争优势逐渐显现，联盟成员单位也越来越多。经济效益的提升也让银行有了更多动力参与养老产业，为积分超市、老年大学、康复理疗中心提供更多的免费产品和无偿帮助。

（3）非营利组织和志愿者的积极参与

积分养老模式的推行还离不开非营利组织与志愿者的积极参与。其中，最主要的非营利组织是新乡市居家养老管理服务中心，其以无偿或低偿方式，负责社区居家养老服务网点的建设、管理和运营。在运行过程中，新乡市居家养老管理仅在最开始的 2012—2015 四年期间，新乡市便注册志愿团队近千个，仅新乡市区注册志愿者就达 15.4 万人，占建成区常住人口的 13.9%。目前，新乡市参与志愿养老服务已蔚然成风，构成了新乡人生活的一个良好氛围。志愿者不计回报、无私奉献，为老年人排忧解难的精神得到了社会各界的广泛赞誉。

（二）实践成效与发展

1．“智能化”公益对接模式的战略价值

（1）理顺企业与政府关系的实践样板

养老问题的本质是实现养老服务资源的有效供给与合理配置。在理想情况下，养老服务应当完全由市场进行配置，政府则主要承担监管责任即可。但是，由于养老服务不仅仅是服务产业的一部分，更是一项事关我国近2.5亿老年人（根据国家统计局、民政局所统计的2020年我国65岁及以上老年人口规模数据）生存健康和每一个家庭繁荣兴旺的公益性事业，仅仅依靠市场很难保障低收入老年人的生存权益，仅仅依靠政府又难以供给和配置所有老年人的养老服务资源。在这种情况下，合理发挥政府与市场积极作用，使其发挥各自优势，是解决养老服务供需矛盾最为可行的方法。

以智能化积分取用的公益性、商业性并重的运营机制为特征，积分养老模式的重要价值恰恰是对于上述理念的有效贯彻和全面实践。异业联盟旗下各成员单位作为养老服务的直接提供者，将成型的管理模式、管理经验以及优秀人才投入到养老服务中，获得了较好的经济收益，进而为居家养老管理服务中心提供了形式多样的支持和帮助，推动了积分养老模式的进一步发展与完善。随着异业联盟不断壮大，越来越多的同类企业加入养老服务队伍中，增加了各成员之间的服务竞争。而竞争的加剧有助于提高企业服务质量，进而实现从“企业效益提高—吸引更多企业加入—养老服务质量改善—市场不断活跃—企业效应提高”的良性循环，推动了各相关主体形成多方共赢的养老服务生态。同时，在积分养老模式下，政府并不直接参与养老服务的供给，而是发挥主导者、监管者、支持者、评价者的角色，对积分养老服务模式进行宏观层面的政策引导，为政府公办服务中心与异业联盟合作，运用商业理念整合各行业资源，推动养老服务产业的发展。随着积分养老效用逐渐显现，越来越多的居民开始加入志愿服务队伍中，养老机构和发展前景良好。政府对信用有保障的养老服务企业提供资金与政策支持，并对服务不到位，长期

不能满足和保障老年人服务需求，以及信用等级较低、口碑较差的企业实行强制退出政策。

（2）对同等发展水平城市的智慧养老实践起到示范作用

在智慧养老探索中，新乡市积分养老模式为解决养老服务企业融资难、盈利难的问题提供了良好的示范作用。据新乡市人民政府公开数据显示，截至2019年1月，12349居家养老服务中心服务网点已增至30多个，新增就业岗位600余个，日均消费积分2万左右；累计消费金额8.6亿元，实付金额6.2亿元，使用积分2.4亿分；全市已超过45万老年人正在享受积分养老所带来的服务。2021年建成市级智慧养老服务平台，新建改建养老服务设施20个，构建15分钟居家养老服务圈。新乡市银龄产业正以积分兑换服务这样的融资模式，盘活社会资源，拉动老年人及整个社会消费，再将收益反馈给老年人，切实做到了积分养老、真实服务。

同时，新乡市积分养老模式为我国中西部城市在养老服务供给不足的情况下，创新智慧养老服务供给起到了一定的启示作用。我国许多地区开展的社区居家养老服务主要采用项目制方式，即政府通过对养老机构、非营利组织或社区进行财政性补贴，满足老年人基本的养老需求。这种政府介入的养老服务，能够极大改善养老机构高投入、低回报的经营状况，降低养老市场经营风险，弥补市场失灵。但政府购买居家社区养老服务亦存在很多问题，如：过多干预，资金不足，养老机构等不注重服务质量的改善和提高，缺乏主动而为的创新精神等。这在一定程度上加大了机构经营者、服务投递者、服务接受者之间的矛盾。尤其是在经济不发达或欠发达地区，地方财政支持往往乏力，导致政府购买的养老服务长效性难以得到保障。新乡市作为我国中部城市，在资源少、经济不发达、地方财政支持不足、劳动力外流、老年人均储蓄不高的情况下，从融资模式、平台支持、经营方式、消费理念等方面积极实践、大胆创新，探索出了一条针对性强、实用性高、可推广、可持续的养老新模式，打破了传统观念所认为的养老只是家庭和政府的事。通过积极利用大数据技术，实现服务资源共享，将所有相关者都纳入积分养老模式中，真正做到了政府主导、企业协同、科技助力、全民参与，为中西部其他地区创新养老模式、探索养老新思路提供了借鉴和参考。

2.“智能化”公益对接模式的发展空间

一是辐射范围有待优化。由于缺乏统一的标准和权威机构认证，积分的计算、确认、持续和兑换存在着不确定性，一定程度上影响了社会成员参与积分养老的积极性。在这种情况下，可以引入虚拟货币的概念，将积分视为一种虚拟货币。虚拟货币应由政府认证、时间银行发行、政府出台相关政策和法律为其提供信用保障。时间银行除了遵循货币流通规律发行虚拟货币外，还应当对其存储与消费制定统一的规范，既要预防虚拟货币通胀导致企业收入减少，又要防止虚拟货币发行不足未能充分调动相关主体参与养老服务的积极性。在实践过程中，应强化信息技术的支撑作用，建立全国范围的电子信息记录系统，通过平台整合个人信息、企业信息、服务组织信息，实现虚拟货币的电子化管理，保障信息统计的时效性，做到实时查询、实时消费。

二是数据共享与异业联盟准入的条件有待改善。积分养老模式实际上是智慧养老的一个具体操作模式，其功能发挥有赖于数据的整合与共享。然而，现阶段养老数据仍然分散于民政、卫生、公安等部门以及一些养老服务企业，数据整合工作成为重中之重。在进一步的发展中，需要由政府出面协调民政、卫生、公安等政务部门，打破“数据孤岛”，推动养老数据整合，同时借助大数据、物联网等技术，统筹打造全市范围内的 12349 居家养老基础信息库。在此基础上，制定数据采集、存储、共享的服务标准，打通政务部门、异业联盟、社区等参与主体之间的数据接口，促进数据共享和安全流动。除此之外，还应合理降低异业联盟准入门槛，适度放宽准入限制，全面调动市场积极性，实现养老服务的全方位、个性化、精准化供给。

三是积分养老的规范性和持续性有待提升。首先，政府应继续发挥主导作用，对积分养老模式推广发展给予政策支持和制度保障，对投身积分养老模式的，具备相关资质的企业和非营利组织提供适度政策倾斜，如给予税收减免，土地、水电等财政补贴。其次，加快完善数据安全和隐私保护制度，提高相关组织数据安全意识，防止因管理不善和技术漏洞导致老年人切身利益受到威胁。再次，推动政府和服务组织信息公开，保障公众对养老服务的知情权和参与权，使服务能够实时接受公众监督。其次，推动相关组织数据开放和信息共享，保障数据平台顺利建设、维护和开发，完善专利保护规范体系，保障积分养老模式稳健推进。最后，加大扶持力度，提高对失能老年人、失智老年人、城市“三无”老年人、农村“五保”老年人等特殊群体的财政补贴力度。

四是积分养老服务供给的质量需要加强保障。首先，在提供服务之前，需先对老年人进行能力评估登记。评估方法可以借鉴日常生活活动能力（Activities of Daily Living，ADL）和工具性日常生活活动能力（Instrumental Activities of Daily Living，IADL）指标。其次，要对服务人员及志愿者进行登记，了解他们的基本信息、服务意愿、服务能力、服务时间、身体状况等。在此基础上，开展线上线下相结合的培训方式。一方面，12349 新乡居家养老管理服务中心可组织录制服务教学视频放在平台上，作为一种线上培训的方式，服务人员只有在平台上完成一定数量的学习内容才可获得服务许可。另一方面，各社区邀请专家定期为服务人员提供线下培训，增加实训经验。最后，还应从监督和评价机制的完善上入手，在养老服务完成后建立“老年人评价、监护人评价、管理方评价、服务人员自评”等多方服务评价机制，并赋予不同权重。定期完成服务评价汇总后，将生成服务人员综合评估结果报备政府相关部门，对服务员进行服务星级认可，并出具考核证明。通过将考核结果作为服务人员工资待遇和奖金的重要指标内容，而机构中不同星级服务员的比例作为机构服务信用和服务能力的重要参考，为具有公益性的积分养老服务质量提供保障。

三、“一体化”生态共建模式

“一体化”生态链共建模式主要采取派单制运作机制，提供公建民营、民办公助的，居家、社区、机构养老系统融合的养老服务。该模式的典型代表是重庆市。截至 2021 年 5 月，重庆市全市常住人口共 3 205.42 万人，其中，60 岁及以上人口为 701.04 万人，占 21.87%，65 岁及以上人口为 547.36 万人，占 17.08%。[①] 这一深度老龄化的社会现实促使重庆市政府积极探索养老

① 张锐昕，张昊. “互联网 + 养老”服务智能化建设的条件限度和优化逻辑［J］. 理论探讨，2021（02）：147 - 154.

服务业的创新发展路径，并以开放、合作、竞争的市场化态度发展养老事业，积极鼓励民营企业兴办养老产业。为推动养老服务呈现出“百花齐放”的发展态势，重庆市政府出台了《重庆市人民政府办公厅关于印发22件民生实事工作实施方案的通知》《重庆市人民政府办公厅关于全面放开养老服务市场提升养老服务质量的实施意见》等18个养老服务政策文件。其中，2018年发布的《重庆市社区养老服务“千百工程”实施方案》，明确提出支持养老机构或养老服务企业运营社区养老服务中心，实施规模化、连锁化、集约化营运模式，满足社区居家养老多元化市场需求。

在整体养老服务体系建设中，重庆市实践的一个亮点便是利用信息技术提升养老服务质量，积极建设了“一体化”的智慧养老项目。该智慧养老项目主要由安康通公司负责。依靠自主研发的信息管理系统和专业化的家庭服务团队，在自主运营居家呼叫中心的基础上，整合社会各类优质服务资源，为广大老年人提供全方位、多层次的居家养老服务。作为国内最早的养老企业之一，安康通公司成立了安康通·居家养老服务中心（以下简称“服务中心”），服务中心配备了7＊24小时紧急救援平台和“安康通互联网＋智慧养老云平台”，依托互联网、物联网、移动通信网络等现代化技术，打造“派单制”的居家、社区、机构养老三结合的养老服务新模式。

（一）派单制运作机制

目前，重庆“一体化”智慧养老服务的对象主要是居住分散的特困老人、低保老人、空巢老人等，养老服务主要通过派单制方式提供，包含线上信息服务和线下助老服务两种类型。

1. 派单式线上信息服务

（1）线上信息服务：精神慰藉、紧急救援和代叫服务

精神慰藉：精神慰藉体现在养老服务中心客服工作人员每月至少主动并成功关爱老人4次，关爱内容包括但不限于：询问近况和需要的服务，陪伴聊天，必要时对老人进行心理疏导、用药提醒、事件提醒、交通时刻表查询等助老服务的咨询。客服人员根据老人的表述，逐次将老人的情况记录在案。

紧急救援：紧急救援体现在服务中心为老人配发的手机定制有紧急救援

按钮，老人发生意外时可一键求救。同时，服务中心设有7＊24小时紧急救援平台，平台录有老人的全部信息，且保证7＊24小时有工作人员接听电话，老人一旦按下紧急救援按钮，紧急救援平台立刻响起警报声，弹出需要紧急救援老人的GIS信息，并迅速启动紧急救援方案。

代叫服务：代叫服务体现在服务中心作为第三方，帮助老人联络家属、医护机构等。代叫服务通常与紧急救援服务相联系，当服务中心的紧急救援平台响起警报声，弹出老人的GIS信息之后，工作人员将立即启动代叫服务，为老人代呼120、119、110等救援电话，联络老人家属并进行应急指导，必要时，还提供线下协助救援。除此之外，代叫服务还包括帮助老人代叫出租车，在指定时间叫醒老人等。

（2）线下助老服务：助理服务、康复护理服务、精神服务

首先，助理服务包括很多内容，涉及服务事项的方方面面。比如居家整理服务、助洁服务、助餐服务、助浴服务、助行服务、助购服务等。

其次，康复护理服务主要分为起居服务、代购药品、陪同就医、现场理疗（自费）、医疗保健（自费）。其中，起居服务体现为工作人员协助老人穿脱衣服、如厕、洗漱（包括刷牙、洗脸、洗脚等），帮忙整理衣物，让老人穿衣冷暖适度、保持整洁，定时为卧床老人翻身，做到无褥疮。代购药品体现为工作人员为老人代购药品，代购范围为诊断明确、病情稳定、治疗方案确定的常见病、慢性病，除老人特别要求外，应选择老人居住所在地对应的社区医疗机构或正规药店购买，代购前后做到当面清点钱款和药物，药品费用老人自理。陪同就医体现为工作人员陪同老人到医护机构进行就医，就医后及时向老人监护人反馈就诊情况，注意老人途中安全，就医及交通费用由老人自理。现场理疗体现为服务中心安排专业、有资质的人员上门为老人提供理疗服务，根据老人特殊生理特点选择理疗方式和配备相应的理疗器具，理疗过程中注意观察老人的身体适应情况，防止老人受到损伤，理疗费用老人自理。医疗保健分为健康咨询服务和医疗协助服务。健康咨询服务主要体现为服务中心通过电话、网络等一对一形式或讲座、老年学校等一对多形式。医疗协助服务体现为服务员遵照医嘱，及时提醒和督促老人按时服药，协助开展医疗辅助性工作，医疗保健的费用需由老人自理。

最后，精神服务分为精神慰藉、心理咨询（自费）、法律援助。其中，精神慰藉体现为工作人员上门为老人读书读报，与老人谈心交流，耐心倾听，尊重并保护老人的隐私。心理咨询体现为服务中心安排专业、有资质的人员观察老人的情绪变化，掌握老人心理特点和基本沟通技巧，并通过心理防御手段调整老人的心理状态，心理咨询费用由老人自理。法律援助体现为服务中心安排专业、有资质的人员为老人提供法律咨询、政策解读等，第三方专业机构根据老人需要进行免费、公益、低偿的服务。

2. 主动与被动、线上与线下、内部与外部要素相融合

服务中心根据重庆市渝北区民政局提供的纳入符合渝北区居家养老服务范围的老人名单，一一上门采集老人信息，并将所有老人的信息建立档案，上传至老人信息系统。同时，服务中心为每一位服务对象发放一部安康通公司自主研发的具有定位功能和一键呼叫功能的手机，现场向老人宣讲手机使用方法，并且每月为配发给老人的手机充值话费。服务中心所提供的线上信息服务和线下助老服务都依赖配发的手机进行。以此为依托，现阶段服务中心的智慧养老服务有两类：一是仅享受线上信息服务；二是线上信息服务和线下助老服务相结合。具体分布情况为：渝北区主城 11 个街道和两个试点镇（古路镇、茨竹镇）老人同时享受线上信息服务和线下助老服务，其余 9 个镇的老人只享受线上信息服务。这一运作模式由被动与主动、线上和线下、内部和外部监管等关键要素构成。

（1）被动模式与主动模式融合

首先，被动模式体现为老人被动接受服务中心的线上信息服务，包括精神慰藉和生日祝福服务。具体运作过程为：服务中心话务人员根据老人信息系统中的电话号码、关爱记录、健康记录、备忘录、生日信息等数据内容，确定当日所需主动关爱的老人名单，依次拨打电话给老人，询问老人近况及所需服务，具体关爱内容见精神慰藉服务部分，话务人员在接听电话的同时根据老人表述的情况，逐项记录在案。老人成功接听并与话务人员交流近况，则计为成功关爱一次，否则话务人员需要另择时间对老人进行主动关爱。

其次，主动模式体现为老人主动寻求服务中心的线上信息服务，包括紧急救援和代叫服务。具体运作过程为：老人在发生意外时，按下服务中心所

配备手机的“一键呼叫”键，服务中心的信息服务平台随即亮起红色警报灯并显示老人的个人信息和位置信息，话务人员立即接听电话安抚老人，同时，启动紧急救援网络。根据信息服务平台显示的老人位置信息，联系就近急救中心、老人所在社区（村）的紧急救援人员以及用户登记档案中的紧急联系人，必要时联系就近助老员上门协助救援，实时跟踪救援情况。此外，在老人需要叫车或叫醒服务时，亦可采用主动模式，一键呼叫信息服务平台，话务人员随即接听老人来电，老人阐述自身所需服务项目、服务时间及其他要求事项，话务人员将老人表述事项记录在案，在老人指定时间提供指定服务。老人享受服务后，服务中心将对老人进行电话回访，以保证老人享受到满意的服务。

（2）线上与线下服务模式融合

线上信息服务统一按月计费，每月 50 元，由政府全额补贴老人的服务费用。根据老人自身情况，分别由民政部门、老干部退休管理部门、审计部门、财政部门、退役军人事务部等部门付费，自费的服务费用则由老人自理。服务费用均采用先服务后付费、次月结算的方式。服务中心与老人签订线下服务协议。根据老人的分布情况，就近招聘和培训助老员。由于服务过程中，助老员与老人之间需要有较多的了解和信任，因此为老人提供服务的助老员一般是本街道、本社区或本村村民。此外，服务中心每月会安排专业人员对助老员进行培训，以提高服务质量。

老人在需要某项线下助老服务时，只需通过安康通公司配发的手机一键呼叫服务中心即可。呼叫中心设立了 7 * 24 实时在线服务热线，以确保无漏接电话的情况。客服人员通过智能话务系统接听老人来电，该系统自动记录老人的 GIS 信息和所需的服务项目、服务时间、特殊需求及喜好等事项。客服人员在查询服务人员管理系统中助老员的档期安排后，与老人协商确定排期，同时在养老服务平台生成工单。之后，指挥调度中心将智能话务系统中显示的老人的 GIS 位置和服务人员管理系统进行匹配，查看老人附近的助老员情况，筛除在忙助老员和在休助老员，通过智能工单系统将工单派送给空闲助老员。助老员通过安康通 App 或者安康通云服务微信公众号接收并确认工单，根据工单信息电话联系老人，并确定上门服务时间。服务开始时，助老员需在有老人门牌号信息的背景下与老人合照，将合照和位置定位上传至安康通 App 或者安康通云服务微信公众号上，视为成功上门签到。服务完成时，也需将能体现服务过程的与老人的合照和位置信息上传至安康通 App 或者安康通云服务微信公众号，视为服务签出。

（3）内部与外部监管融合

服务监管模式分为内部监管和外部监管。内部监管包括监管机构人员监管和系统自动监管。为保证服务中心的服务监管质量，服务中心设置了项目经理 1 人，负责各街道、各社区服务提供者的服务监督和管理工作，以服务对象需求为出发点，以街道和社区为主体，进行服务团队的建设、培训、管理、考核、线上信息服务对象和线下助老服务对象的走访工作，收集用户的反馈意见及应急需求。此外，服务中心还设立了各街镇站长 22 人，为严格把控服务质量，实现所有服务百分之百监督，服务中心对每一个工单都进行电话回访，针对部分回访不到的工单，由站长负责线下走访老人，线下服务则通过 App 实时定位，确认服务地址和服务时长，确保工单百分之百回访，只有老人确认满意后方可结单。

服务中心还设立了知识库维护组和培训小组，当值班长、现场主管和运营经理通过运营质监报告的数据分析发现服务质量存在问题时，将立即制定改进计划，提出服务质量改进方向，并进行阶段监督与反馈，知识库维护组通过分析总结、固化经验、规范制度和优化流程实现改进提升。在这一过程中，培训小组通过目标监督、行为反馈、技能培训进行全程监控与反馈，使服务严格遵循 4PS 体系和 144 个 KPI 指标，确保提供优质的服务。

系统自动监管体现在两个方面。一是话务部门会将服务对象信息按标准格式录入重庆安康通养老信息服务平台，该平台能自动记录话务人员成功且主动关爱老人的次数。二是安康通 App 或者安康通云服务微信公众号的程序设置和功能模块结构本身就具有监管功能，可显示服务人员的实时定位。接收工单的助老员在服务开始时必须在 App 或微信公众号上签到，以示服务开始；在服务完成时亦需在 App 或微信公众号上签出，且助老员的签到签出以上传照片为凭证，以确定助老员的服务地址和服务时长。同时，服务中心通过服务实施监管系统，可以对上门服务人员及服务过程实时监管。

在外部监管层面，主要表现为政府通过下述三种方式监管服务中心的服务过程和效果：其一，在街镇社区开设单独窗口，老人及家属可通过窗口递交对服务中心的意见评语及改进措施，同时，政府工作人员亦可通过窗口随时监督服务中心的服务过程。其二，街镇领导下乡走访，街镇领导对服务中心所管辖街镇的服务对象进行不定期检查，并将服务效果记录在案，作为对服务中心考核的依据。其三，政府通过招投标方式选择第三方评估机构，对服务中心进行年度评估。

（二）实践成效与发展

基于被动与主动、线上和线下、内部和外部相结合的派单制运作机制，重庆市以服务中心为支点，搭建了“安康通互联网+智慧养老云平台”、智能产品、线下服务构成的生态链，为老年人提供了医疗、护理、康复、休闲、娱乐等一体和居家、社区、机构养老相结合的养老服务。

具体从居家养老来看，通过上门服务的形式，在为居家老人提供生活照料、健康管理、居家安全和精神慰藉服务等方面实现了创新。首先，服务中心开发了健康管理系统和“天下健康 App”，定期安排专业医护人员上门为老人进行体检，进行疾病评估和监测，并建立健康档案，以保证健康管理的系统性和持续性。其次，服务中心对老人居家环境进行了适老化改造，主要表现为对厨房、老人卧室和卫生间的改造。厨房主要涉及空间尺寸、通风照明、地面、存放空间、炊具安全性的改造；老人卧室主要涉及空间尺寸、通风照明、地面、门窗、家具配置、增设智能看护设备和紧急呼叫按钮等改造；卫生间主要涉及干湿分区、地面高差、安全扶手、开门朝向、地面防滑、增设紧急呼叫系统等改造。并且在老人家中安装了居家安全实时监控系统，当居家老人在家中发生意外时，能立即向居家养老呼叫中心报警，以便让老人在第一时间内得到救援。最后，为缓解老人缺乏子女陪伴而导致的心理症结，服务中心开发了“子女关爱 App”，方便老人和子女进行即时性视频互动。

从社区养老来看，以社区日照中心为载体，提高了为社区老人提供的生活照料、健康管理、精神慰藉等服务质量。社区日照中心分为四个功能区：生活服务区、健康护理区、文体娱乐区、综合管理区，各功能区均安装有视频监控系统。生活服务区除视频监控系统外，还安装有健康小屋系统、智慧护理系统、远程照护系统、智能助餐系统和跌倒预警系统，设有养生餐厅、中央厨房、福利超市、美容美发室、助浴室、洗衣房、日间照料室和长者照护之家，老人可通过刷脸就餐，便捷享有生活照料服务。健康护理区设有健康体检室、专家会诊室、远程医疗室、护理站、药房、康复训练室、养生理疗室、心理疏导室和法律援助室，在远程医疗室中安装有远程医疗系统，便于老人接受更好的医疗服务。文体娱乐区设有棋牌室、阅览书画室、网络室、多功能厅、体育活动室、舞蹈室、摄影工作室、安康亲子园和静修室，以丰富老人的精神生活。综合管理区设有接待大厅、呼叫中心、康复辅具展示区、办公室、会议室、保洁室、备品库、档案室、储物室和设备用房，以维持社区日照中心的日常运营。

就机构养老而言，以信息化管理系统为依托，优化了为老年人所提供的生活照料、健康管理和精神慰藉等服务。首先，强调医养结合，把专业的医疗技术、先进的医疗设备与养老机构的护理人员相结合，以康复为支撑，融合了人、技术、设备等的专业性，提高养老机构老人的医疗服务水平。其次，服务中心开发了养老机构管理系统，并在该系统中增加了政府端入口，便于养老机构的监管。最后，服务中心开发了床位管理系统和床位轮候系统，有意愿在养老机构养老的老人，可通过床位管理系统了解渝北区养老机构的床位情况，若无空床位，则可通过床位轮候系统了解到目前等待床位的人数，再决定可选择的养老机构，这一系统的开发解决了养老机构床位管理的混乱现状，减少了老人寻求床位的等待时间和无用功。

在以智慧养老助推养老服务体系的发展方面，我国许多城市已经展开了深入实践，探索了诸多切实可行的养老服务模式。本章描述了“虚拟化”商业运营、“智能化”公益对接以及“一体化”生态共建这三种智慧养老实践样态。其中“虚拟化”商业运营模式主要是依托虚拟服务平台，通过会员制运作机制，将下岗职工和社会无业人员纳入养老护理队伍，经过系统培训和严格考核，为老年人提供专业化，个性化的养老服务；“智能化”公益对接模式主要是针对养老服务融资难、劳动力供给不足等问题，通过积分养老运作机制，让老年人通过参与银行储蓄、生活缴费等活动获取积分，用于抵扣购物、饮食、康养等基本生活消费，实现老年人和各行业、企业的积极参与；一体化“生态共建”模式主要是基于智慧养老云平台，通过派单制运作机制，实现线上信息服务与线下助老服务相结合，传统养老与智能技术相结合，以及居家养老、社区养老与机构养老相结合，解决了传统养老模式无法及时、准确、高效对焦老年人服务需求的弊端。

从上述三种实践模式可以看出，通过智慧养老助推养老服务体系的升级并非只有一个路径、一种方法，而是可以因地制宜、因需而动、赋能增慧。当然，不同模式背后的基本思路是一致的，即需要深入了解老年人的实际需求，以切实提供高效、精准的养老服务目标为基准，推进大数据、云计算、物联网、人工智能等新一代信息技术与养老服务的深度融合，以技术优势弥补养老服务供给侧赋能不足的劣势。同时，发挥政府主导作用，推动民政、卫生、公安等政务部门的深度合作，实现养老数据共建共享、互联互通，发挥大数据分析与处理优势，达到从理念、体制、机制，到技术、过程、结果等全方位、全过程的智慧注入。

第三节　智慧养老助推养老服务体系优化的前景

基于需求与愿景、理论与实践、国内与国外等多重维度的综合探讨，可以发现智慧养老是助推养老服务体系优化的一个有效且可行的理想路径。借助价值嵌入、技术赋能和交互增慧，智慧养老可以在虚拟化、智能化、一体化等方面助推养老服务体系提质增效。同时需要认识到的是，任何体系的升级换代都是一个复杂化的、困难化的过程。其复杂化，一方面是由服务的复杂性决定的，另一方面是由人的行为、需求的复杂性决定的。其困难化，一方面是由其复杂化带来的，另一方面是由其统合的既有养老服务模式运作流程牵涉多元主体利益所导致。养老服务针对老年群体基本和特殊需求提供，老年人信息素养的欠缺和能力的不足加剧了养老服务体系优化过程的复杂性和困难化。在以智慧养老助推我国养老服务体系优化的过程中，需要注意克服潜在的障碍，走出常见的误区，并不断探索配套性制度和保障性机制的建立和完善。

一、以智慧养老助推养老服务体系优化的可能限度

在以智慧养老助推我国养老服务体系优化的过程中，客观存在的温度落差、难以逾越的数字鸿沟、尚难突破的协同壁垒等成为影响智慧养老发挥的瓶颈，亦是未来以智慧养老助推养老服务体系优化中需要着重克服的阻碍因素。

（一）客观存在的温度落差

我国老年人口规模庞大，数量甚至远超一个或几个发达国家总人口的规模，人口老龄化程度在继续加深，难以逆转，且不同地域、不同省份之间的经济发展水平、财政能力、人口特质、养老传统等都具有高度的异质性。面对日渐庞大的老龄群体和日益突出的养老服务供需矛盾，我国现有的养老服务体系及其服务模式难以有效满足老年人的多层次、多样化、有温度的物质和精神需求，更无力满足老年人的个性化和特殊性需求，主要源于当下养老服务供给的数量和质量两方面差距。在供给数量上，主要表现在养老服务资源严重不足，譬如养老金缺口规模巨大、养老服务机构床位数量严重不足、养老护理员数量缺口较大，等等。在供给质量上，我国养老服务质量呈现东、中、西区域差异和城、乡、村地域差异，具体表现为东部养老服务质量明显好于中部与西部，城市服务质量明显优于乡镇和农村，且地区差距仍在不断增大。这些都说明现阶段我国养老服务供给的数量与质量难以满足现实需求，凸显老年人日益增长的养老服务需求对当下我国养老服务模式及体系的要素的完整性、均衡性、充沛度以及相互之间的逻辑关系等提出了严峻挑战。

智慧养老需要切实关注老年用户的使用感受和提供具有温度的服务。但在智能技术应用过程中，老年人的切实需求尤其是精神慰藉需求往往遭到忽视。一方面，老龄群体服务产品的设计存在很多固有缺陷。因为老龄型产品，特别是高龄型产品，往往不是由老年人设计的，也缺乏老年人的参与，这使得所开发和生产出来的养老服务产品常常难能符合老年人的使用习惯，也无法满足老年人的实际需求。例如，失能老年人的产品设计，是健康人基于失

能老年群体临床表现而设计出来的，对失能老年人个体化的实际需求而言，容易造成与失能老年人的实际需求不符。另一方面，研发人员常常采用封闭式问题和预定义选项，限定了养老服务用户的多向选择，这种情况说明其在前期用户需求调研中，很少深入探究老龄用户做出选择的背后原因，导致所开发的养老服务产品往往与老年用户的实际需求不符，只是具有智能，难以具有智慧。

（二）难以逾越的数字鸿沟

与人口老龄化同样快速发展的还有信息化。近30年来，信息技术的杰出成果、互联网的建设和发展推动了各行业及其服务的融合，在助力技术进步、绩效提升和组织变革方面显示出惊人助力，极大地激发了新的服务业态及现有服务模式的创新和发展，养老服务业同样受益。2019年国务院办公厅印发《关于推进养老服务发展的意见》中明确提出，实施“互联网+养老”行动，持续推动智慧健康养老产业发展，拓展信息技术在养老领域的应用。但是我国对于如何促进养老服务系统内嵌智能与在系统应用中活化智慧两者间的关系，如何利用智慧养老融合和集成现有养老服务模式并促其升级，以及怎样利用智慧养老助推养老服务体系优化等问题未能得到解决。一方面原因在于组织对新技术、新设施和新系统的响应或反应滞后；第二方面原因是新技术的开发和应用需要占用大量资金和资源，出于利益考量，组织不愿在优化服务体系和促进模式转型上过多付出；第三方面原因是老年人是信息社会中的弱势群体，在利用信息化成果改善自身现状方面缺乏应有技能，还未找到解决智慧养老的智能化和智慧化建设的有效方法，导致在智慧养老服务的供给上存在不同区域、人群、组织间显著的不平衡性和“数字鸿沟”。因此，如何缩短不同区域和地域的不同人群之间享有养老服务的比较差距，弥合他们之间的“数字鸿沟”，确保智能养老服务模式在本地和异地、线上和线下的各部门和各组织之间的协同与合作能够良性实施或运行，确保不同阶层、背景等人群都能均等化地享受到智慧养老红利，构成了我国以智慧养老助推养老服务体系优化的现实挑战。

从数字技术的操作性看，智慧养老中的诸多智能化产品多由年轻人或中年人设计，忽视了老年群体的知识水平、使用能力和身体能力，缘于没有坚持“以老年人为中心”，因此难以在老龄市场中广泛普及。同时，老年人数据安全意识低、能力有限也增加了应用智能技术助老的安全风险，直接影响到老年人的财产与人身安全。智慧养老服务平台实质上不仅涉及智能化建设，需要利用所有老年人及其家属、养老服务机构、政府及行业管理部门的力量，整合智慧城市中所有养老信息和数据资源，还涉及智慧化建设中所有养老服务供需主体的实时智慧奉献，由此，养老服务系统功能应用的可及性、包容性、有效性等成为影响智慧养老服务质量的关键障碍。

从养老服务数据质量看，如果老年人的健康数据、需求数据不精准，未及时得到更新，不能深耕与深养，不能精确分析和处理，将很难精准满足老年人的实际需求，并提供有效的养老服务。此外，由于养老数据具有分散性，目前分散于不同的数据库中，而不同的管理主体建设和管理各自的数据库，不仅浪费了大量的时间和金钱成本，也不利于养老数据和服务供给的集约化管理，即在不同的养老服务建设和供给主体的利益分配的现实顾虑下，分散化养老数据很难满足整合共享的需要。

（三）尚难突破的协同壁垒

智慧养老服务平台系统功能效用的发挥，关键在于借助多元化养老服务供需主体（包括服务支持方、服务提供方、服务接收方、服务管理方、服务监督方与评价方等相关主体）的合作力量，通过智能化建设与智慧化建设交互融合，实现线上养老服务与线下养老服务深度融合，从而使所有养老服务供需主体之间的业务协同和服务合作得以实现。特别是对家庭、社区、养老中心、医疗机构等服务提供方来说，只有各方的职能定位科学、功能设计清晰、服务流程顺畅、有效响应，才能防止养老服务资源过度集中于某一类养老服务供需主体，保障养老服务资源分配的均等性、公平性。但是在实践中，厘清养老服务主体之间的关系及其承担的养老服务功能与其承担的社会责任并不容易。以社区养老和机构养老为例，两者常常存在职能定位不清、功能设计不明、服务衔接不畅、合作程度不深等问题，影响着养老服务体系各要素的协调发展和整体效能，影响服务平台最终用户的权益。

二、以智慧养老助推养老服务体系优化的路径策略

以智慧养老助推养老服务体系优化，应在智能化建设的同时进行智慧化建设，智慧化建设是养老服务体系优化的必要的条件、要素和可行的路径。在利用智慧化建设助推我国养老服务体系优化的过程中，存在的诸多障碍，未来我国智慧养老亟须从服务人情味、服务可及性以及服务协同性等层面着手改进。

（一）以“量身定制化”增加服务人情味

智慧养老涉及智慧居家、智慧社区、智慧机构、智慧医养等要素，是多元要素汇聚、叠变的结果。从系统及功能建设角度来看，智慧养老包括养老服务智能化和智慧化两部分，是为满足老年人快速增长的养老需求，以需求和问题为导向进行智能性功能要素的融合和集成、智慧性元素的注入和交互而形成的新的养老服务样态，旨在有效实现智能集聚，在不断创新养老服务体制机制、方式方法的基础上，通过技术层面的需求识别，注入人、制度与合作的智慧，自动加主动地为老年人提供能够满足其个性化需求的更好、更多、更智的服务。“更智”既体现在为老年人提供便利、快捷、一站式、全流程、全天候的智能化服务，以满足老年人的个性化需求，也反映在其功能结构及其流程设计中架设友好的人机界面，采取多方服务主体合作或协同的方式注入个人智慧、群体智慧或集体智慧。以“量身定制化”的智慧服务增加服务人情味，可以克服机器系统冷冰冰、无人性的局限性，使系统及功能具有温度，提供对老年人来说有尊严、有价值的养老服务。

智慧养老的功能结构可以依据现有的居家养老、社区养老、机构养老、医养结合等模式进行模块规划，并以功能建设填充各个模块。但在实际建设中，需将它们整合在统一的平台上施以整体设计。其实现逻辑是：基于对中国养老服务整体情况的调研分析，分别从满足老年人的基本需求和特殊需求入手，以用户服务中心和数据处理中心为核心，在进行信息技术应用以及社会资源和力量的有效整合的基础上，对智慧养老的功能结构进行统筹规划和整体安排。同时，基于属地化养老服务供给的具体情况，根据各个基层单位

的地域、资源、风格特点，为城乡老人“量身定制”服务，让主动权掌握在被服务对象的手里，使得他们的诉求满足度可以达到最大化，以保障老年人可以享受到符合自身个性化需求的有温度的服务。

（二）以“包容性智慧”提升服务可及性

智慧养老的质量和绩效不取决于它有多复杂、多高级、多安全，其核心的评价指标应该是它是否足够简单、明了、方便、经济、智能、智慧，即老年人是否有兴趣、能否很便捷地找得到、理解和使用好系统及功能，以及在智慧化建设的支持下系统及功能是否能让老年人获得“全天候”“一站式”“一条龙”、包容性、彻底性服务，服务对象和手段的包容性、服务功能和内容的彻底性、服务过程及其成果的可及性、服务产出及其形式的有效性等，这些都是建构智慧养老逻辑结构时应该重点筹划和优先考量的维度。

智慧养老可及性的实现，依赖于所有参与者可以有效便捷地提出养老服务需求和优质高效地提供满足需求的服务。而养老服务的需求侧与供给侧之间的良性互动有赖于其各个组成系统接口的灵活性以及人机界面的友好性。接口用于业务 WEB 节点之间的数据交换，支持在组织间和组织内部使用不同类型的合作程序进行信息交换。接口为智慧养老参与主体之间的合作提供目标约束，也为他们之间的系统衔接提供资源保证。人机界面则是连接现实世界和网络世界的通道，为人机交互和人人交互提供枢纽保证。此外，设计智慧养老的流程结构，需要对支持系统和供应链管理的内外部人力资源进行科学配置，对供应链各个环节的“单向”输送或“双向”选择方式做出安排。“双向”选择服务是实现个性化定制服务的途径保障，有利于加强服务者与被服务者的沟通交流，可有效避免公共资源的浪费，通过智慧化建设持续提升养老服务体系的效益、效率和满意度。①

智慧养老流程结构的建构需要从了解老年人的真实需求起步，尽可能地将所有硬件、软件、信息等合理嵌入到养老服务系统之中，为老年人提供适

① 张锐昕，张昊. 智慧养老助推养老服务体系优化：思路与进路［J］. 行政论坛，2020，27（06）：139－145.

合需求的智能型和智慧型产品，其基本要素包括：了解用户需求、设计对路产品、反馈需求信息、优化产品设计、嵌入服务系统、匹配资源力量、接受老年人评价、改进产品服务等。在建构流程结构中，必须充分尊重老年人的意见和自由抉择，不能将养老信息和服务随意塞入网站，造成信息过载，增加老年人的阅读和使用负担。在提升服务可及性时，要把对老年人的健康信息的实时监控和应急管理作为重点，努力采用先进的智能手段和设备来解决老年人生活中可能遇到的各类风险问题。比如，基于物联网的应用，可以开发各类专属的智能终端，通过各类移动设备和传感器收集老年人的各个方面的信息，随时监控老年人的日常生活状态，并针对大数据分析和处理后发现的问题，提供具有针对性的精准化的报警、康养或医疗服务；基于传感器、手表式 GPS 精确定位或专门开发的 App，可以为老年人及其家属提供健康监护（如倒地、血糖、血压、心率等情况的报警）、远程跟踪（如具体位置、移动轨迹等防走失的定位）、远程诊断治疗等紧急医疗救助功能，也可以及时通知亲属和约定医护人员，实现医疗专家远程诊断；基于智慧养老信息管理平台建设，可以形成老年人基本信息、养老服务信息、健康档案、社会养老服务资源四大基础数据库，以实现老年人口统计数据查询、养老服务需求评估审批、养老补贴管理等功能；基于互联网云平台计算分析，可以提供康复护理、家政服务等一系列照护服务。

（三）以顶层驱动和分层整合增强服务协同性

针对以智慧养老助推养老服务体系升级中面临的顶层设计需求以及协同与合作壁垒，政府需要发挥主导作用，通过自上而下的顶层驱动和助推不同层面的子系统的整合及多边主体间的条块协作，增强养老服务体系本身的协同性。

首先，利用顶层设计驱动养老服务体系优化。养老服务涉及的服务对象广泛、内容复杂，多元化供给主体亦有各自不同的利益诉求，智慧养老更是将相关方面提升到较高层次。作为养老服务供给最重要的参与主体，地方政府首先要从需求分析入手，清楚了解当地老年人口状况、他们的养老服务需求以及地方现有的养老服务能力，通过顶层设计驱动养老服务体系优化，包括统一养老信息采集标准，建设养老服务基础条件，提供养老服务资源的最佳配置，规范老年人隐私保护制度，完善组织和个人信用体系构建等，以期利用正面声誉的激励和负面名声的抑制达到矫正不良信用行为、积累信用的目的，以解决目前的养老服务供需不平衡、参与主体协同性差、信用缺乏等问题。

其次，利用“互联网 +”促成多边主体的双边或多边发生良好的化学反应。智慧养老的采用势必会带来许多相互关联的组织，由此导致其组成要素包括其中所有可能或有意愿为智慧养老提供服务的组织和个人，如政府、医疗机构、社区、养老服务中心、第三方养老服务机构、社会公益机构和志愿者、制造企业、老年人及其子女等，拥有了更多潜在的合作伙伴。借助智能技术的赋能作用打通合作伙伴之间的信息壁垒，有利于将合作伙伴纳入开放、共享、动态的网络空间中开展分层整合与协作。由于跨文化性客户关系管理常常由于不同的管理风格、文化哲学、价值和治理机制而妨碍合作，因此必须解决合作伙伴的跨文化性问题，并厘清不同合作伙伴在养老服务过程中所应扮演的角色、承担的责任和发挥的作用，为他们营造民主氛围、发展和谐关系提供条件。既是为了充分发挥市场在资源配置中的决定性作用，又是为了更好地发挥合作伙伴的积极性和主动性，实现合理分工、优势互补。因此，既要坚决维护合作伙伴各自的利益，也要真正落实各个合作伙伴的责任，让他们共担风险，为合作伙伴的共商、共议、共建、共享、共治提供多元化渠道、更多互动环节和合作机制，达成各方利益最大化和养老服务体系整体效用最大化。智慧养老的参与主体之间的协作或合作不得不面临更多的不确定性和风险性，需要借助合同、规则和条款来保证参与者的义务和权利，需要通过共建、整合和共享资源来保证参与者之间的相互理解和互动关系，保障智能、文化和知识在智慧社区养老互动交流和服务供给中的显性使用和隐性控制，这些都是保障参与者之间协作或合作的重要前提条件。智慧养老允许潜在的合作伙伴（如志愿组织、中介组织等）分别了解业务行为和所提供商品的质量，而不是整体信息，这为主体、资源的分层整合假设提供了依据。

再次，提供更多的整合要素，融合与集成各类养老服务模式，包括主体、客体、环境、内容等，实现主体性整合、多层性整合、交叉性整合、中和式整合、依附式整合等，使多边主体拥有的关系、资源、信息和知识得以聚集和叠变，推动单向度、单一层次的养老服务模式向多向度、多层次的综合性、互补式的智慧养老整合样态发展。分层式养老服务模式整合可按照协同模式与合作模式两个维度进行。通过建立以效能为导向的政府管理制度和以问题为导向的多元化主体合作机制，智慧养老可依赖政府、家庭、社区间的协同合作与优势互补提供人力和资源保障，可根据形势变化和实际需求科学处理政府与市场间的行为边界和动态关系、养老群体需求与多元参与主体供给服务间的匹配关系，以及多元参与主体间的协商与合作关系，从而有效减少政府负担，提供优质养老服务。

最后，建构智慧型养老服务体系是养老服务体系优化的理想目标，也是居家、社区、机构养老服务模式相互融合和集成发展的方向。智慧型养老服务体系需要以安全可靠、功能完备的养老服务系统为支撑，需要各类基础数据库与养老服务基础数据库对接，需要养老服务网络与其他公共服务网络互联互通，但其具体功能运作、数据资源使用和负载的网络是否可及、可控、有效，有赖于合作伙伴间资源的整合以及数据开放、信息公开与知识交流的广度、深度和及时度，也有赖于养老服务参与主体及其所利用的养老服务系统的安全和信用。只有所需基础条件具备，多元主体与系统关系理顺，形成合力，再为养老服务中的线上与线下、双边或多边的交流以及人人互动与组织协作提供全方位支持，才能针对老年人及其家属的个性化需求，为他们提供全方位、全覆盖、综合性、精准化、有温度的养老服务。

1. 筑牢基层智慧居家养老服务网络

建构完善的智慧居家养老网络是养老服务体系智慧化的基础步骤，也是实现居家、社区、机构养老融合发展的前提。智慧居家养老服务网络建设旨在建立安全可靠、功能完备的网络平台系统，为养老服务中线上与线下、双边或多边的交流、互动与合作提供支撑，满足老年人及其家属需求，并最大限度地快速响应这些需求和提供相应的服务。

首先，在安全方面，由于智慧居家养老服务平台及其使用的网络具有开放性和匿名性，服务参与者将不得不面对其他参与者及其服务供给的信用问题。为保障各参与主体提供智慧养老服务供给的质量，同时避免任何一个参与主体可以随意操纵自己声誉或他人声誉的情况发生，可以采用谈判信誉系统框架（它允许业务合作伙伴在完成交易后通过评级对彼此进行评估，以支持参与者寻找值得信赖的商业伙伴），也可以采取自主信任构建模型。这类信誉系统促进一个实体数据的收集、积累和分发，而这些数据反过来又可以用来描述和预测该实体未来的行为。从本质上说，通过参考信誉数据，用户能够决定他们将信任谁，信任到什么程度。参与主体的信誉系统建设旨在利用正面声誉的激励和负面声誉的抑制达到矫正不良信用行为、积累信用的目的。

其次，在功能方面，智慧居家养老的基本特征包括资源的多元性，体系的多层次性以及体系的开放性和优势互补性等，从而为老年人提供全方位的养老服务。其中，按照户口所在地（属地）在本地或异地划分，智慧居家养老服务模式可划分为本地型和异地型两类。这两类模式需要家庭尊重老年人的意愿，由家庭自由抉择确定。随着养老文化的变迁以及社保和医保体制障碍的消除，今后将会有更多经济条件好的老年人选择在经济发达、气候环境优越的异地购房居住，更多经济条件不好的老年人选择在欠发达、物价水平低的异地购房或租房居住，更多失能、半失能或未失能的老年人选择居住在异地的子女家中，且异地养老的人数将会持续增长。

智慧本地或异地居家养老指向的养老服务虚拟供给主体可以是相同的，但要求提供养老服务的现实主体却不同。后者要求提供养老服务的最好是与老人同处一地的家人、服务机构医护人员和社区志愿工作者，之所以是“最好是”而非“必须是”，是因为现实生活中我国老年人长期移居异国享受晚年生活的人数也在增多，而这种情况下其户口或原工作单位所在地的社区或公立机构很难做到为其提供生活关注、紧急救助和关心关怀等物质性专属服务，但却可以提供安全管控、健康管理等虚拟专属服务，为老年群体真正享受到养老服务普惠提供多方面支持。比如：可利用物联网、传感器、手表式 GPS 定位、手腕式血压计等手段，随时为居家老人提供远程健康监护服务。如果老人倒地或血压、心跳等出现问题，会立刻开启紧急救援呼叫系统，并直接呼叫其子女、亲属和约定的医护人员，并视情况提供远程诊断治疗；如果老人出门，可定位老人的具体位置和移动轨迹，提供防走失短信服务，进行远程跟踪，并提供主动关爱服务。

总体而言，在智慧居家养老服务模式下，具体功能运作是否可及、可控、有效，依赖于数据开放、信息公开与知识交流的广度、深度和及时度，也依赖于提供者及其所用技术手段的安全性和信用性。如果数据开放、信息公开与知识交流不完备、不安全，或者数据维护不及时、少信用，对老年人的健康管理、日常照护和应急响应等服务供给将会因此延误，给老年人生命和财产带来潜在损害或危险。为此，卢阳旭等（2019）认为应围绕知识生产、共识形成和行动促进这三个关键问题，开发适合我国制度环境和社会基础的系列工具（即多样化的 AI 治理技术工具箱）；倪东辉等（2017）提出系统的安全控制模块应设置认证、操作记录、防火墙、密钥管理、数据管理和数据恢复，以确保核心数据的修改权限只能由少数人拥有；温新民等（2019）提出，应从数据治理的生命周期、主体、对象、关键要素等方面探索科学的数据治理框架。相关功能元素可以为智慧居家养老服务模式的功能结构设计所用。

2. 贯通连接层的智慧“居家 + 社区 + 机构”养老服务系统

智慧居家养老的功能结构可以嵌入并整合智慧社区养老、智慧机构养老的部分功能，从而构筑综合性的智慧“居家 + 社区 + 机构”养老服务体系。

首先，建立智慧“居家社区”养老服务交互系统，提供多元化服务功能。利用 5G 移动通信网络、云计算、物联网、智能养老终端等，构建“智能养老”综合信息服务平台和各类数据库系统，将老人、社区、医疗机构和医护人员联系起来。在在线交互系统方面，通过各类智能家居技术，实现老人与子女、老人与社区、老人与机构之间的联系，方便对老人提供生活服务、紧急救援和精神慰藉服务。在养老服务机构和社区居家养老照料中心配置相应的智能照护系统，包括环境辅助生活（AAL）系统，实现健康管理、服务监控、运营管理等功能。通过为老年人开发配备各类专属的智能设备、智能终端，如老年人智能手机、一键呼叫设备、GPS 定位、传感器，并在 App 上集合各类老年人专属服务，包含老年人的生活服务体系、医疗保障体系、社交体系、亲情互动体系、精神文化体系，提供全覆盖的智能化养老服务。

在所提供的服务方面，主要应包括以下三类：其一，归属性服务。老年群体有不同的养老需求，智慧养老应融入心理文化、社区文化和公共文化服务功能，通过“居家 + 社区 + 机构”的网络连通，打造各类网上老年人虚拟社区，营建老年人的精神家园。其二，一体化服务。以智慧养老信息管理平台为支撑，整合养老医护人员、社会组织、志愿者等资源，参与居家养老服务照料中心的服务工作，为高龄、失能、失独、空巢等困难老人提供上门服务。全方位综合利用高科技技术，实现养老服务信息平台与大数据技术、互联网技术、物联网技术、移动通信技术、云技术综合应用，满足老年人多元化养老服务需求。其三，共享性服务。智慧养老服务与传统养老服务的一个根本区别在于畅通服务通道，打破原有“分割、固化、脱节、冗余的服务模式”，大大提升养老服务的性价比、效率和质量，从而使供需双方实现双赢。我国应通过搭建智慧养老服务综合信息平台、各类智能终端，最大限度汇聚信息资源，进行数据挖掘，精准掌握老年人各个层次的需求，以实现差异化的智慧养老服务，由粗放型向集约型、大众化向定制化服务转变。

在服务供给主体上，智慧社区养老服务模式的采用势必会让许多相互关联的组织产生，由此导致其组成要素包括社区和其他所有可能或有意愿为智慧社区养老提供服务的组织、个人，拥有更多潜在的合作伙伴，从而获得跨文化交际。跨文化性客户关系管理常常由于不同的管理风格、文化哲学、价值和治理机制而妨碍合作，因此，智慧社区养老服务的参与主体之间的协作或合作不得不面临更多的不确定性和风险性，需要借助合同、规则和条款来保证参与者的义务和权利，需要通过共建、整合和共享资源来保证参与者之间的相互理解和互动关系，保障智能、文化和知识在智慧社区养老互动交流和服务供给中的显性使用和隐性控制，这些都是保障参与者之间协作或合作重要的前提条件。智慧社区养老服务允许潜在的合作伙伴（如志愿组织、中介组织等）分别了解业务行为和所提供商品的质量，而不是整体信息，为保障其秩序安全提供可能性。

整体而言，智慧“居家+社区”养老的多元化服务功能有助于形成封闭的社区养老服务环，即“养老服务需求—接收服务请求—提供服务请求—老人享受社区养老服务—老人网上评价—考核改进”。智慧社区养老服务的功能结构可以参照智慧居家养老服务模式的功能结构进行设计，并将两者整合，依次统一嵌入智慧养老服务平台之上。社区可以根据属地养老需求，建立符合社区需要的养老服务中心、老年人社交中心和线上社区医院等，以此与线上和线下的医疗机构、养老产品的线下商城和线上商城平台合作，为老年群体提供更加多元的老年养生保健、老年医疗、老年教育、老年娱乐、老年旅游等综合性服务，以及自助养老、互助养老等方面的知识和技能。由于社区养老护理人员和社区医院的医生供给短缺和素质低下等问题不同程度地存在着，社区还应积极开展社区养老服务中心与线下线上医疗机构的密切合作，实现线上的人员互动与功能对接，从而利用医疗机构的资源和力量有效解决社区养老服务的难题。

其次，建立智慧“居家+社区+机构”养老服务网络。智慧机构养老中的老年人过着集体生活，而老人们对精神文化和安全美好的需求促使他们要在机构中重建人际关系和开展人际交往。因此，老人与老人之间，即被服务者之间也有交互关系。一方面，养老服务机构可以通过搭建信息系统，有效收集老年人相关信息数据，为老年人提供更加精准的服务。另一方面，可以进一步完善远程健康监护和医疗救助模式，通过养老设备和网络平台，医疗机构对老年人健康信息进行收集分析，对其身体状况做出更加准确地判断。老年人的就医信息记录到相应的数据系统中，让老年人及家属、养老机构充分及时了解老年人状态。其中，社区养老服务应完善基础数据库建设，具体包括老人基本信息、服务需求信息、健康档案、资源共享等方面的内容。为了使基础数据库与机构养老服务基础数据库对接，两者都应按照国家电子政务工程的标准和规范进行建设。当然，为了保证数据的全面、准确和及时，社区还应积极寻求与相关政府职能部门及社会机构的互联互通与合作互动。

总体而言，智慧养老服务将打破地理空间和场所的限制，让居家养老、社区养老、机构养老服务有机结合起来，构建一体化的养老服务体系。智慧养老服务应从群体性、互动性和共享性出发，打造一体化的居家社区机构养老服务信息平台。

3. 全方位融通，推进智慧协同平台建设

协同性、开放性的智慧养老服务平台是促进养老服务体系中多元主体与模块形成合力的必备载体，在进一步的智慧化养老服务平台建设过程中，应该从平台中各主体和各子平台间关系等方面进行优化。

（1）厘定平台中不同主体间角色

政府、医疗机构、社区养老服务中心、第三方养老服务机构、社会公益机构和志愿者、制造企业以及老年人及其子女，应依据其服务内容，厘清和承担好各主体的结构功能。

首先，政府不仅是政策的制定者、行为的引导者，也是相关网络基础设施和智慧设备的建设者，并对其他养老机构承担着监管责任。具体包括结合实际情况制定相关的政策引导，投入必要的资金推进智慧养老的基础网络、信息系统、服务平台和数据库的建设，扶持养老产业，鼓励和支持企业制造智慧化养老设备等。同时，政府也要强化智慧养老的监管工作，制定相关标准，包括技术标准、服务：标准和行政管理标准，技术标准规范信息系统互联互通的方式，服务标准确定家政电商、家政从业、家政教育、家政培训等服务标准和规范，以及行政管理标准确定流程和责任等。

其次，社区养老服务中心、第三方养老服务机构是服务主体，在治理结构中处于政府与老人及其子女的中间位置。既在政府与老年人之间起到衔接和“中介”作用，增进政府对老年人需求和取向的掌握，又将老年人的各种需求及时反馈给政府部门。

再次，医疗机构是重要的服务供给和保障主体。智慧养老离不开医疗机构的参与。一方面，大量智慧设备记录着老年人的生活习惯、既往病史、健康变化，能够为医疗机构提供更加全面精准的数据信息。另一方面，医疗机构汇聚老年人的大量数据信息，这是一笔重要的“财富”，能够为“智慧养老”提供重要的数据来源。此外，远程医疗的实现，使医疗机构能够与“居家＋社区”养老、机构养老更好无缝连接，形成老年人的服务保障网络。

最后，社会公益机构、志愿者和制造企业是养老服务的重要组成部分。随着我国社会治理的推进，养老服务要积极利用社会公益组织，积极招募社会志愿者。针对智慧养老产业人员短缺的现实状况，应多渠道积极招募志愿者，加以适当的培训，使之适应以智慧养老助推养老服务体系优化的需要。社会公益组织更具专业性，要引导公益组织与城市、社区的智慧养老加以协同，提升老年人服务水平。养老智慧设备制造企业也是重要组成部分，要积极引导制造企业的商业活动，提倡经济价值与社会价值并重，切实为养老服务提供兼具智慧化、实用性和人性化的产品。

总体而言，智慧养老服务的多元化供给主体有不同的利益诉求，各自承担不同的角色、发挥不同的功用。虚拟化的多元供给主体可依协同模式与合作模式两个维度建设，并通过建立以效能为导向的政府管理制度和以服务为导向的多元化主体合作机制提供人力和资源保障。多元化供给主体之间的协同更多地指的是政府主导下的分工合作，政府作为养老服务安排者、提供者、监督者和成本支付方，占据垄断地位；合作是指家庭、社区和机构等采取政府供给、市场供给、志愿供给相结合的模式，为了公共利益或共同利益，通过合作分工，借助社会力量，实现有效配置和优化养老服务资源，共担智慧养老服务风险及养老服务责任。在智慧养老服务市场功能不健全之时，需要政府自觉地发挥调控和规制作用，通过政策制定与执行来协调各种利益，控制好干预的范围、方式、力度，使之法制化。一旦智慧养老市场功能具备，政府就应交给市场，鼓励社会力量参与养老服务。

（2）理顺总平台与子平台间关系

智慧养老服务平台是实体平台和虚拟服务平台的有效结合。其中，服务实体组织包括养老服务的基本提供主体：家庭、社区和机构；医疗服务的基本提供主体：医院和康复中心；老年人精神服务的提供主体：老年教育中心和老年文化娱乐中心；服务补充主体：服务型企业和志愿者团体。智慧养老服务结构功能实现最重要的环节是实体服务主体和老年人数据的采集和加工，而对数据的要求必须是规范化、标准化的可用数据，以方便数据的处理和加工。其中，数据类型包括静态数据和动态数据两种，静态数据包括服务供给方与服务需求方的基本数据，动态数据是供需双方在服务互动过程中所产生的实时数据。由于养老服务每时每刻都在进行，老年人健康状态和服务需求也在不断地更新和调整，因此在掌握静态数据后，提高对动态数据分析能力将是智慧养老核心优势和关键挑战。

具体来看，智慧养老服务平台结构的数据处理层主要包括六个环节：数据采集、数据清理、数据存储与管理、数据分析、数据显化以及数据应用。此外，智慧养老服务子平台包括智慧居家、助老、为老和医疗系统等子系统构成。其中，居家系统主要满足老年人居家养老服务的基本需求，保障老年人居家的便捷性和安全性，包括看护系统、呼叫系统、控制系统和卫生系统；助老系统主要满足老年人外出服务，包括语音控制系统、穿戴系统、服务系统、实时定位系统；为老系统主要满足老年人生活和娱乐服务以及帮助老年人实现人生价值，主要包括虚拟社区系统、互助养老系统、就业扶助系统和老年教育系统；医疗系统主要满足老年人健康护理需求，包括健康监测系统、药物分配系统、远程医疗系统和紧急救援系统。在此基础上，为保障所有服务相关方都可以了解养老服务进度，接受或提供养老服务，平台可设置多服务入口，包括网页、小程序或 App，服务平台查询端或自助查询区，等等。上述智慧养老服务平台的四个子系统是养老服务的重要环节，其服务过程如下：

其一，智慧养老居家系统。居家系统旨在通过增强人机交互功能，在智慧看护系统、呼叫系统、卫生系统的帮助下，由智慧养老服务平台辅助老年人实现安全居家和舒适养老。看护系统主要由智慧养老监护设备组成，包括监测设备、康复设备，护理设备和家庭服务机器人。呼叫系统主要由呼叫机实现一键式呼叫，服务平台会第一时间作出反应，或依赖呼叫机的监测，自动呼叫：平台提供紧急救援。卫生系统由扫地机器人、加湿器等设备组成，系统会自动监测室内卫生和湿度情况，在需要时会自动安排扫地机器人打扫卫生或将湿度调至合适状态。

其二，智慧养老助老系统。助老系统旨在帮助老年人，特别是帮助半失能和失智老年人提高自理能力，实现自助养老。系统主要包括语音控制系统、穿戴系统、服务系统和实时定位系统四个子系统。很多老年人由于身体条件限制，难以自主满足日常基本生活需求。由于家庭护理人员的缺失和昂贵的人力成本，大多数老年人面临基本生活照料供给服务不足的问题。而语音控制系统就可以通过场景式互动，利用智慧机器人等智慧设备提供老年人所需要的服务。服务系统通过机器学习和与服务对象的长期互动，可以提前预判老年人的相关需求，并提供相应的服务，大大免除了老年人因长时间等待所带来的身体不适或情绪不安等问题。

其三，智慧养老为老系统。为老系统的根本目的是帮助老年人实现老有所为，为其提供丰富多彩的文化娱乐活动。这一系统主要包括虚拟社区系统、互助养老系统、就业扶助系统和老年教育系统。随着老年网民的日益增多，许多老年人参与网络平台虚拟社区活动，获得了很多娱乐体验。但现在很多虚拟社区的设计实际上是按照年轻人的交流模式设计的，功能烦琐复杂，给大多数老年网民的使用造成了困难。智能为老系统下的虚拟社区重在以老年人为中心打造老年人虚拟社区，满足老年人网络娱乐体验。互助养老系统是在虚拟社区系统的配合下，以老年人自我养老为主要出发点，帮助老年人搭建更多互助养老平台，使老年人结交更多志同道合的朋友，树立积极老龄观，促进健康老龄化。就业扶助系统是为那些不满足于在家养老，而希望参与更多社会工作的老年人搭建的网络求职平台，以提高老年人再就业的比例，保障老年人再就业权利。老年教育系统是保障老年人终生学习权利的重要平台，是为老服务的重点，它将根据老年人的学习能力和学习兴趣，为其匹配最切实的教育资源。

其四，智慧养老医疗系统。养老医疗系统应在老年人慢性病护理保健中发挥关键作用，如药物分配系统根据主治医生指令为老年患者分配合理的药物剂量并叮嘱其按时服用，保障老年人健康。与此同时，在智慧养老医疗系统中，每位老年人都应有一个唯一的身份标识，由物联网作为关键技术支撑组成的健康监测系统将实时监护老年人健康情况，并生成监测数据，上传至大数据平台。大数据平台在对比海量老年人健康数据的基础上，分析每位老年人真实的健康状况，并对老年人进行自动化的健康评估。其中，情况较为复杂的老年人将由健康监测系统筛查后与主治医生共同开展评估工作。评估完成后，系统自动对老年人健康情况进行确认。同时，对由健康监测系统选择出来的需要进行格外健康管理的老年人，应进一步制定和执行详细的健康方案，或接受升级版的智慧监测。

总体而言，当前我国智慧养老服务主要是在大数据平台（服务需求分析平台）与综合管理平台（服务支持与提供平台）的双重支持下，满足老年人两种基本养老服务，包括常规养老服务与定制养老服务。这种服务的集成者就是“嵌入式养老服务”，其主要特征就是打破了服务主体的服务壁垒，实现了资源共享，不仅节省了服务成本，还提高了服务效益，切实满足了老年人最基本、最主要的服务需求。通过专业养老机构输出护理康复、特殊照料等专业人才，社区医院输出家庭病床满足居家养老的医疗需求，社区照料中心与养老院共享后勤、培训和管理人员等资源，通过线上的信息化平台、智慧化设备和专业化团队，线下的医疗、康复和照料等直接服务于社区居家老人，解决社区照料中心人员、设备设施及运营成本的不足问题，促进社区嵌入式养老服务机构的可持续发展，实现以居家为基础、社区为依托、机构为补充、医养相结合的养老服务体系建设愿景。

在实践中，许多城市基于这种智慧养老服务模式，极大地改善了老年人的生活质量。如上海市徐汇区通过完善综合信息服务系统，搭建服务管理和热线电话、数字电视、电脑网络三个平台，将前台的助老服务队伍、志愿者队伍和后台社会服务组织、服务机构、公共服务资源有效地与老年人连接；通过开发智能产品，如服药提醒、定位跟踪、远程红外监护、紧急呼叫等，为老年人生命安全提供保障。这种服务模式使科技优势得以有效发挥，通过物联网技术整合了医院、老年大学等公共资源，社区志愿者、居委会等政府类资源，以及社会服务供应商等市场化资源，用严密的技术网络为每个居家养老的老年人撑起了一把“保护伞”，同时也有助于政府实时了解运行情况，时刻关注运行质量，确保老年服务工作落到实处、精到细节。

归根结底，智慧养老服务既需要现实中家庭、社区和机构提出需求，进行资金投入和技术支持，也需要网络空间中的虚拟家庭、虚拟社区和虚拟机构以智慧化方式运作，进行资源匹配运作和服务提供。担当管理和服务职责的只能是现实世界中相应的参与主体，因为现实的参与主体和虚拟的参与主体具有同一性，二者有相同的本原，相互依存、分工合作，以统一的、整体的角色示人和施用。虚拟家庭、虚拟社区和虚拟机构等虚拟参与主体同样具有真实性和现实性，其责任和风险应该由与其相对应的现实主体承担。因此，可将现实主体与虚拟主体整合成为智慧养老服务主体结构中的“智慧主体”。智慧主体凭借在不同养老服务项目建设和平台使用中的协同合作，不断完善智慧养老服务功能，更好发挥对养老服务体系优化的价值引领、技术赋能和交互增慧的作用。

尽管以智慧养老助推的养老服务体系优化存在尚难突破的协同壁垒等现实阻碍，但从长期发展看，在物联网、大数据、云计算、人工智能等新一代信息技术浪潮的席卷下，人们的生产方式、生活方式、思维方式都将发生翻天覆地的变化。未来，利用新一代智慧技术，提供实时高效、互联互通的智能化和智慧化养老服务，将全要素、多主体连接起来，满足老年人日益多样化、多层次的养老服务需求，必然成为未来养老服务市场中最重要的一个环节。智慧化不仅已经成为政府改革、社会治理的研究焦点，也是我国养老产业新的发展热点，是未来我国养老服务体系优化和发展的一个核心出路和明确方向。在此形势下，正确的方式应当是迎难而上，破解智慧养老的现实梗阻，推进我国养老服务体系不断迭代升级。

本章提出的具体实践路径和策略是采取以“量身定制化”增加服务人情味、以包容性智慧提升服务可及性、以顶层驱动和分层整合增强服务协同性的智慧化建设路径。以智慧养老助推养老服务体系优化，对养老服务质效改善有益，助力养老服务供需主体整合、互动、合作有利的可选方案。

参考文献

[1] 丁晓梅，陈艳，郎加云．智慧养老理念下养老服务体系改革路径探究［J］．攀枝花学院学报，2021，38（04）：39－44.

[2] 杜鹏．中国特色积极应对人口老龄化道路：探索与实践［J］．行政管理改革，2022（03）：13－18.

[3] 胡宏伟，蒋浩琛．我国基本养老服务的概念阐析与政策意涵［J］．社会政策研究，2021（04）：16－34.

[4] 金双秋，曹述蓉．完善养老服务体系的构想［J］．社会工作（学术版），2011（01）：57－58.

[5] 马克思恩格斯全集（第二十五卷）［M］．北京：人民出版社，1974：990.

[6] 马克思恩格斯全集（第四十二卷）［M］．北京：人民出版社，2016：663.

[7] 马克思恩格斯文集（第六卷）［M］．北京：人民出版社，2009：404.

[8] 马克思恩格斯文集（第七卷）［M］．北京：人民出版社，2009：960.

[9] 马克思恩格斯文集（第三卷）［M］．北京：人民出版社，2009：428.

[10] 马克思恩格斯文集（第一卷）［M］．北京：人民出版社，2009：484.

[11] 马克思恩格斯文集（第一卷）［M］．北京：人民出版社，2009：689.

[12] 李浩腾．智慧养老服务体系建设研究［D］．北京：北京交通大学，2021.

[13] 刘立峰．推动养老服务体系的投融资机制创新［J］．中国经贸导刊，

2022（03）：70－72.
[14] 刘庆斌．国外养老服务体系建设的经验借鉴及对我国的改革建议［J］．社会福利（理论版），2021（03）：26－33.
[15] 刘益梅．人口老龄化背景下社会化养老服务体系的探讨［J］．广西社会科学，2011（07）：100－104.
[16] 庞庆泉，许世华，石龙，黄贤昌，李悦，黄嘉嘉，赵云．农村医养结合养老服务发展中的政府责任：基于需求溢出理论的研究［J］．中国卫生事业管理，2022，39（04）：296－300.
[17] 乔晓春．基于需求的养老服务体系建设——思路、框架与实证分析［J］．华中科技大学学报（社会科学版），2022，36（03）：113－122.
[18] 曲绍旭，郑英龙．服务资源整合视角下城市居家养老服务供需平衡路径的优化［J］．河海大学学报（哲学社会科学版），2020，22（01）：74－81，107－108.
[19] 全龙杰，王晓峰．养老服务业发展中政府责任的理论剖析与路径优化［J］．商业经济，2020（01）：48－51.
[20] 桑珍珍，胡盈盈．我国社会养老保险制度建立条件及制约因素［J］．就业与保障，2021（08）：36－37.
[21] 孙冰怡．我国社会养老服务体系发展与挑战［J］．法制与社会，2020（35）：113－114.
[22] 覃李慧．社会养老服务法制化及其体系构建［J］．河南社会科学，2021，29（06）：83－92.
[23] 王雪飞．新发展阶段人口老龄化对服务业全要素生产率的影响——基于生产性服务业与生活性服务业的比较［J］．商业经济研究，2022（09）：181－184.
[24] 项凯标，江克花，张大林．社会保障支出、地区差异与积极老龄化［J］．华东经济管理，2022，36（01）：9－20.
[25] 杨翠迎．国际社会保障动态：社会养老服务体系建设［M］．上海：上海人民出版社，2014.
[26] 杨帆．日本社会养老服务体系对镇江养老医疗服务体系建设的启示

[J]. 统计科学与实践，2022 (02): 55 – 58.

[27] 杨琳. 多层次社会养老服务体系建设的思路框架和实现路径 [J]. 卫生软科学，2021，35 (11): 45 – 50.

[28] 翟付奇，张朝林. 社会养老服务体系下的老年社会工作本土化思考 [J]. 教育现代化，2019，6 (72): 269 – 270.

[29] 张昊. 智慧养老视域下中国养老服务体系的优化路径研究 [D]. 长春：吉林大学，2020.

[30] 张锐昕，张昊. "互联网 + 养老" 服务智能化建设的条件限度和优化逻辑 [J]. 理论探讨，2021 (02): 147 – 154.

[31] 张锐昕，张昊. 智慧养老助推养老服务体系优化：思路与进路 [J]. 行政论坛，2020，27 (06): 139 – 145.

[32] 张文玲. 基于供需视域的城市社会化养老服务体系建设路径研究 [J]. 中国集体经济，2022 (09): 13 – 15.

[33] 张鑫. 马克思主义视阈下养老保障模式比较研究 [M]. 沈阳：白山出版社，2015.

[34] 张岩松. 社会养老服务体系建设研究 [M]. 大连：东北财经大学出版社，2016.

[35] 郑伟，卢擎华. 智慧养老视角下养老服务体系建设的优化路径 [J]. 黑龙江人力资源和社会保障，2021 (17): 37 – 39.

[36] 朱树彦. 人口老龄化背景下中国养老模式研究 [D]. 北京：外交学院，2021.

[37] 宗世法. 嵌入性视角下 "智慧健康养老服务模式" 的建构——对 "北科养老" 的个案研究 [J]. 贵州民族大学学报 (哲学社会科学版)，2020 (02): 44 – 128.